1　宗像大社沖津宮本殿・拝殿

現在の社殿は1932年（昭和7）に再建されたもの。古代祭祀が行われた巨岩群の間にぴったり収まるように設計されている。

2　22号遺跡

岩陰祭祀遺跡。石囲いのなかに多数の金銅製の紡織具などが埋納され，新たな祭祀方式の出現をうかがわせる。

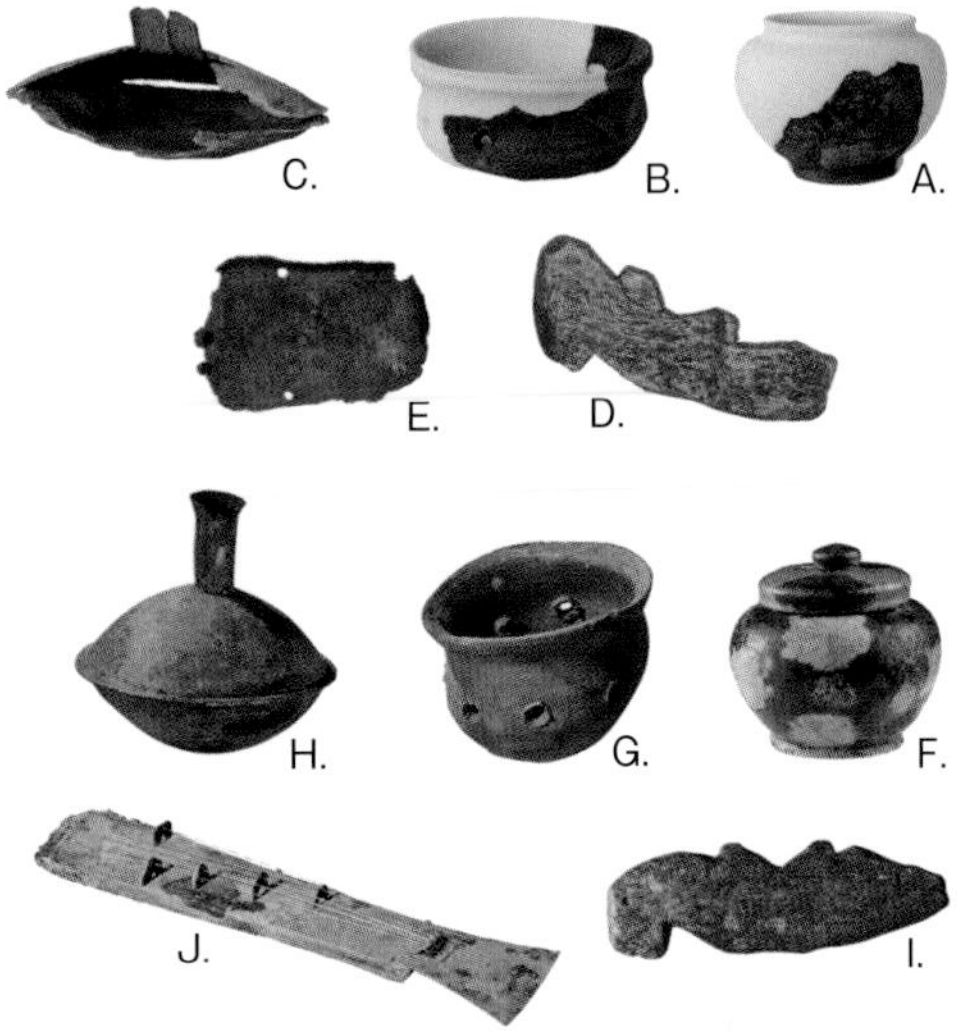

3　御嶽山祭祀遺跡出土品（上）と沖ノ島祭祀遺跡出土品（下）

AとFは奈良三彩小壷，BとGは祭祀用の有孔土器，CとHは金銅製容器，DとIは滑石製馬形。Eは琴状製品とされ，Jの雛形五弦琴と同様のものであったと推測される。

4　宗像大社中津宮空撮

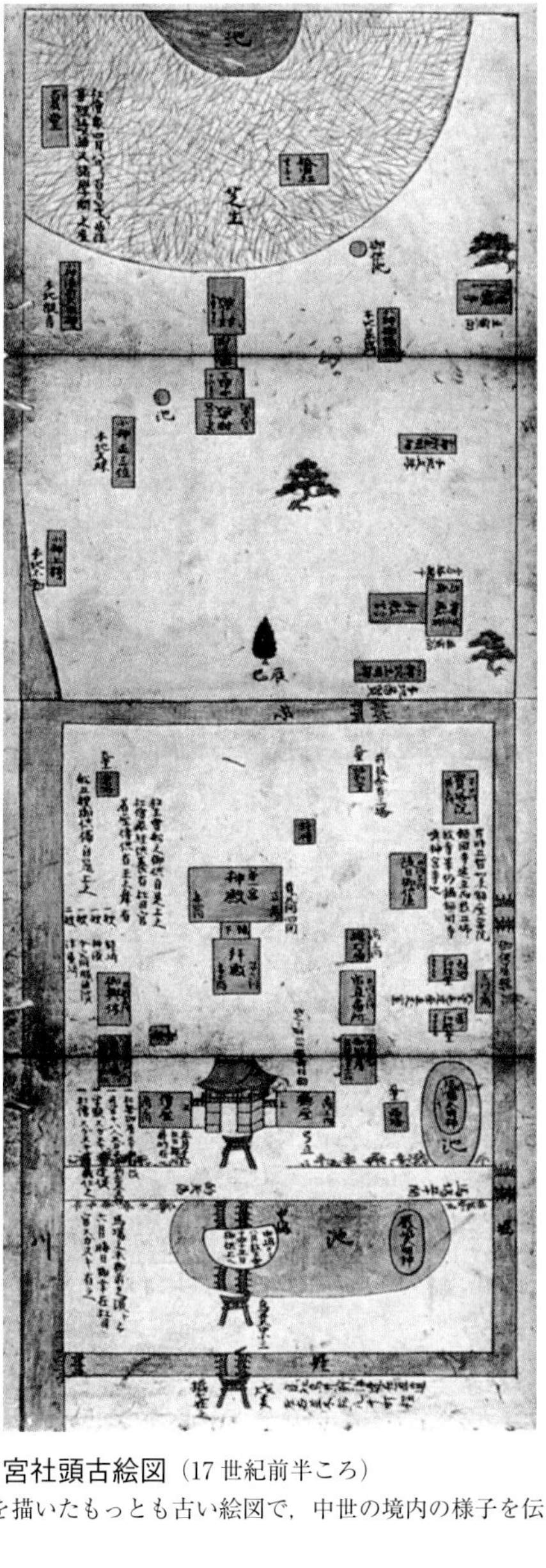

5　田島宮社頭古絵図（17世紀前半ころ）

辺津宮を描いたもっとも古い絵図で，中世の境内の様子を伝えるもの。

6　宗像大社辺津宮周辺空撮
釣川沿いに立地する辺津宮。周辺はかつて入海であった。

7　宗像大社辺津宮本殿・拝殿
本殿は最後の大宮司宗像氏貞により，拝殿は小早川隆景により，16 世紀末に再建。

世界遺産 宗像・沖ノ島

みえてきた「神宿る島」の実像

佐藤 信・溝口孝司［編］

吉川弘文館

開会にあたって

本日は『世界遺産《せかいいさん》「神宿る島《かみやどしま》」宗像《むなかた》・沖《おき》ノ島《しま》と関連遺産群特別研究事業成果報告会沖ノ島研究の新地平―古代東アジアの航海・交流・信仰―』にご参加いただき、誠にありがとうございます。

本遺産群が平成《へいせい》二十九年（二〇一七）七月、第四十一回世界遺産委員会において、世界遺産に登録され、令和《れいわ》四年（二〇二二）で五周年を迎えました。登録時に調査研究の継続・拡大について勧告を受けたことから、この勧告に基づいて、本遺産群の保存管理・公開活用を担う「神宿る島」宗像・沖ノ島と関連遺産群保存活用協議会では平成三十年度から特別研究事業を開始し、問題提起された「古代東アジアにおける航海・交流・祭祀」をテーマとして、国内外の各分野における新進気鋭の専門家の先生方を招き、検討を進めて参りました。

当初は三年間の予定でしたが、令和二年以降、新型コロナウイルス感染症の世界的大流行により、一時中断を余儀なくされました。しかしながら、このたび専門家や関係者の皆さまの多大なご協力のおかげで、五年間にわたる研究を無事に終えることができました。

本事業のなかでは、航海・交流・祭祀のさまざまな切り口から三回の国際検討会を開催するとともに、中国・朝鮮半島・能登半島・対馬への視察を行なってまいりました。これにより、現時点での調査研究における到達点を示すことができたと考えております。また同時に新たな課題についても整理いただきました。

本日の成果報告会では、秋道智彌《あきみちともや》先生・禹在柄《ウジエビヨン》先生・高田《たかた》貫太《かんた》先生・田中史生《たなかふみお》先生・笹《さそ》生衛《うまもる》先生にご報告いただき、その後パネルディスカッションを開催いたします。パネリストとしては、特別研究の議長を務めていただいた佐藤信《さとうまこと》先生・溝口孝司《みぞぐちこうじ》先生をはじめ、岡《おか》田《だ》保良《やすよし》先生・鈴木《すずき》地平《ちへい》調査官にもご参加いただく予定です。

これらを通じて、五年間の調査研究について、皆さまと共有させていただきます。

本日の成果報告会のテーマは、「沖ノ島研究の新地平」です。この特別研究が新たな地平、新たな展望を開いていくものとなり、実りある報告会になることを祈念しております。

本日は、どうぞよろしくお願いいたします。

令和五年三月十二日

「神宿る島」宗像・沖ノ島と関連遺産群保存協議会

事務局長　安　森　一　二

はじめに――古代東アジアの航海・交流・信仰

世界遺産に登録　「神宿る島《かみやど》」宗像《むなかた》・沖《おき》ノ島《しま》と関連遺産群は、二〇一七年（平成《へいせい》二十九）にユネスコの世界文化遺産に登録されました。登録に際しては、イコモスにより、日本からの推薦書の内容とは異なって、沖ノ島とそれに付属する岩礁のみに限定した登録勧告がなされましたが、ユネスコ世界遺産委員会において、大島の宗像大社中津宮《むなかたたいしやなかつみや》や九州本土（田島）の宗像大社辺津宮《へつみや》（以上宗像市）そして新原《しんばる》・奴山古墳群《ぬやまこふんぐん》（福津市）も一体となる構成資産と認められ、推薦書のとおりに登録が認められました。ただし、世界遺産委員会からは、とくに「日本および周辺諸国における海上交流、航海およびそれに関連する文化的・祭祀的実践についての研究計画を継続・拡大させること」という課題が与えられました。

この課題について、世界遺産の保存管理・公開活用を担う主体となった福岡県・宗像市・福津市・宗像大社からなる「神宿る島」宗像・沖ノ島と関連遺産群保存活用協議会

（保存活用協議会）が、「古代東アジアの航海・交流・信仰」についての特別研究事業を展開することとなりました。

特別研究事業の展開　世界遺産登録に際しユネスコ世界遺産委員会から提示された、「日本および周辺諸国における海上交流、航海およびそれに関連する文化的・祭祀的実践についての研究計画を継続・拡大させる」という課題に対応するために、「古代東アジアの航海・交流・信仰」をめぐる特別研究事業が開始されました。

研究課題としては、イコモスの指摘もふまえて、「航海について」「交流について」「祭祀について」「信仰の継続性について」という諸テーマをめぐる具体的解明となりました。そして、これらの諸課題の各分野に詳しい、日本・中国・韓国・オランダ・アメリカなどのそれぞれ適任な研究者を委託研究者として迎え、研究を進めていただくことにしました。また三回にわたり、「神宿る島」宗像・沖ノ島と関連遺産群をめぐる国際検討会や特別研究事業のシンポジウムを開催しました。そこでは、保存活用協議会の専門家会議のメンバーや特別研究の委託研究者とともに、委託研究者以外の日本やオランダなどの専攻研究者の報告も得て、さらに広い視野から多角的な研究を展開しました。また、専門家会議メンバーや特別研究委託研究者により、中国・韓国・日本（能登・対馬）などの関連遺跡などの視察・調査を行い、研究対象についての有益な知見を得ることができました。

特別研究事業は、当初、二〇一八年から二〇二〇年（令和二）にわたる三ヵ年の研究計画でしたが、コロナ禍のために調査・研究に多大な支障が生じたことから、二〇二二年度末まで延長することとなりました。国際検討会・公開講座やシンポジウムなどでの発表・報告群については、保存活用協議会のホームページにおいて、それぞれの概要や映像が公開されています。二〇二三年三月十二日に開催した今回の特別研究事業成果報告会では、報告とともに「沖ノ島研究の新地平――五年間の研究を振り返って」のパネルディスカッションにより、本事業の全体像を展望するとともにこれからの課題についても提示しています。

特別研究事業の研究成果　「神宿る島」宗像・沖ノ島と関連遺産群の世界遺産への登録をめざして、資産の「顕著で普遍的な価値」（Outstanding Universal Vslue ＝ OUV）を世界的・人類的な視野から明らかにするために、保存活用協議会の前身である宗像・沖ノ島と関連遺産群世界遺産推進会議が中心となって、二〇一〇～一二年度には、国内外の三一名の適任な研究者に依頼して、資産の価値を明らかにする委託研究が行われました。宗像・沖ノ島の歴史的価値を世界史的にかつ今日の学術レベルで再展望する研究が進められたのです。

それまでは、かつて宗像神社復興期成会の支援のもとで一九五四年（昭和二十九）から行われた沖ノ島祭祀遺跡の発掘調査成果が、大部な報告書として『沖ノ島　宗像神社沖津宮祭祀遺跡』『沖ノ島続　宗像神社沖津宮祭祀遺跡』宗像神社復興期成会（吉川弘文館、一九五八・六一年）にまとめられたことから、その後はその優れた内容に従うことがもっぱらとなりました。

沖ノ島の祭祀遺跡で出土した八万点の祭祀遺物は、その歴史的・文化的・学術的な重要性から一九五九年に重要文化財となり、「福岡県宗像大社沖津宮祭祀遺跡出土品・伝福岡県宗像大社沖津宮祭祀遺跡出土品」として一九六二年には国宝に指定されています。祭祀遺跡のある沖ノ島の沖津宮、大島の中津宮、九州本土の田島にある辺津宮（宗像大社）にわたる宗像大社の境内地は、史跡「宗像神社境内」として一九七一年に指定されました。また、沖ノ島全島の樹林は、すでに一九二六年には天然記念物「沖の島原始林」として指定されていました。

その後、博物館展示であった出光美術館《いでみつびじゅつかん》・宗像大社復興期成会編『宗像沖ノ島展』（出光美術館、一九七七年）や、一般向け新書本として弓場紀知《ゆばただのり》『海の正倉院　宗像沖ノ島』（平凡社、一九七九年）などが、沖ノ島研究の調査成果を多くの人々に向けて発信しました。ただ、その後は報告書の成果に圧倒されてか、沖ノ島研究が新しい展開をみせることは、なくなっていったといえます。そのなかで特筆されるのは、井上光貞《いのうえみつさだ》氏が、東京大学定年の年の講義で沖ノ島祭祀遺跡・遺物を取りあげて検討した成果が『日本古代の王権と祭祀』（東京大学出版会、一九八四年）としてまとめられたことと、そして国立歴史民俗博物館の日本の基層文化展示において一室が沖ノ島祭祀遺跡を中心に原寸レプリカを使った展示が行われたことでした。日本歴史を総覧する展示のなかで、沖ノ島祭祀が歴史的に位置づけられたのです。

ただし、若い研究者が沖ノ島の祭祀遺跡やそれを古代祭祀のなかに位置づけるような新しい研究に取り組む姿は、長くみられなくなりました。一方で、日本の考古学もその後の半世紀以上の間に大きな進歩を遂げており、多くの祭祀遺跡・遺物の発掘も新たに展開して、神道考古学も祭祀考古学と呼ばれるようになってきました。また、古代史の神まつり・神祇祭祀に関する日本史学の研究にも多くの新しい進展がみられます。信仰・まつりをめぐる理論的・宗教学的な研究も、大きく展開してきました。こうした新しい学術段階をふまえて、日本に留まらず世界的な視野から沖ノ島の祭祀遺跡を検討することが目指されはじめました。世界遺産申請段階の委託研究や登録後の今回の特別研究事業によって、こうして多くの新たな知見や研究成果がもたらされたことは、沖ノ島研究に大きな発展をもたらしました。

他の調査・研究成果とその発信　特別研究事業とは別に、宗像・沖ノ島に関する調査や研究はさまざまな立場から取り組まれています。世界遺産そして日本の史跡・国宝などとしての遺跡・遺物などの現状を記録・調査・研究することは、それぞれの文化財担当の立場からも追求されています。

たとえば沖ノ島の祭祀遺跡の現状の調査として、世界遺産としてのモニタリングが宗像市・福岡県・宗像大社などによって行われ、継続的に現状の観察・把握・評価とその記録が作成されています。これにより、オオミズナギドリや自然災害などによる遺跡への負荷・影響の実状などがチェックされています。また国宝の沖ノ島祭祀遺跡出土品についても、宗像大社神宝館でしっかり保存・管理されていますが、その詳細な現況把握や修復の必要性をめぐる調査などが、宗像大社とともに文化庁・国立文化財機構・福岡県や考古学・保存科学の専門家の協力のもと取り組まれつつあります。

また、世界遺産の構成資産である福津市の新原・奴山古墳群では、史跡整備や災害修復のための資料を得る発掘調査が、福津市によって継続的に行われています。これにより、古墳群のなかのいくつかの古墳の墳形・範囲や構造が具体的に明らかになりつつあるのです。

保存活用協議会に集まる福岡県・宗像市・福津市・宗像大社などの担当専門職・学芸職職員や関係研究者による研究・調査にかかわる論文を公表する『沖ノ島研究』という雑誌

が、保存活用協議会から毎年刊行されるようになっています（現在五号）。この『沖ノ島研究』誌の内容も、保存活用協議会のホームページで読むことができます。

保存活用協議会のホームページでは、前章までに記した特別研究事業の研究成果・報告書やこれまで開催したシンポジウム・講演会・講座などの内容を見ることができます。また、本章で述べた『沖ノ島研究』誌なども、デジタルアーカイブとして提供されています。ホームページには一般向け・子ども向けの資産の紹介や現況映像なども公開されており、楽しく世界遺産を学ぶことができるようになっていますので、ぜひご覧いただきたいと思います。

これからの課題

「神宿る島」宗像・沖ノ島と関連遺産群が二〇一七年に世界遺産に登録された際にユネスコから提示された、日本列島周辺における海上交流・航海や関連する文化・祭祀についての研究のさらなる継続・拡大という課題に向けて、これまで二〇二三年度まで多くの努力が積み上げられてきました。

「神宿る島」宗像・沖ノ島と関連遺産群保存活用協議が中心となって進めた特別研究事業では、国内外の適任な委託研究者に依頼し、現地調査もふまえて多角的かつ学際的に新しい研究成果をもたらしました。沖ノ島にみられる古代の航海・交流・祭祀・信仰などをめぐるその研究成果は、国際検討会で海外・国内の関係研究者とともに国際的な検討が行われました。そして総括検討会を経て、最後に成果報告会にまとめることができました。

また、各構成資産・史跡などの保存・管理・修復・活用・発信をめぐる基礎的な調査・研究も、基礎的で着実な成果をあげています。こうしたすべての調査・研究成果によって、世界遺産「神宿る島」宗像・沖ノ島と関連遺産群がもつ世界・人類にとっての歴史的・文化的な価値は、より高められたと思います。

こうした特別研究事業の調査・研究成果は、ユネスコにおいても好ましいものとして高く評価されているといいます。こうして、今回の特別研究事業は、世界遺産は「登録されたら終わり」ではなく、登録後もさらに価値を解明し高める努力を進める必要があることの模範的な事例となったのです。

ところで、今回の特別研究事業は大きな成果をあげたといえますが、もちろんこれで世界遺産の歴史的価値の解明がすべて終了したわけではありません。ユネスコから提示された課題についても、まだ追求すべき余地が残っています。遺跡・遺物の保存・管理・修復や活用・発信に向けた調査・研究も、なお継続が必要です。今回の特別研究事業をふまえて、世界遺産の価値を解明し、価値を高める努力は、さらに継続と拡大が望まれます。新しい次の段階の研究事業とその成果発信が、期待されているといえるでしょう。

また、こうした調査・研究事業や世界遺産のガイダンスや価値の発信を担う拠点として、国・県・市・大社、地域や官民が一体となって「世界遺産センター」的な組織を設立することも、提案・検討されています。これからの世界遺産のあり方をよりよい方向にもっていこうという努力に、多方面からのご協力・ご支援をお願いいたします。

二〇二三年十二月

佐藤　信

目次

I　概説

「神宿る島」宗像・沖ノ島と関連遺産群とは
――その価値と歴史――

「神宿る島」宗像・沖ノ島と関連遺産群保存協議会事務局

一　世界遺産「神宿る島」宗像・沖ノ島と関連遺産群とは？

島そのものが信仰の対象として今日まで守り伝えられてきた「神宿る島」。いにしえより中国大陸との交流の舞台となってきた九州北部と朝鮮半島とを結ぶ玄界灘《げんかいなだ》、人々はその波間に蒼然と現れる沖ノ島の姿に神の存在を見出し、航海の安全を願いました。四世紀から九世紀にかけて島で行われた祭祀は、古代の人々が神に祈りを捧げたままの姿で現代に残され、古代祭祀の記録の「宝庫」となりました。田心姫神《たごりひめのかみ》、湍津姫神《たぎつひめのかみ》、市杵島姫神《いちきしまひめのかみ》の宗像三女神を沖ノ島の沖津宮《おきつみや》、大島の中津宮《なかつみや》、九州本土の辺津宮《へつみや》にまつる宗像大社《むなかたたいしゃ》。厳格な禁忌《きんき》により渡島できない沖ノ島を拝むため大島の北岸に設けられた沖津宮遙拝所《ようはいしょ》。沖ノ島の祭祀を担い宗像三女神信仰を育んだ古代豪族宗像氏が眠る新原《しんばる》・奴山《ぬやま》古墳群《こふんぐん》。地域の宝として大切に受け継がれてきたこれらの資産は、平成二十九年（二〇一七）七月「神宿る島」宗像・沖ノ島と関連遺産群（以下、「本遺産群」）としてユネスコ世界遺産一覧表に記載され、世界の宝となりました。

「世界遺産」とは、国や民族を超えて人類が共有するべき顕著な普遍的価値を持つ遺産です。本遺産群は、次のような価値づけから世界遺産に登録されました。

本遺産群は、神宿る島を崇拝する伝統が、古代東アジアにおける活発な対外交流が進んだ時期に発展し、今日まで継承されてきたことを物語る世界でも例のない遺産群です。

九州本島から約六〇キロ離れた沖ノ島は古代から現在に至るまで「神宿る島」として崇拝されてきました。島内には他に例をみない古代祭祀遺跡が残され、東アジアの諸国間の活発な交流に伴って四世紀後半から九世紀末まで続いた航海安全に関わる祭祀のあり方を物語ります。沖ノ島で祭祀を担った古代豪族宗像氏は、沖ノ島への信仰から宗像三女神の信仰を育みました。沖ノ島は大島および九州本土でも三女神を祀る宗像大社の一部として、島にまつわる禁忌や遙拝の伝統とともに、今日まで神聖な存在として継承されてきました。

評価基準（ⅱ）：建築や科学技術などの発展に重要な影響を与えたある期間にわたる価値観の交流またはある文化圏内での価値観の交流を示すもの

本遺産群は、航海安全のための祭祀が執り行われた島で捧げられた、多様な来歴をもつ豊富な出土品によって、四世紀から九世紀の間の東アジアの国家間の重要な交流を示しています。奉献品の配置や祭場構成の変化は祭祀の変遷を証明し、それはまた、アジア大陸、朝鮮半島、日本列島を拠点とする国々がアイデンティティの感覚を発達させた時期に起こり、日本文化の形成に本質的に貢献した活発な交流の過程の性格を反映するものです。

評価基準（ⅲ）：ある文化的伝統または文明の存在を伝承する無二もしくは希有の物証

本遺産群は、古代から現在まで発展し、継承されてきた神聖な島を崇拝する文化的伝統の類い希な例です。沖ノ島に保存されてきた考古学的遺跡がほぼ無傷であったことは特筆すべきことで、そこで執り行われた祭祀が四世紀後半から九世紀末にかけての五百有余年にどのように変化したかについて時系列的な記録を残すものとなっています。これらの祭祀では、大量の貴重な奉献品が島の様々な場所に納められており、祭祀の変化を証しています。沖ノ島での直接的な奉献は九世紀に終わりますが、島に対する崇拝は、大島や九州本島から沖ノ島へと開かれた眺望によって例示される「遙拝」とともに、沖ノ島の沖津宮、大島の中津宮、辺津宮という宗像大社の三つの異なる信仰の場における宗像三女神への崇拝という形で継続したのです。

二　「神宿る島」沖ノ島

沖ノ島は朝鮮半島と日本列島の間、韓国釜山まで約一四五キロ、宗像市神湊から五七キロ、壱岐から五九キロ、対馬から七五キロの位置にあります。玄界灘を航海する際の目印として重要な役割を果たしていました。古代の人々は、自然物や自然現象に神秘的な霊力（カミ）が宿っていると考え、畏敬の念を抱きました。「カムナビ」（神のいるところ）と言われる、均整な笠状の外観をもつ沖ノ島は、日本列島と朝鮮半島との間の航海の道標《みちしるべ》でもあり、古来周辺の海域を行き来した宗像地域の人々が、カミの存在を見出し、やがて「神宿る島」として崇拝されるようになったと考えられます。

沖ノ島は周囲約四キロ、やや北東方向に長い楕円形を呈し、島の中央にある一ノ岳は最高所で標高二四三・六メートルを測ります。島の北東側が急峻な崖となるのに対し、南西部は傾斜がやや緩やかです。対馬暖流の影響により温暖で、ビロウやオオタニワタリといった亜熱帯植物が生育し、常緑広葉樹高木林で覆われています。希少な鳥類や植物類も数多く、島

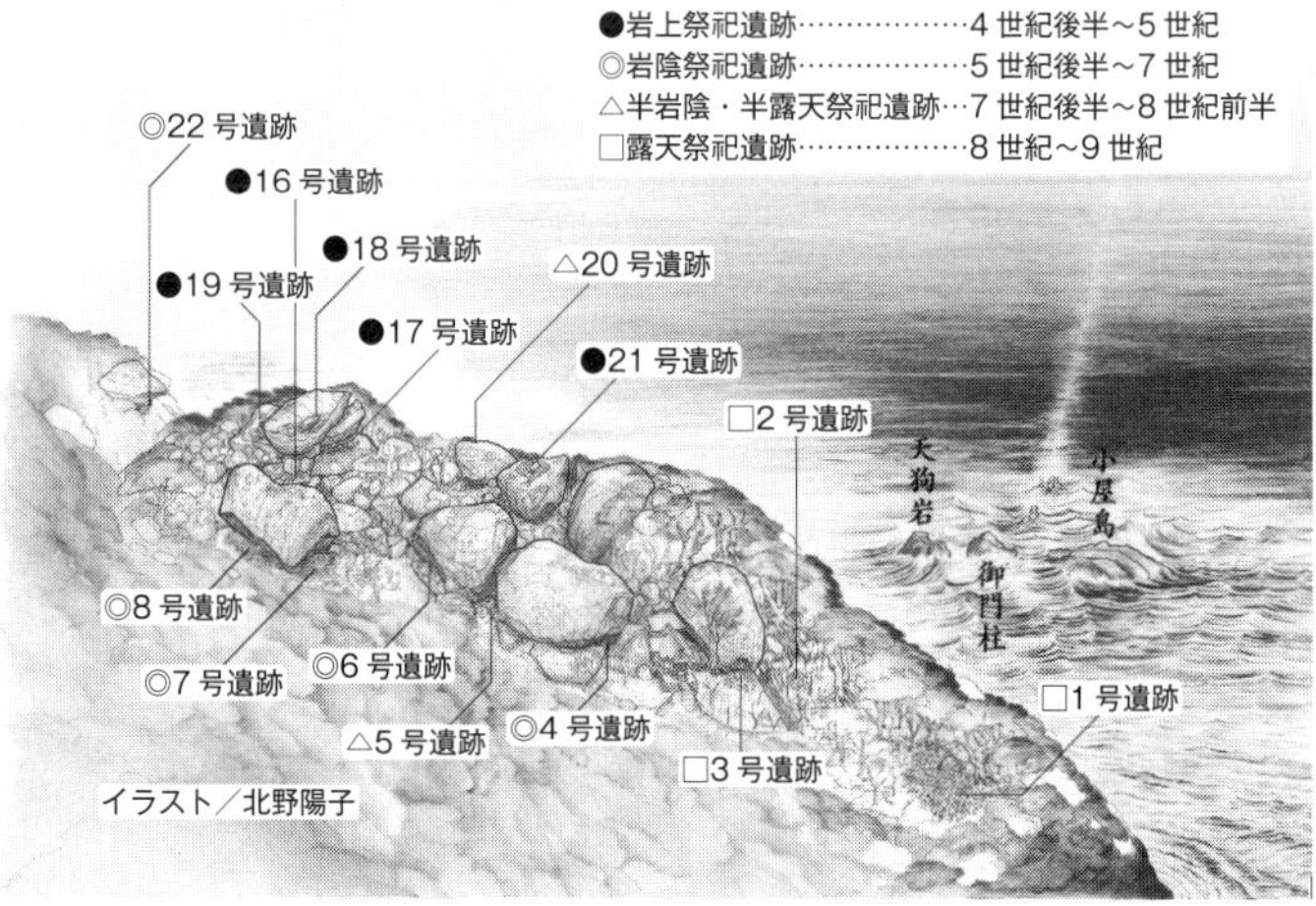

図　沖ノ島祭祀遺跡分布図

全体が国の天然記念物「沖の島原始林」に指定されています。島の南西部中腹に巨大な石英斑岩の落石が累積し、鬱蒼とした原始林に覆われた場所があります。この巨岩群に古代祭祀遺跡はあります。また、現在の宗像大社沖津宮の本殿があるのもこの場所です。つまり島のほぼ同じ場所で、古代から現在まで祭祀が行われているのです。

1　沖ノ島祭祀遺跡

昭和二十九年（一九五四）から四十六年まで三次にわたり学術調査が行われ、確認された二二の遺跡のうち一二の遺跡が発掘されました。祭祀遺跡は、立地や出土する奉献品の変化から「岩上祭祀遺跡」「岩陰祭祀遺跡」「半岩陰・半露天祭祀遺跡」「露天祭祀遺跡」に遷り変わることが明らかにされています。

●岩上祭祀遺跡

沖ノ島でも最も古い段階に属する祭祀遺跡の一つである四世紀後半の17号遺跡では、巨岩の上の岩との隙間に鉄剣を横に固定し、その間に挟むようにして二一面もの銅鏡が整然と納められていました。その鏡の多さは、祭祀が宗像地域を支配した古代豪族宗像氏だけによるものではなく、当時の王権が関与した「国家的祭祀」であることを物語っています。鏡はすべて鏡面を上に向けて重ねられ、その上に石が載せられていました。鏡は弥生時代に中国から伝わって以来、日本列島で祭祀用品として重視されてきたものです。その他に見つかった鉄剣などの武具や勾玉などの玉類といった品々は、当時の古墳に副葬された品々と共通します。鏡・剣・玉の組み合わせは日本神話に登場する「三種の神器」と一致し、それらは日本で後世まで長く祭祀で用いられるものです。

五世紀後半の21号遺跡では、巨岩中央に三角形の大石を方形に囲う石組の祭壇状遺構が発見されました。大石の小さなくぼみからは滑石製の臼玉《うすだま》が発見され、大石に木の枝を立てかけその枝にネックレスのように紐を通した臼玉をかけて祭祀を行なったと考えられています。この祭壇状の遺構は長らく、神が降臨する依り代（磐座）であると評価されてきましたが、近年の研究で、その性格についても再考する見解が出されています。またそれ

写真１　岩上祭祀遺跡（17号遺跡）

写真２　岩上祭祀遺跡（21号遺跡）

とともに、下方にもう一つの石組があることも調査当時の記録写真の分析から、確認されています。島に残された遺跡のなかでも最もよく当時の祭祀の様子を伝えており、今後の研究が待たれます。

奉献品には鉄鋌《てってい》（鉄の素材）がみられ、ヤマト王権が朝鮮半島から入手した、当時大変貴重であった品がカミに捧げられたことがわかります。さらに、この遺跡から出土した銅鏡と同型の鏡が宗像地域の首長の墓（福津市勝浦峯ノ畑《かつうらみねのはた》古墳）から出土し、沖ノ島の祭祀に宗像氏が関与していたことを物語っています。

●岩陰祭祀遺跡

六世紀になると巨岩が屋根のようにかかる岩の陰に奉献品が捧げられるようになります。これを岩陰祭祀遺跡と呼びます。6号遺跡では、巨岩の陰で方形に石で囲って祭壇を設けた形跡も発見されています。奉献品には鉄製の武器や刀子《とうす》・斧《おの》などのミニチュア製品、金銅製の馬具などがみられるようになります。

7号遺跡や8号遺跡からは、装飾性の高い金銅製馬具や金製指輪など、朝鮮半島の新羅《しらぎ》に由来するとみられる品々や、ペルシア（イラン）製のカットグラス碗片《わんへん》などが発見されています。特に、金製指輪は新羅の王陵から出土したものと非常によく似ています。乗馬の風習は古墳時代に朝鮮半島から伝わりましたが、当時きらびやかな色彩を放ったであろ

写真３　岩陰祭祀遺跡（7・8号遺跡）

写真４　岩陰祭祀遺跡（22号遺跡石組遺構）

う金銅製の馬具も透き通るカットグラスの器も、それまでの日本にはなかった大変貴重なものです。危険な海を越えて対外交流を行なった古代の人々は、これらの「宝物」をお供えしてカミに祈りを捧げたのです。

岩陰祭祀遺跡の中でも最も新しい七世紀代の遺跡とされる22号遺跡では、奉献品に変化が見られます。方形の石組のなかに納められていたのは、土器や金銅製の雛形紡《ひながたぼう》織具《しょくぐ》（糸をつむぐための道具のミニチュア）です。これまでのような実用品とは異なり、祭祀のためだけに作られたものです。古墳の副葬品、つまり葬儀に用いられた品々との共通性が薄れてきたと考えられています。

写真5　半岩陰・半露天祭祀遺跡（5号遺跡）

●半岩陰・半露天祭祀遺跡

七世紀後半、わずかに岩陰にかかる場所で祭祀が行われるようになります。5号遺跡では、祭祀のために作られた奉献品が目立ちます。紡織具、人形《ひとがた》、五弦琴《ごげんきん》などのさまざまな金銅製雛形（ミニチュア）品は、伊勢神宮の神宝と共通します。現在まで続く日本固有の信仰における祭祀の基盤となった古代国家（律令国家）によるまつりの形が、この頃に確立されたことを示しています。

一方、金銅製龍頭《りゅうとう》や唐三彩片は、遣唐使により中国からもたらされたものと考えられています。この時期、長い分裂状態にあった中国大陸は隋《ずい》によって統一され、代わった唐も周辺に勢力を振るいました。ヤマト王権は隋・唐に使節を送り交流に努めましたが、朝鮮半島で百済が滅ぼされると、天智天皇二年（六六三）に唐・新羅軍と戦って大敗します。その後、王権は唐を手本とした中央集権国家の確立に全力を傾けていくことになります。祭祀の変容は、このような激動の東アジア情勢と国家の変革と連動しているのです。

●露天祭祀遺跡

八世紀になると、巨岩群から南西に離れた海を望む場所に祭祀の場が移ります。九世紀末頃までの約二〇〇年間にわたる露天祭祀遺跡では、大量の奉献品が捧げられました。中国鏡の破片をはじめ、奈良三彩小壺や富寿神宝など唐の製品や制度を模倣して日本で作られた品々が出土します。奈良三彩はまた国家祭祀であることを示すものです。一方、穴の開いた祭祀用の土師器《はじき》・須恵器《すえき》や、人形・馬形《うまがた》・舟形《ふながた》といった滑石製形代《かたしろ》など、宗像地域独自の奉献品も出土しています。古代国家の新しい祭祀制度の下、宗像地域独自の奉献品も祭祀に用いられます。また大島、九州本土でも、七世紀後半までに、沖ノ島と共通する奉献品を用いた祭祀が行われるようになります。

●航海の安全と交流の成功を願う祭祀

写真6　露天祭祀遺跡（1号遺跡）

沖ノ島では、日本と中国大陸、朝鮮半島の各王朝との交流が活発になった古代、航海の安全や交流の成就を願って国家的な祭祀が行われるようになりました。古代東アジアの諸国は、中国の諸王朝からこぞって文物を採り入れましたが、倭と朝鮮半島との間にも様々なレベルの交流がありました。宗像大社に祀られる宗像三女神は元来、対外交流の航路を守る神とされます。島国において海を越えた交流はきわめて重要な意味を持っていました。この時代に大陸からもたらされた文化や品々は、政治や社会、信仰など、あらゆる面の発展に貢献し、日本文化の基礎となっています。

沖ノ島の祭祀は、倭（ヤマト王権）と朝鮮半島の百済との交流を契機に始まり、倭の五王の中国通交、朝鮮半島の戦乱と百済滅亡、律令時代の遣隋使・遣唐使外交とその終焉まで、を背景として行われました。対外交流の変化を反映した貴重な船載品としては、中国大陸から伝わった銅鏡や金銅製龍頭や唐三彩破片、朝鮮半島から伝わった金製指輪やきらびやかな金銅製の馬具、さらにシルクロードを通って運ばれてきたサーサーン朝ペルシア(イラン)産のガラス碗片などがその代表です。中国の施釉陶器(うわぐすりで色をつけた陶器)である唐三彩の技術を採り入れて、八~九世紀に日本で作られた奈良三彩小壺や、中国にならって日本で発行された古代銭貨の一つ「富寿神宝」(弘仁九年〈八一八〉に初めて鋳造)は、日本への文化や技術の流入を物語っています。沖ノ島の奉献品はこうした古代の東アジアにおける交流のあり方についても現在に伝えているのです。

●古代祭祀の記録の宝庫

沖ノ島の学術調査では、二三ヵ所の祭祀遺跡が主にその立地によって四段階に遷り変わることが明らかになりました。このような変遷を示す祭祀遺跡は、ほかに例がありません。また、約八万点もの奉献品が見つかり、すべてが国宝に指定されています。

また、四世紀後半の「三種の神器」につながる鏡・剣・玉の組み合わせや、七世紀以降の金銅製雛形(ミニチュア)品をはじめとする祭祀のために作られた奉献品の出現などは、現在まで続く、日本固有の信仰における祭祀を考える上で、大変重要な手がかりとなっています。

さらに七世紀後半には共通した祭祀が大島や九州本土でも行われるようになります。沖ノ島への神への信仰は宗像三女神への信仰に繋がり、現代まで守り伝えられました。

沖ノ島では、古代の対外交流を背景に行われた各段階の祭祀が発掘調査により明らかになっており、文字記録のない時代はもちろん、記録では知ることのできない、祭祀の変遷が記録として大変良好に残されているのです。四世紀から九世紀にかけての激動の東アジアの対外交流を背景に変化した祭祀の様相を考古学的・歴史学的に追うことができる祭祀遺跡は他に類がなく、世界的にも希な古代祭祀の記録の宝庫と言えるのです。

2 信仰と禁忌が守った「神宿る島」

沖ノ島への信仰は、宗像大社沖津宮として現在も継承されています。島の南東約一キロにある三つの岩礁、小屋島・御門柱・天狗岩は、沖津宮にとって天然の鳥居の役割を果たしており、今でも沖ノ島に向かう船は、これらの間を通って行きます。沖ノ島とこの付属する三つの岩礁からなる宗像大社沖津宮は宗像大社の三宮の一つで、宗像三女神のうち田心姫神がまつられています。

写真7　宗像大社沖津宮本殿・拝殿

古代以降も沖ノ島での祭祀は連綿と続きます。露天祭祀遺跡の近くには、中世の土師器が散乱している所があり、中世の「御長手神事《みながてしんじ》」などの神事に関わるものとみられます。また沖津宮の社殿は、古代祭祀が行われた巨岩群の間に位置しており、古代からの自然崇拝の考え方が継承されてきたことを物語っています。

●沖ノ島の禁忌

沖ノ島への畏敬の念は今も強く受け継がれ、避けるべきこととされる禁忌は現在も人々の間に根付いており、守られています。

「不言様《おいわずさま》」

沖ノ島で見たり聞いたりしたものは一切口外してはならず、人々は沖ノ島を「不言様」「不言島」とも呼び、畏敬の念をもって現代まで守り伝えてきました。

「一木一草一石《いちぼくいちそういっせき》たりとも持ち出してはならない」

沖ノ島からは一切何も持ち出してはならないとされ、江戸時代にはこれを破ったことにより祟りがあったという伝承があります。そのため、沖ノ島の古代祭祀遺跡はほぼ手つかずの状態で守られてきました。

「上陸前の禊《みそぎ》」

沖ノ島へ上陸することは通常認められていません。上陸を許された場合や、日々奉祀を行っている神職であっても、必ず上陸前に着衣をすべて脱いで海に浸かり心身を清めなければ、島内へ入ることは許されません。

「四つ足の動物を食べてはいけない」

沖ノ島のなかでは、豚や牛などの四本足の生き物の肉を食べてはいけません。

こうした禁忌がいつ頃からあるのかについては、明確にはわかりませんが、江戸時代の書物には書かれており、また江戸時代には、入島を厳しく制限する禁忌などの慣習が人々の間に根付いていました。これらの禁忌のほかにも、たとえば「死」を「くろようせい」と言うなど、縁起の悪い言葉は「忌み言葉」として別の言葉で言い換えるといった禁忌がありますす。

古代祭祀遺跡や島の豊かな自然がほぼ手つかずの状態で今日まで守り伝えられてきた背

景には、こうした信仰に基づく伝統があったと考えられます。

第二次世界大戦後、宗像大社の歴史を明らかにするために沖ノ島の学術調査が行われました。祭祀遺跡からは大発見が相次ぎ、その学術的価値が広く知れ渡るようになりました。古代オリエント史を専攻した三笠宮崇仁親王《みかさのみやたかひと》は、第三次調査中の昭和四十四年（一九六九）に沖ノ島を訪れ、「二十世紀の奇跡がおこった島」と評しています。まさに、時を超えた信仰の力が生んだ奇跡と言えるでしょう。

3　祭祀を担った人々——新原・奴山古墳群

新原・奴山古墳群は、現代まで続く沖ノ島に対する信仰の伝統を築いた古代豪族宗像氏の墳墓群です。五世紀から六世紀にかけ、前方後円墳五基、円墳三五基、方墳一基の計四一基の古墳が、沖ノ島へと続く旧入海を見渡す台地上に築かれました。かつてこの海域を行き交った船からもこれらの古墳はよく見え、地域を支配した宗像氏の存在を象徴するランドマークとなっていたことでしょう。

宗像地域には、四世紀から七世紀にかけて築かれた約二八〇〇基もの古墳があり、その多くは入海に面した台地や丘陵上に位置しています。沖ノ島祭祀が始まる四世紀後半に、それまでの古墳と一線を画す規模を持つ前方後円墳である東郷高塚《とうごうたかつか》古墳が、宗像市の釣川《つりかわ》

写真８　新原・奴山古墳群

の中流域に造られます。五世紀になると、福津市北部の沿岸部、旧入海の東側にあたる海を望む台地上に、七世紀中頃まで古墳群が連綿と築かれ、北部九州を代表する古墳群の一つである津屋崎古墳群を形成しています。全長七〇〜一〇〇メートル程度の前方後円墳を含むこれらの古墳群は、古代豪族宗像氏の首長やその一族の墓とみられます。入海に突き出るような台地上に築かれた新原・奴山古墳群はその一部です。

沖ノ島の古代祭祀は古代国家（ヤマト王権）が関与した「国家的祭祀」でしたが、宗像地域の人々の沖ノ島への信仰がその基礎にあり、高度な航海技術を持った宗像氏の協力なくしては行うことはできませんでした。『古事記』や『日本書紀』に記されているように、宗像大社の三つの宮で宗像三女神をまつるようになるのが宗像氏です。

新原・奴山古墳群は、五世紀から六世紀という比較的長期にわたって、旧入海に面した台地上に、大小さまざまな墳墓が集中して築かれています。海を越えた対外交流に従事し、沖ノ島に対する信仰の伝統を担い育んだ宗像氏のあり方を最もよく物語っている遺産なのです。

三　宗像三女神と信仰の継続

沖ノ島が露天祭祀遺跡の段階になると、宗像地域では、大島の御嶽山《みたけさん》祭祀遺跡、九州本土の下高宮《しもたかみや》祭祀遺跡が出現し、七世紀後半までに、沖ノ島と共通する奉献品を用いた祭祀が行われていたことが明らかになります。八世紀前半に成立した日本最古の歴史書である『古事記』や『日本書紀』の神話には、宗像氏が沖津宮《おきつみや》・中津宮《なかつみや》・辺津宮《へつみや》で宗像三女神をまつっていると記されており、この沖津宮は沖ノ島、中津宮は大島の御嶽山、辺津宮は九州本土の下高宮の各祭祀遺跡にあたります。

沖ノ島への信仰から生まれたと考えられる宗像三女神は、大変重要な航路の守り神として、国家から丁重な待遇を受ける存在でした。日本最古の正史『日本書紀』には、「海北《かいほく》道中《どうちゅう》」に鎮座する「道主貴《みちぬしのむち》」、つまり九州北部から朝鮮半島へと向かう海の道を守る高貴な神として、国家（歴代の天皇）を助け、国家から祭祀を受けるようにと記されています。

こうして、約六〇キロに及ぶ広大な空間に展開する三つの宮からなる宗像大社が成立します。それぞれの宮が古代祭祀遺跡を起源とし、社殿を主な祭祀の場とする宗像三女神への信仰の場として、現代に続いています。沖ノ島に対する信仰の伝統は、宗像三女神信仰として現代に継承されていくのです。

1　宗像大社中津宮

●御嶽山に始まる祭祀

宗像大社中津宮は、宗像市神湊から約七キロ、沖ノ島から約四八キロ離れた大島にあります。宗像大社を構成する三宮の一つで、宗像三女神のうち湍津姫神がまつられています。

大島で最も高い御嶽山《みたけさん》山頂（標高二二四メートル）からは、玄界灘や九州北部の沿岸部はもちろん、沖ノ島やその先の長崎県の対馬や壱岐をよく望むことができます。この場所には、摂社の御嶽神社があり、その麓に中津宮の本殿・拝殿が建てられています。

御嶽山山頂に位置する御嶽山祭祀遺跡は、平成二十二年（二〇一〇）に宗像市教育委員会により発掘され、七世紀後半から九世紀末頃にかけて沖ノ島祭祀遺跡と共通した奉献品を用いた古代祭祀が行われていたことが明らかになりました。奈良三彩や金銅製の琴の雛

写真9　御嶽山祭祀遺跡

形品、滑石製形代などは同時期の沖ノ島の奉献品と一致し、出土状況などから沖ノ島の方角へ向かって祭祀を行なっていたことが判明しました。つまりこの場所が、「中津宮」として『古事記』や『日本書紀』に記されている宗像大社中津宮の起源なのです。

山頂での古代祭祀（御嶽山祭祀遺跡）はその後、麓に建てられた社殿での祭祀に引き継れます。こうして山頂の御嶽神社（上宮）と麓の本殿（本社）が並存する現在のような境内が形成されました。宗像大社中津宮は本殿・拝殿だけでなく、御嶽山祭祀遺跡、御嶽神社と参道を含む空間全体なのです。

●中津宮の境内

大島の南側、大島港からほど近くに、中津宮の一の鳥居が海に向かって立っています。大島に到着する渡船からもよく見え、海との深い関係がうかがわれます。

境内には「天の川」という川が流れ、この川をはさんで牽牛社《けんぎゅうしゃ》・織女社《しょくじょしゃ》があります。毎

写真10　宗像大社中津宮本殿・社殿

年八月七日には、大島で最も盛大なお祭りである七夕祭が行われます。

急な石段の上に鎮座する本殿は、十七世紀前半頃に再建されたもので福岡県有形文化財に登録されています。本殿に向かって左側から天の川へ下ると、宗像三女神の誕生神話にちなんで名づけられた「天《あめ》の真《ま》名井《ない》」と呼ばれる清らかな湧き水があります。

本殿の裏手からは、御嶽山の山頂へと険しい参道が続いています。空気の澄んだ日には山頂からは、北は沖ノ島を中心に壱岐、対馬など玄界灘を一望でき、南は宗像を中心に北九州市域から福岡市域までの九州本土が望めます。沖ノ島（沖津宮）と辺津宮は大島の中津宮を介してつながり、大島は海上交通の拠点として大切な役割を果たしていたことが実感できます。

●「神守る島」大島

中津宮が鎮座する大島は、漁業を中心とする人口六百人ほどの島で、中津宮は島の人々の精神的支柱となっています。大島の人々は沖ノ島の周辺で漁を行い、沖ノ島とともに暮らしてきました。大島には沖ノ島を守り伝えてきた島、三宮の信仰をつないできた島としての歴史があります。

大島には、中世から一ノ甲斐、二ノ甲斐《にのかい》という宗像大宮司《だいぐうじ》家に属する社家《しゃけ》が住み、江戸時代にも福岡藩主の保護の下、彼らによって信仰が代々受け継がれてきました。中津宮の神事は二ノ甲斐河野《かわの》家（越智《おち》家）が担い、一ノ甲斐河野家は、普段は自邸内に設けた祈禱所で沖津宮の神をまつり、年に二回は沖ノ島へ渡って神事を行っていました。十八世紀初めまでに島の北岸に沖津宮遙拝所が設けられたのは、一ノ甲斐河野家が祭祀を行うためでした。福岡藩士で学者の青柳種信は、寛政六年（一七九四）に外国船への警戒のため沖ノ島の「島守」に任命された際、大島で日々身を清めて、沖ノ島への出港のタイミングを待っていたことを書き残しています。

明治維新後、沖ノ島には宗像大社の神職が交代で島に常駐し、現在も神職一名が交代で奉仕しています。しかしながら沖ノ島への信仰を支えるのは、絶好の漁場でもある周辺の海域で漁業を営む漁師たちです。彼らは沖ノ島への信仰も篤く、古くから「自分たちが島を守ってきた」という自負を持って、献魚などをして豊漁や漁の安全などを願っています。沖ノ島や宗像三女神への信仰を語る上で、大島は欠かすことができないのです。

2　宗像大社辺津宮

●辺津宮での祭祀のはじまり

宗像大社辺津宮は、九州本土の釣川沿いに立地します。宗像大社を構成する三宮の一つで、宗像三女神のうち市杵島姫神《いちきしまひめのかみ》が主神としてまつられていて、現在の宗像大社の神事の中心、宗像三女神信仰の拠点となっています。

境内は、かつては入海だった釣川を見下ろす丘陵（宗像山《むなかたやま》）の中腹に、古代祭祀が行われた下高宮《しもたかみや》祭祀遺跡があり、その麓に社殿群が建ち並んでいます。

本殿・拝殿だけでなく下高宮祭祀遺跡を含む空間全体が宗像大社辺津宮の範囲です。現在は田園風景の中にたたずむ辺津宮ですが、古代には近くまで入海が迫っていたようで、『日本書紀』では辺津宮は「海浜」と記されています。下高宮祭祀遺跡のある丘陵上からは、釣川や大島、玄界灘を望むことができます。現在は神域として立ち入りが禁止されていますが、宗像山の頂上（上高宮）からは沖ノ島も望むことができたと言います。

写真11　宗像大社辺津宮本殿・拝殿

下高宮祭祀遺跡からは、沖ノ島や大島の御嶽山から出土した奉献品と共通する土器や滑石製品が数多く見つかっており、七世紀後半から九世紀頃にかけては、ここが祭祀の中心的な場だったことを物語っています。高宮の地は古くから信仰上重要な地とされてきており、遺跡範囲の一部は高宮祭場として整備され、現在も社殿を用いない神事が行われています。

●辺津宮の境内

辺津宮の社殿は、遅くとも十二世紀には存在していたことが記録から分かっています。中世の境内の様子を伝える「田島宮社《たしまのみやしゃ》頭古絵図《とうこえず》」によれば、境内は釣川に接し、三女神をまつる第一宮《ていいちのみや》・第二宮《ていにのみや》・第三宮《ていさんのみや》をはじめとした社殿群が建ち並んでいました。

現在の辺津宮本殿・拝殿にあたる第一宮では、沖ノ島（沖津宮）の田心姫神を中心に三女神を合わせてまつっていて、「惣社《そうじゃ》」とも称されていました。このことからやはり沖ノ島が宗像大社の信仰の根源であったことがうかがわれます。

現在の本殿は弘治三年（一五五七）の焼失後、古代の豪族宗像氏の子孫で、宗像地域を支配した宗像大宮司家の最後の当主となった宗像氏貞《うじさだ》が天正六年（一五七八）に再建したもので、拝殿はその後筑前国を治めた小早川隆景《こばやかわたかかげ》が天正十八年に再建したものです。ともに国の重要文化財に指定されています。現在は本殿に市杵島姫神、第二宮に沖津宮の田心姫神、第三宮に中津宮の湍津姫神がまつられています。また、全国に広まった宗像神信仰の中心地であることから、辺津宮は「総社《そうじゃ》」とも称されています。

江戸時代の延宝三年（一六七五）には、第三代福岡藩主の黒田光之《みつゆき》によって、宗像郡内の宗像大社の末社が本殿を取り囲むように並べ建てられ、現在のような境内の構成となりました。この時に造営された末社の社殿は現在も残っており、辺津宮の境内を特徴づけています。またこの頃は釣川のある境内東側から本殿に向かう参道があったようで、かつての入海である釣川との深い関わりがうかがわれます。

3　宗像大社沖津宮遙拝所

●沖津宮遙拝所とは

宗像大社沖津宮遙拝所は、沖ノ島から約四八キロ離れた大島の北岸にあります。沖ノ島を遥か遠くに拝む（遙拝）ことのできる場所で、厳重な禁忌により訪れることのできない沖ノ島をお参りするための場所で、宗像大社沖津宮の一部です。

空気の澄んだ日には、ここから水平線上にはっきりと沖ノ島を望むことができます。その社殿は沖ノ島の方角を向き、沖ノ島そのものをご神体とする拝殿の役割を持っています。現在、毎年春・秋の沖津宮大祭はここで行われ、通常は閉められている社殿の扉と窓を開いて神事が執り行われています。

●遙拝の伝統

沖ノ島を遥か遠くから拝む「遙拝」の伝統は、沖津宮遙拝所だけで行われていた訳ではありません。九州本土の海岸や高台、山上にも沖ノ島を望むことができる地点があり、中にはかつて遙拝所が設けられていた場所もあります。江戸時代には、宗像市の神湊の浜辺（江口浜の周辺）に沖津宮と中津宮への遙拝所がそれぞれ設けられ、福岡藩主が領内の巡見の際、辺津宮を参拝した後に両宮を遙拝したことがありました。なお、大島の南東側の宮

写真12　宗像大社沖津宮遙拝所

崎という地区には、かつて辺津宮への遙拝所がありました。沖ノ島だけでなく、海で隔てられた宗像大社の三宮への信仰は、遙拝によって互いに結ばれていたのです。

宗像地域の人々は、遥か彼方の沖ノ島に神の気配を感じつつ、日々の暮らしのなかで海上安全、豊漁祈願、五穀豊穣、家内安全など、さまざまな意味を込めて沖ノ島を遙拝していました。たとえば、大島の漁師の妻は、沖ノ島で漁をする夫の無事を願い、沖津宮遙拝所から祈りを捧げていたと言います。

本土側でも、かつては「沖ノ島籠《ご》もり」と呼ばれる風習がありました。田植えが終わった夏頃に、集落近くの沖ノ島が見える浜辺や高台などに籠もり、神酒や赤飯などをお供えして、田植えが無事終わったことへの感謝や無病息災を願ったのです。

また、沿岸部から山を隔てた福津市の手光という集落でも、かつて疫病が流行した際、沖ノ島が見える竹の山という峠に遙拝所を設けて祈りを捧げ、村が救われたという伝承があります。

また、宗像地域以外でも、遙拝の伝承や痕跡が残されています。北九州市の北西部、若松区小竹の白山神社近くに石の祠が残される沖津宮遙拝所址は、今は森に包まれていますが、かつては沖ノ島を望んでいたとみられます。また、江戸時代には福岡城下町の荒津山（福岡市西公園）や魚町（福岡市赤坂付近）にも沖津宮遙拝所が設けられたとの記録も残されています。

Ⅱ　報　告

先史・古代の東アジア海域世界における沖ノ島

——航海・船と海域ネットワーク——

秋道智彌

はじめに

「神宿《かみやど》る島《しま》」宗像《むなかた》・沖《おき》ノ島《しま》と関連遺産群は、平成二十九年（二〇一七）七月九日、世界遺産として登録されました。中国と朝鮮半島を含む大陸沿岸、黄海《こうかい》・東シナ海・対馬海峡《つしまかいきょう》域《いき》から日本海に至る東アジア海域では、洪積世《こうせきせい》の最終氷期を経て海面上昇による島嶼化《とうしょか》が方々で起こりました。その線上で、船と航海を通じたヒト・モノ・情報の新たな交流が実現しました。ここでは、先史・古代の東アジア海域世界における航海・船と航海安全祭祀や海域ネットワークの問題群から、沖ノ島の占める位相に光をあててみました。

一　東アジア海域の航海と海

1　海流と潮流

東アジア海域における先史・古代の航海を、大気・海洋現象に着目して考えてみました。まず海流は、東シナ海では台湾沖《たいわんおき》から北東に向きを変えて流れる黒潮《くろしお》と大陸の沿岸流が主要な要素です。黒潮は琉球列島《りゅうきゅうれっとう》の西側を流れ、北緯三〇度、東経一二八度より南で分岐し、西側は黄海暖流と対馬暖流となります（菱田ほか　一九九〇）。黒潮は幅一〇〇キロ、最大流速は四ノット／時にもなる高温・貧栄養の海流です。黒潮の影響で、九州方面から南に向かう航海では大きく東に流されます。このため、東寄りの風はとくに帆走船の航海に重要となります。

遣唐使《けんとうし》時代、九州から琉球列島に至る航路は「南島《なんとう》ルート」とされていますが、正規の航路ではなかったようです。季節にもよりますが、黒潮と琉球列島の間には時計回りの渦が黒潮反流として生じます。流速は黒潮に及びませんが（〇・六ノット／時）、とくに春に顕著となります（内山ほか　二〇一六）。

また、九州西部の五島《ごとう》列島東部沖には南流する五島反流と、その南の甑島《こしきじま》列島沖に甑南下流があります。白雉《はくち》四年（六五三）の第二次遣唐使派遣の際、第二船（一二〇名乗船）は漂流し、大隅諸島《おおすみしょとう》の竹嶋（竹島）に五名が漂着しました。人々は島に自生していた竹（リュウキュウチク）で筏を作り、島からの脱出を計りました（『日本書紀』巻第二五、白雉四年秋七月条）。難破した遣唐使船の乗組員はこの海流に乗って運ばれたわけです。

一方、黄海は長江《ちょうこう》河口部と済州島《チェジュド》を結ぶ線より北側で、山東《さんとう》半島北端と遼東《りょうとう》半島南端を結ぶ線より南側の範囲を指します。黄海とその北側にある渤海《ぼっかい》には、黒潮から分岐した黄海暖流が北流します。この海域は遣唐使船の北ルートにあたります。渤海湾からは、黄海沿岸流として中国大陸沿いに南流します。黄海沿岸流は途中で長江からの希釈《きしゃく》沿岸流とぶつかります。その南側には、南流する浙江《せっこう》・福建《ふっけん》沿岸流があります（Yanguang Dou et al. 二〇一六）。明州《めいしゅう》から帰国する遣唐使船が安南《あんなん》（ベトナム）に漂着した例は、浙江・福建沿岸流に乗ったものでしょう。

対馬暖流は黒潮の分流で、黒潮本流と比べて流量は一〇分の一、流速も四分の一で（〇・五〜一・〇ノット）、その勢力は三月に極小、十二月に極大となります。対馬暖流は日本海を流れ、北緯四〇度以北で反転して沿海州沿いに大陸沿岸を南下するリマン寒流となります。リマン寒流は、渤海使や遣唐使の航海ルートとも深く関係しています。縄文時代、対馬の佐賀《さか》貝塚から出土した骨製の離頭式銛《りとうしきもり》は海獣狩猟《かいじゅうしゅりょう》に使われたものでしょうが、離頭銛は、もともと北方系の漁具で北海道や東北で見つかっていますので、対馬までリマン寒流に乗って北方民がやってきた可能性もありそうです（永留　一九九七、正木　二〇〇八）。

東京大学大気海洋研究所と水産研究・教育機構の共同研究FATOプロジェクトによりますと、対馬暖流の沿岸分枝は九州から隠岐《おき》まで顕著ですがそれより東部では見られません。沖合い南分枝と北分枝は離岸・接岸の傾向が顕著に大きいものの、ともに津軽海峡《つがるかいきょう》に収斂します。そして、亜寒帯前線のみが北海道北部まで北上します。沖合北分枝は、過去二十五年間の流路平均値によると朝鮮半島南東部から一気に津軽半島まで達しています。日本海では、日本の沿岸航海とともに、大陸との横断航海（遣唐使船・新羅船《しらぎせん》の横断航路や渤海使船の日本海縦断航路）に与えた影響が大きいと考えられます。

つぎは潮流についてです。東アジア海域の朝鮮半島南西部（全羅南道《チョルラナムド》）から南部（慶尚《キョンサン》南道《ナムド》）の多島海《たとうかい》では、潮位差《ちょういさ》が大きく潮流の激しい難所が多くあります。対馬海峡域では、「上げ潮」は北東から南西へ、「下げ潮」は南西から北東に流れ、最強流速は北東流で高潮の三〜四時間後、南西流の場合も低潮の三〜四時間後に出現します（井上・三井田・俵　一九八五　九二二〜九二三頁）。北東流（下げ潮）の最強時流速は、一・四〜三・〇ノット／時、南西流（上げ潮）で〇・七〜一・七ノット／時です。潮流の流速は対馬暖流の影響を受け、下げ潮が上げ潮より速いわけです（Yoshikawa et al.　二〇〇六）。

2　風

風も航海に取り重要で、玄界灘《げんかいなだ》では冬季（十一～二月）、北西季節風が卓越して海は時化ます。春から秋（三～十月）、風向は一定しませんが、南西から南、東南の風が多くなります。

櫂《かい》による手漕ぎや帆走による先史・古代の航海では、季節による風向きの変化が航海の是非を左右する重要な要因となりました。遣隋使《けんずいし》・遣唐使船の航海時期について残された記録はあまりありませんが、往路は七月（一回、南風）、八月（五回、南東～東南東風）、十月（一回、北北東風）、復路は五月（一回、微南風）、六月（二回、微南東～東南東風）、八月（一回）、九月（一回、北東風）、十月（一回）、十一月（一回、北北西～北風）、十二月（三回、北北西風）となっています。あまり明瞭な季節差が見えません。

東シナ海の風向については、大局的には夏季に南・南東風、冬季に北西・北北西から北北東風が卓越する傾向があります（茂在　一九八七、三三二～四〇頁、上田　二〇〇七、二七五～二八七頁）。遣唐使船の航海時期は大枠で往路は夏季、復路は冬季とされていましたが（上田　二〇〇七、本馬　一九七六）、冬季の帰路は季節風が強く危険を伴います。夏季も梅雨時《つゆどき》の低気圧や秋季の台風との遭遇も問題となりました（茂在　一九八七、三九～四〇頁）。

先史・古代の東アジア海域では、数日から数週間、順風を待つことは常套《じょうとう》であったでしょうが、後代、北前船《きたまえぶね》の往来した日本海や瀬戸内海の沿岸各地に多くある「風待ち港」が古代にも使われた可能性は大きいと考えられます。たとえば、能登半島外浦《のとはんとうそとうら》の福浦《ふくら》（石川県羽咋郡志賀町《はくいぐんしかまち》）は、奈良時代、渤海使が到着して船の修理を行い、渤海国に帰還する港でしたが、江戸時代にも北前船の寄港地《きこうち》でしたし、弘化四年（一八四七）寄進の石製方位盤《いしせいほういばん》が残されています（北見　一九八六、二四三～二五八頁）。

風待ち港には船頭が風や天候を予測するために遠方を展望できる小高い「日和山《ひよりやま》」が多くあります。近世期、江戸と大坂をつなぐ東廻り《ひがしまわり》・西廻り航路上の寄港地にはたいてい日和山がありました。西廻りと東廻りにおける日和山の数は三八と四〇で両者の差はありません。また、日和山の標高も一〇〇《メートル》までです（南波　一九八八）。

3　航海と天体・大気・海洋・生物現象

航海では、陸地を見ながらの「地乗り《ちのり》」航法と陸地の見えない「沖乗り《おきのり》」航法がありま す（北見　一九八六、二三三～二四三頁）。前者では海上から二、三方向にある目標物を見て

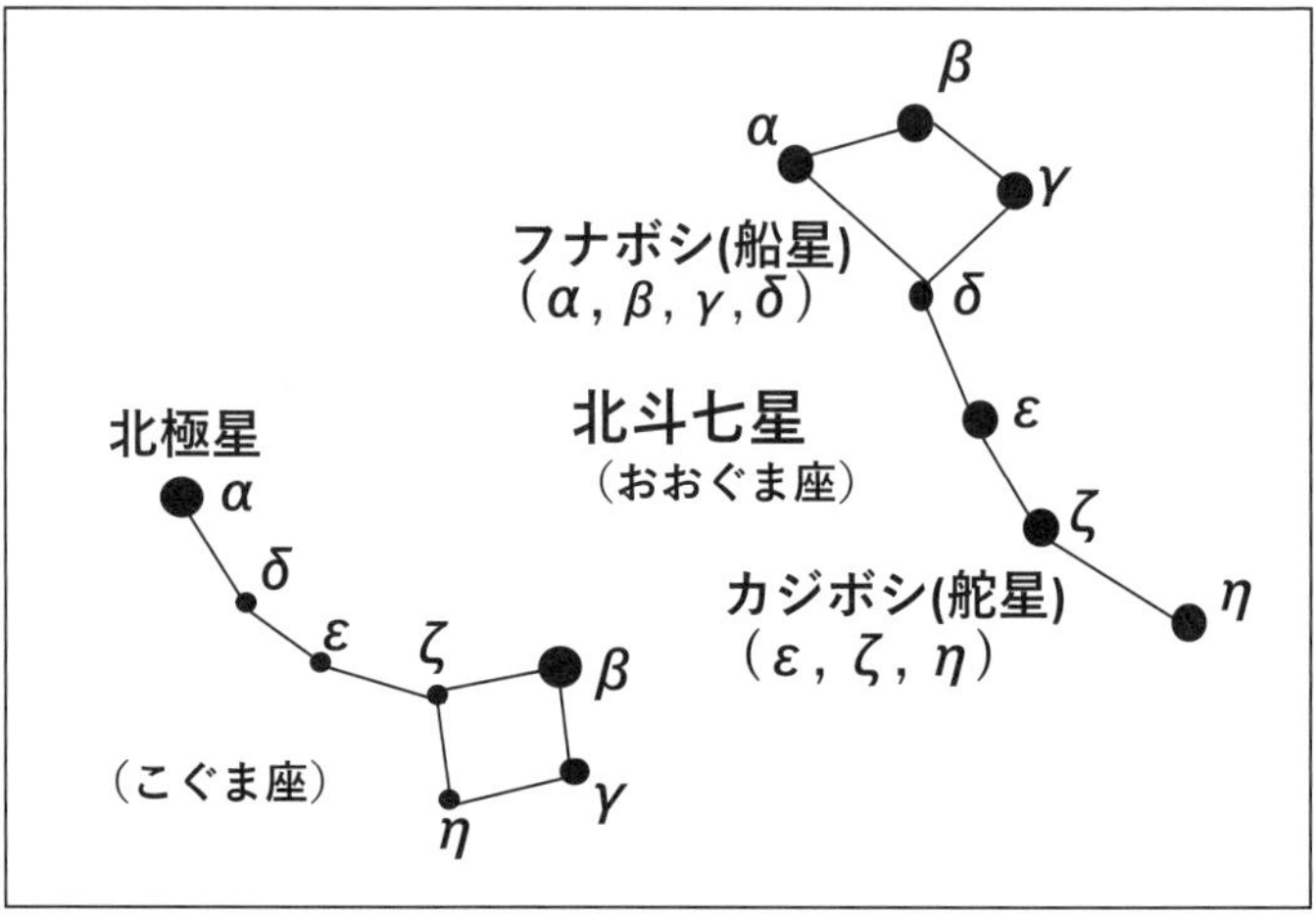

図1　北極星と北斗七星

自船の位置を探るヤマタテ（アテ）の慣行が広く知られています（柳田・倉田　一九七五）。陸地や島を目安《めやす》とする場合、高い山や高い島は遠方からでも見ることができます。東アジア海域では、沖ノ島や宗像大島、玄海島、韓国の鬱陵島《ウルルンド》、済州島、莞島《ワンド》、巨済島《コジェド》、珍島《チンド》などが相当します。また逆に、福津市の対馬見山《つしまみやま》（二四三メートル）からは沖ノ島、壱岐、対馬を望むことができます。一方、対馬の厳原町久田《いずはらまちくた》・向山《むかいやま》（一八一メートル）から沖ノ島を見ることができます。対馬北端の千俵蒔山《せんびょうまきやま》（二八七メートル）から釜山《プサン》や巨済島などの朝鮮南部を一望できますし、対馬南端の豆酘崎《つつさき》（約六九メートル）から壱岐《いき》や松浦《まつうら》の的山大島《あづちおおしま》を展望できます。

　沖乗りでは、太陽・月・星座・雲などや

海鳥《かいちょう》・魚などの天体・大気・海洋生物現象が利用されました。日中は、太陽の出没方位から大枠で東西方向を知ることができます。もちろん、温帯域では季節により太陽の出没方位はズレます。夜間には、北極星《ほっきょくせい》の方位から東西南北や北東、南東、南西、北西の方位が推定されました。北斗《ほくと》七星《しちせい》も広く用いられた星座で、柄の三ツ星はカジボシ（舵星）、升の四ツ星はフナボシ（船星）と呼ばれ、航海者や漁民に親しみのある星でした（後藤　二〇一七〔図1〕）。

東アジア海域では、温帯と熱帯を回遊するオオミズナギドリ（*Calonectris leucomelas*）が注目されます。この鳥は二、三月日本に飛来し、繁殖後《はんしょくご》、十一〜十二月に南へ移動します。カタクチイワシなどの小魚やオキアミ、イカ類を捕食《ほしょく》しますが、索餌《さくじ》後、島への帰巣《きそう》時《じ》間《かん》が決まっており、きわめて正確な飛翔能力《ひしょうのうりょく》をもっています。オオミズナギドリは群れで生活し、大群で索餌します。宗像の漁民はこの鳥を「オガチ」と称し、魚群をねらうオガチ漁の目安としています。日本では玄界灘の沖ノ島が一大繁殖地となっており、聖地でもあることから保護されてきました。この事情は若狭湾の冠島《かんむりじま》も同じです。韓国では、朝鮮半島南西部の泗水島《ジャンスド》に大繁殖地があります。先史・古代にもこの鳥は沖ノ島の位置を知る目安になったと思われます。

二　東アジアの船と航海

1　筏

旧石器時代、東南アジアからオセアニアに人類が拡散する過程で、どうしても海を渡る必要がありました。何の証拠もないわけですが、太い竹を組んで作った竹筏《たけいかだ》が使われた可能性が指摘されています。木を焼き、石器を使ってくり船を作る技術も、八〇〇〇年前あたり以降のことと考えられています。

東アジア世界では、筏《いかだ》は河川などで相当古くから利用されたと思われます（出口　一九九二・一九九五、秋道　二〇一九）。時代は新しいですが、台湾南部のアミの人々は海域で帆《はん》走《そう》の竹筏船を使う例があります（劉・高編　二〇一五）。対馬北部の佐《さ》護湊《ごみなと》で沿岸での海藻採取に使われてきた木製筏は、対岸の朝鮮半島南部、済州島、鬱陵島の影響があると思われます。越前海岸の左右《そう》（福井《ふくい》県丹生《けんにう》郡越前町《ぐんえちぜんちょう》）にも海藻漁用の木筏船が飛び地的にあり、日本海を経由した筏の伝播《でんぱ》の例と推定できます（出口　一九九五）。

2 くり船

日本では市川市の雷下《かみなりした》（七五〇〇ＢＰ）が最古で、朝鮮半島では竹辺《チユンピヨン》（八〇〇〇ＢＰ）、飛鳳里《ピボンリ》（七七〇〇ＢＰ）、中国では跨湖橋《ここきよう》（八〇〇〇ＢＰ）、河姆渡《かぼと》（七〇〇〇ＢＰ）などからくり船が出土しています（秋道 二〇一二、李 二〇一四）。

くり船は単材だけではなく、複数の材を接合した複材くり船もある点は重要です。時代は下りますが、天保九年（一八三八）、尾張国海東郡諸桑村《おわりのくにあまぐんもろくわむら》（愛知県愛西市諸桑町《あいちけんあいさいし》）で発見された船首・胴・胴・胴・船尾からなるくり船はクスノキ材四本を使ったもので、遺跡から出土した複材くり船は全国で五例報告があります（安達 二〇一六）。

船の用材としては、雷下はムクノキ、島根大学構内はスギ、西彼杵郡《にしそのぎ》の伊木力《いきりき》はセンダン、飛鳳里はマツ、跨湖橋はマツ科のバビショウ（タイワンアカマツ）、竹辺はクスノキです。一般論ですが、瀬戸内海・太平洋岸・琉球列島ではクスノキを使ったのに対して、クスノキが分布しない日本海域ではスギ・ヒバなどを使ったとされています。クスノキは幹が太くなりますが直立していません。これに対して、スギ・ヒバの針葉樹は直立して長い用材として利用できます。九州では対馬を含め、北部・中部でもクスノキは自然分布しています。対馬の神社に残されているご神木はクスノキの巨木であることが多く、保全されてきました。また、朝鮮半島には矮性《わいしょう》とはいえ済州島以外クスノキは分布しないとされていますが、北部の蔚珍《ウルチン》郡・竹辺遺跡出土のくり船はクスノキ、櫂《かい》はクヌギです。過去の気候変動に伴う植生の変化も考慮すべきでしょう。

くり船の製作で注目すべきは、縄文時代における丸ノミ石斧《せきふ》です。九州南部の鹿児島（種子《たねが》島《しま》を含む）には先端が鋭いエッジになった石斧が数多く出土しています。前にふれました通り、諫早の伊木力遺跡から六〇〇〇年前のくり船が見つかっています。また、熊本県宇土《うど》から発見された曽畑《そばた》式《しき》土器は、熊本・鹿児島だけでなく奄美・沖縄からも出土しており、しかも朝鮮半島南東端の釜山にある東三洞《トンサムドン》遺跡からも見つかっています。沖縄から九州西部、朝鮮半島に至るまで、広い海域が交流の場とされたことが考えられます。くり船では外洋航海はできなかったという常識は捨てるべきでしょう。

これと関連して、縄文時代前期、沖ノ島社務所《しゃむしょ》前遺跡から大量のニホンアシカの骨が見つかっています。ニホンアシカは島に上陸して繁殖を行いますので、浜辺で容易に捕獲できたわけです。当時、九州ないし朝鮮半島からくり船か筏で来島した人々が利用した可能性があります（正木 二〇〇八）。また、縄文時代、朝鮮半島南部と対馬との間で共通する骨製の結合式釣りばりが分布します。さらに佐賀県腰岳《こしだけ》産の黒曜石《こくようせき》が九州だけでなく、釜山の東三洞遺跡から出土します。これらのことから、縄文時代の玄界灘では朝鮮半島南部・対馬・北部九州との間で沖ノ島を含む海を越えた交流があったことは確実です。

3　くり船から準構造船

くり船に舷側板《げんそくばん》を縫合し、船の艫《とも》に波切板《なみきりばん》を接合した「準構造船」は弥生時代中期以降、瀬戸内海沿岸諸国を中心に建造されました。弥生時代〜古墳時代の板絵《いたえ》にあらわされた船団図（鳥取県青谷《あおや》上寺《かみじ》地《ち》遺跡《いせき》・兵庫県袴狭《はかざ》遺跡《いせき》）、古墳時代の船型埴輪《ふながたはにわ》（大阪府長原高廻《ながはらたかまわ》り2号墳・宮崎県西都原《さいとばる》170号墳）に表されています。舷側板の高さ・厚さ、舷側板の両端を固定する竪板《たていた》の接合、両側の舷側板を固定する貫《ぬき》や船梁《ふなばり》の有無などにより、準構造船は四形式に、全長は七メートル以下、七〜九メートル、九〜一二メートル、一二メートル以上と四段階に区分する案があります（柴田　二〇一三・二〇二〇）。

4　準構造船から構造船

準構造船から構造船への発展では、船底部の板材を複材として前後に広げ、その上部に棚板《たないた》を縫合した「棚板タイプ」と、船底部の丁板《ちょういた》を複数つなぎ、それにL字形の単材である面木《おもき》をつなぎ、その上に舷側板を縫合した「面木タイプ」の二系列が知られています。両者は造船工法が異なるうえ分布もちがいます（石井　一九九五a・一九九五b、出口　一

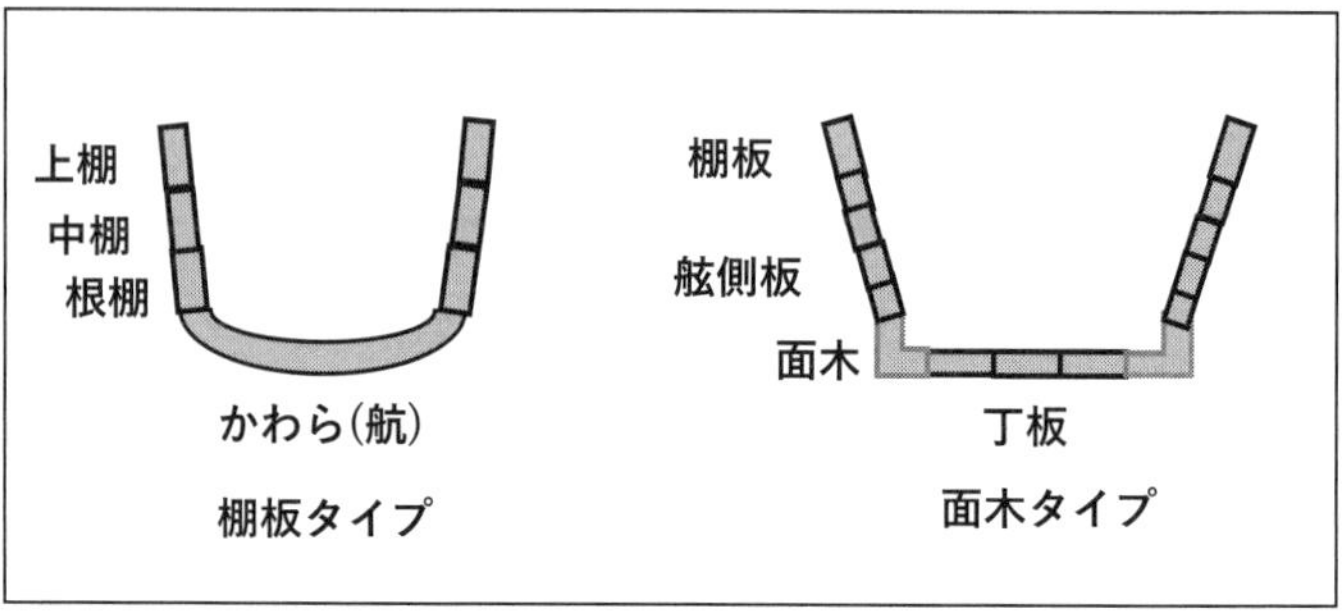

図2　準構造線の2類型

九九五（図2））。

朝鮮半島では、面木造り同様、船材を左右に結合して船を造る技術が存在します。一九七五年に慶州の雁鴨池から出土した統一新羅時代（六七七〜九三五）の小船は、単材刳船《たんざいくりぶね》を二分して、その間に一材を入れて幅を広げています。朝鮮の木造船の外板構成は面木造りの船に類似しています。たとえば、一九八四年に全羅南道莞島《ワンド》郡の助薬島《インソルド》沖海底一〇《メートル》で発見された沈船《ちんせん》の場合、五材よりなる船底部は両舷を貫通する穴に木釘《きくぎ》を打って止め、面木と同じL字形の断面の船材を船底部上縁に縫合し、舷側材は木口を切り裂いて上から下に斜めに木釘を打って固定しています。沈船の積載品である青磁《せいじ》や壺《つぼ》、箸《はし》・さじなどの特徴から、高麗《コリョ》時代初期の十一世紀の船とされています。また、一九九五年に木浦《モッポ》市の達里島《タリド》沖で発見された沈船は莞島沖の沈船より二世紀のちとされ、断面がL字形の船材でないこと以外、船底部と舷側板の固着法は莞島船と類似しています（安達　二〇一六）。

5　遣使船

飛鳥時代以降の遣使船についての発掘資料はありません。文献史料、鎌倉時代以降の絵画、宋・元代の沈船（新安沖・泉州など）による調査研究で、遣唐使船は平底の箱型船で二本の帆柱をもつ中国のジャンク（戎克）型の帆船とされてきました。平らな船底部の上縁に先述した面木を接合し、さらに舷側板を縫合した構造船は、百済系集団による技術伝播が想定されています。

『日本書紀』の「白雉元年（六五〇）是歳」の項に「倭漢直県《やまとのあやのあたひあがた》、白髪部連鐙《しらかべのむらじあぶみ》、難波吉士胡床《なにわのきしあぐら》、百済舶二隻《くだらのつみふたつ》を造ら使めたまふ」とあります。舶は「大きな船」を表します。この二隻は白雉四年の第二次遣唐使船として使われた可能性があります。ただし、この時の乗員数は第一船が一二一人、第二船が一二〇人とされるきわめて大型の船で、七世紀中葉当時の百済舶の大きさが一二〇人規模を収容する大型船であったかどうかは疑問が残ります。

最後の遣唐使船の派遣は承和《じょうわ》五年（八三八）で、四船中の第三船が対馬沖で座礁しました。残りの三船は無事に南ルートで東シナ海を横断し、翌年、第一船・第四船が楚州《そしゅう》（江《こう》蘇省《そしょう》）より、第二船が海州《かいしゅう》（同省）より北ルートを目指しましたが、第二船は南海の島に漂着し、かろうじて小船二艘で大隅にたどり着きました。残りの二船の乗組員は楚州から新羅船九隻をチャーターして長崎の生月島《いきつきしま》に帰還《きかん》していますが、この際に用いられた新羅船には、日本の遣唐使船二隻の乗員二八〇人が一隻当たり三一人分乗したことになります。新羅船規模の船は中型で、喫水線《きっすいせん》は浅かったわけです。実際、新羅船は平安初期、大宰府《だざいふ》で建造、使用されました。このことは『続日本後紀《しょくにほんこうき》』承和六年七月丙申条に、「令下二大宰府一造中新羅船上。以三能堪二風波一也」とあり、新羅船が日本船より耐波性《たいはせい》に富むことが知られていました。

遣唐使船の規模について、これまで全長三〇メートル、幅八メートル、排水量《はいすいりょう》三〇〇トン、積載量《せきさいりょう》一五〇トンで、一隻あたり一二〇～一五〇名が乗船と推定されてきました（石井　一九八三・一九九五a・一九九五b、茂在　一九八七）。遣唐使船が難破《なんぱ》、座礁《ざしょう》した要因として、往路すぐの座礁は積載量が多くて喫水線も深いこと、航海中、平底船《ひらぞこせん》は横波に弱く、推進力の劣る点、竜骨《りゅうこつ》をもたないために風波の衝撃に脆弱《ぜいじゃく》である点、甲板《かんぱん》と船倉部《せんそうぶ》の気密性の欠落（海水の船内への流入）、船底部の航《かわら》と舷側板、艫や舳《へさき》と船体部分の縫合が完璧でなかった可能性があります。ジャンク船が構造船あったとする仮説は、日本への漂着《ひょうちゃく》船の記録から推定されています。『日本三代実録《にほんさんだいじつろく》』第三五巻、元慶三年（八七九）三月十三日条に、丹後《たんごの》国竹野郡《くにたけのぐん》に漂着した異国船は、長さ六丈（一八メートル）・幅一丈五尺（四・五メートル）とあります。同書第三七巻、元慶《げんけい》四年五月十七日条と十九日条に、但馬国二方郡《たじまのくにふたかたぐん》と美含郡《みくみぐん》でそれぞれ長さ一〇丈（三〇メートル）・幅不明、長さ五丈余（一五メートル余）・幅一丈六尺（四・八メートル）の沈船・漂流船が記録されています。これらの大型船は規模からして構造船と想定されています（茂在一九八七、二六頁）。

三　航海・船と航海安全祭祀

宗像・沖ノ島で行われた「航海安全」を祈願する祭祀自体、約五百年の間に岩上祭祀から露天祭祀《ろてんさいし》に至る変容が指摘されています。発見された八万点あまりの祭具《さいぐ》や奉献品《ほうけんひん》はすべて国宝とされていますが、それらにはさまざまな象徴的意義があります。

1　奉献品・祭具

注目すべきは、六～七世紀にそれまでの古墳の副葬品と共通する奉献品（鏡・勾玉《まがたま》・鉄刀など）から、航海安全祭祀のために作られたものが増加する点です。ちょうど、岩陰祭祀の終わり頃（22号遺跡）から半岩陰・半露天祭祀（5号遺跡）、さらに八～九世紀の露天祭祀（1号遺跡）にかけての時期に相当します。たとえば、金銅製《こんどうせい》の紡織具《ぼうしょくぐ》や琴、祭祀用土器などのほか、滑石製《かっせきせい》の人形《ひとがた》、馬形、船形などのミニチュア（型代《かたしろ》）が含まれています。船形はくり船型の簡素なもののほか、舳《へさき》と艫《とも》をもつものもあります。馬形は鞍《くら》をつけたものと裸馬《はだかうま》とが一〇〇例以上あり、神の乗り物として神馬《しんめ》を奉献したものでしょう。雨乞《あまご》いに黒馬《くろうま》を、雨止《あめど》めに白馬《あおうま》・赤馬《あかうま》を奉納《ほうのう》するならわしが京都の貴船神社《きふねじんじゃ》にありますが、農耕の五穀豊穣《ごこくほうじょう》とは別に航海における好天候や霖雨《りんう》を祈願《きがん》したのではないでしょうか。人形も神への供犠《くぎ》としてもっとも重要であったと推定されます。滑石は光沢のある硬度《こうど》1の鉱物で加工しやすい性質をもっています。滑石製の船形は沖ノ島だけでなく、大島の御嶽《みたけ》遺跡や宗像大社のある下高宮《しもたかみや》遺跡からも出土しています。

沖ノ島では、国家的な祭祀以前の時代にも航海安全にかかわる祭祀が営まれた証拠があります。たとえば、弥生時代中期前半の銅戈《どうか》（矛《ほこ》）は、韓国慶尚南道昌原市《チャンウオンシ》馬山合浦《マサンガッポ》の馬山湾口にある架浦洞《カポドン》祭祀遺跡で発見された同時代の細形銅戈（先端部欠損《けっそん》）と類似しています。しかも、銅戈は岩の間に差し込んだ状態で見つかっており、沖ノ島の出土状況に酷似しています。架浦洞遺跡は馬山湾口にあり、航海安全祭祀が行われ、沖ノ島でも同様な航海祭祀があったとみなされています（武末 二〇一一）。沖ノ島の細形銅戈と類似のものは、架浦洞遺跡以外に蔚山市《ウルサンし》校洞里《キョドンリ》遺跡1号墓でも見つかっており、東アジア海域で弥生時代、すでに航海安全祭祀が広く行われていたと思われます。

銅戈は当時、重要な武器であり財でもある「権威と力の源泉《げんせん》」とされており、祭器である銅戈をカミに奉献することで祈願を成就《じょうじゅ》する営みと考えられます（図3）。

2　卜骨と船霊・船の位階

つぎに注目したいのは、シカやイノシシの骨（肩甲骨《けんこうこつ》・下顎骨《かがくこつ》など）を焼灼《しょうしゃく》してその割れ方から吉兆《きっちょう》を占う卜骨《ぼっこつ》の慣行が弥生時代から古墳時代にあったことです。九州では原《はる》ノ辻《つじ》遺跡・カラカミ遺跡（長崎県壱岐市）、牟田寄《むたより》遺跡（佐賀市）など弥生時代中期の例があります（國分　二〇一四）。同時代、朝鮮半島の慶尚南道泗川《サチヨン》市海岸部小島の勒島《ヌクド》に卜骨の集積遺構《しゅうせきいこう》があり、勒島が当時の国際港であったことからして倭《わ》の卜占の起源地と目されています（金　二〇〇二）。また、全羅南道海南郡群谷里《グンゴクリ》貝塚からも八〇点近くの卜骨が出土しており、勒島遺跡以前ではもっとも多い例となっています（木浦大学校　全羅南道南海郡一九八七、渡辺　一九九五）。国内で最大数の卜骨を出土するのは鳥取県の青谷上寺地遺跡ですが、この遺跡の卜骨は韓国江原道江陵《カンウオンドカンヌン》市の江門洞《カンムンドン》遺構のものと類似しており、時代は紀元前二世紀です。日本海を越えた祭祀儀礼をめぐる交流があったものと想定されています（北浦　二〇〇二）。なお、海岸部に多い卜骨習俗は、農耕重視ものではなく航海安全や

1 竹幕洞（著者撮影）

4 玄圃里（著者撮影）

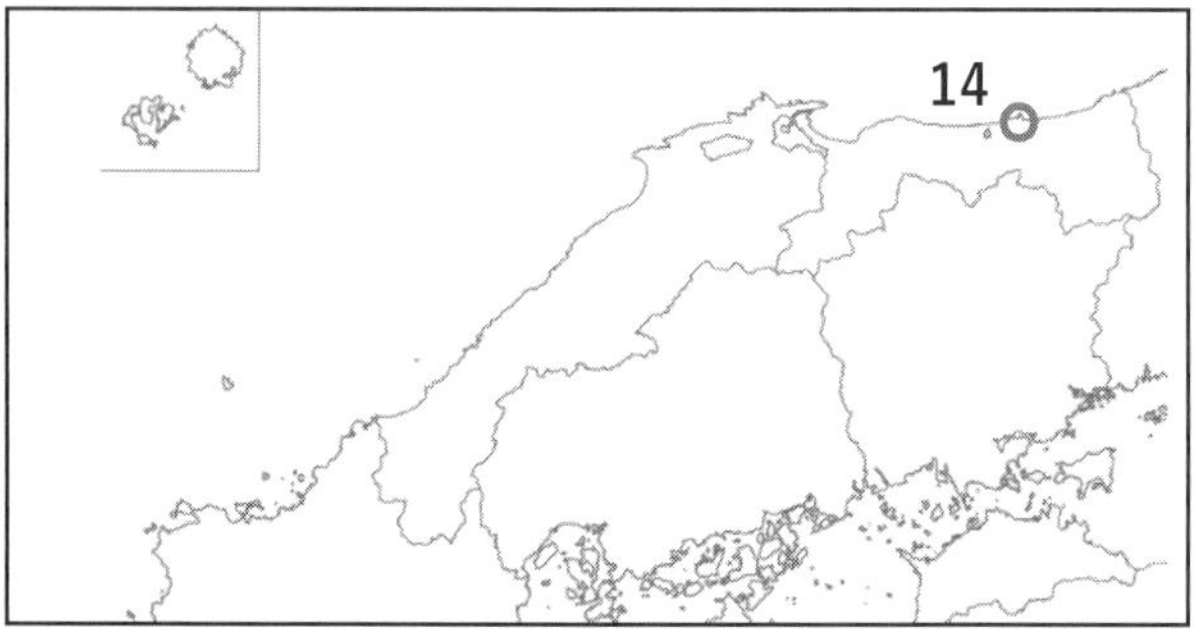

8 勒島（ヌクド）
9 群谷里（グンゴクリ）
10 江門洞（カンムンドン）
11 壱岐・原ノ辻
12 壱岐・カラカミ
13 牟田寄
14 青谷上寺地

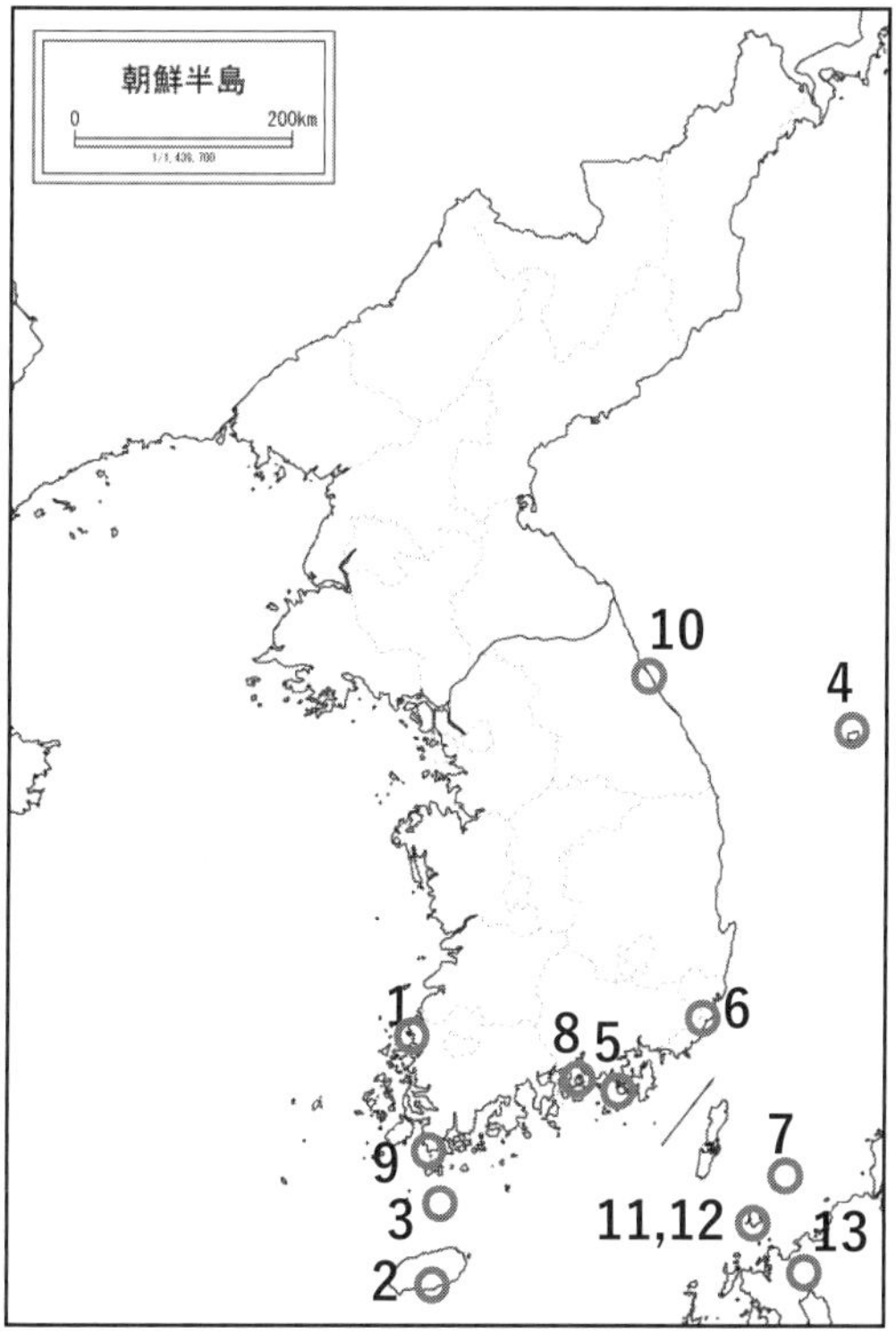

図3　東アジアにおける航海安全祭祀遺跡・卜骨出土遺跡

1〜6：航海安全祭祀遺跡，7〜13：卜骨出土遺跡

1 竹幕洞（チュンマクドン）
2 済州島（チェジュド）龍潭洞（ヨンダンドン）
3 莞島（ワンド）清海鎮（チョンヘジン）
4 鬱陵島（ウルルンド）玄圃里（ヒョンポリ）
5 馬山・架浦洞（ガポンドン）
6 蔚山・校洞里（キョドンリ）
7 沖ノ島

海洋気象が占われた可能性が十分にあると思われます（渡辺　一九九五・二〇〇二、金　二〇〇二）。卜骨祭祀は航海に先立つ儀礼でしょう（図3）。

航海安全と関連して注目すべきは、「船霊への祈り」です。航海安全を祈る対象として、沖ノ島三女神への信仰の前駆《ぜんく》段階で、船と航海安全を祈願する対象としての「船霊（フナダマ)」についてふれておきましょう。たとえば、天平宝字六年(七六二)、嵐に遭遇《そうぐう》した遣渤海使船が能登で無事の帰国を船霊に祈ったとする記載が『続日本紀』巻二四、天平宝字七年八月壬午(十二日)条にあります。船霊は女性のカミであり、航海安全を守る女神への民俗信仰があったことはまちがいないでしょう。船霊信仰については、船に人形、銅銭、航海者の姉妹の毛髪《もうはつ》、五穀《ごこく》などを船の柱の下部や機関部に安置し、一種の魔除《まよ》け・お守りとした呪術《じゅじゅつ》的な役目を果たした民俗例があります。呪物《じゅぶつ》として女性の毛髪を航海安全儀礼に使う事例は沖縄のオナリ信仰や南中国の媽祖《まそ》信仰《しんこう》に通底します。

さらに船自体に対する叙位《じょい》も行われました。たとえば、遣唐使執節使《しっせつし》であった粟田真人《あわたのまひと》の乗船した佐伯船《さえきぶね》が無事に往復航海を達成したことで船に従五位下《じゅごいげ》の位階《いかい》が慶雲《けいうん》三年(七〇六)二月二十二日に授けられました。また、鑑真らの乗った遣唐使船二隻が無事帰還したことで、天平勝宝《てんぴょうしょうほう》六年(七五四)に従五位下の位がその船に授けられました。同様に能登でも遣渤海使船が無事航海を達成したことで天平宝字《ほうじ》七年に従五位下の位階と錦冠《きんかん》を授かっています。つまり、航海に直接かかわる祭祀が船自体を対象として行われたことを示しており、沖ノ島における航海安全祭祀と密接にかかわるものといえます。

このほか、航海中に生贄《いけにえ》を捧げる祭祀があります。『魏志《ぎし》』倭人伝《わじんでん》の東夷条に、航海する船に持衰《じさい》、ないし生口《せいこう》(奴隷・捕虜)を同乗させたとする記載がその証です。持衰は航海安全のための生贄であり、首尾よく航海が成功すればよいが、不首尾の場合、持衰は犠牲になりました。あと、航海中の海上で鏡を海に投じて海神に航海安全を祈ることもありましたし（兪　二〇一二）、『万葉集』にも航海安全への祈りをメッセージとする詩が長歌《ちょうか》を含めて二三首ありますが、ここでは説明を省きます。

3　朝鮮半島の航海祭祀

朝鮮半島で航海安全祭祀儀礼が行われたとされる遺跡の例が、黄海に面する全羅北道扶《プ》安《アン》郡の竹幕洞《チュンマクドン》遺跡、済州島の龍潭洞《ヨンダンドン》遺跡、慶尚南道・馬山の架浦洞（慶南大学校博物館二〇〇六）、全羅南道莞島郡莞島の将島《チャンド》にある清海鎮《チョンヘジン》遺跡、欝陵島の玄圃里《ヒョンポリ》遺跡などです（兪　二〇一一・一二）。竹幕洞は海岸の断崖上にあり、海の難所とされる朝鮮半島西海岸のなかで避難港となったことで航海安全祭祀が四～六世紀に行われました。倭系前方後円形墳が十数基あり、武寧王陵《ぶねいおうりょう》が中国南朝・百済・倭・加耶などとの国際交流の進むなかで建造されました。栄山江《ヨンサンガン》流域の古墳では日本産のコウヤマキが木棺として使われており、当時の倭国との密接な交流が明らかです。竹幕洞では、のちの八世紀に露天から家屋での祭祀へと変化します（兪　二〇一一・一二）。現存の「水聖堂」はその名残りで、沖ノ島の航海安全祭祀と対照できます（禹　二〇一一、西谷　二〇一四）。

おわりに――海域ネットワークと世界遺産

宗像・沖ノ島の世界遺産は八つの構成資産（Property）からなりますが、周辺地域には沖ノ島とリンクするいくつもの関連遺産があります。たとえば、田熊石畑《たぐまいしはた》遺跡、津屋崎古墳《つやざきこふん》群、津屋崎千軒、桜京《さくらきょう》古墳、織幡神社《おりはたじんじゃ》などは弥生・古墳時代における宗像氏や宗像の海人の活動を示す遺跡群です。しかも、海域を通じた交流の実態を示す遺構や古墳、祭祀遺跡は宗像を離れた地域にも数多く点在しています。壱岐の原ノ辻遺跡、対馬の三根《みね》遺跡、朝鮮半島の勒島遺跡、莞島遺跡、竹幕洞遺跡（禹　二〇一二）、栄山江流域の古墳群（高田　二〇一九、権　二〇一九）、日本海の鬱陵島の玄圃里遺跡などがその例です。海を越えたネットワークの存在は縄文時代における日本と朝鮮半島で共通する漁具が見つかっていることや（渡辺　一九八四）、卜骨の習俗の分布、鐘崎《かねさき》の海人が移動した足跡にも反映されています（図4）。さらに中国・韓国の博物館に所蔵・展示されている海底から回収された沈船や船載品は、沖ノ島の意義を探る貴重な比較資料となっています、それだけに、日本の水中考古学の発展が今後望まれます。

以上みてきたように、海に関連する世界遺産は広域にわたる海域に分散し、島嶼や大陸

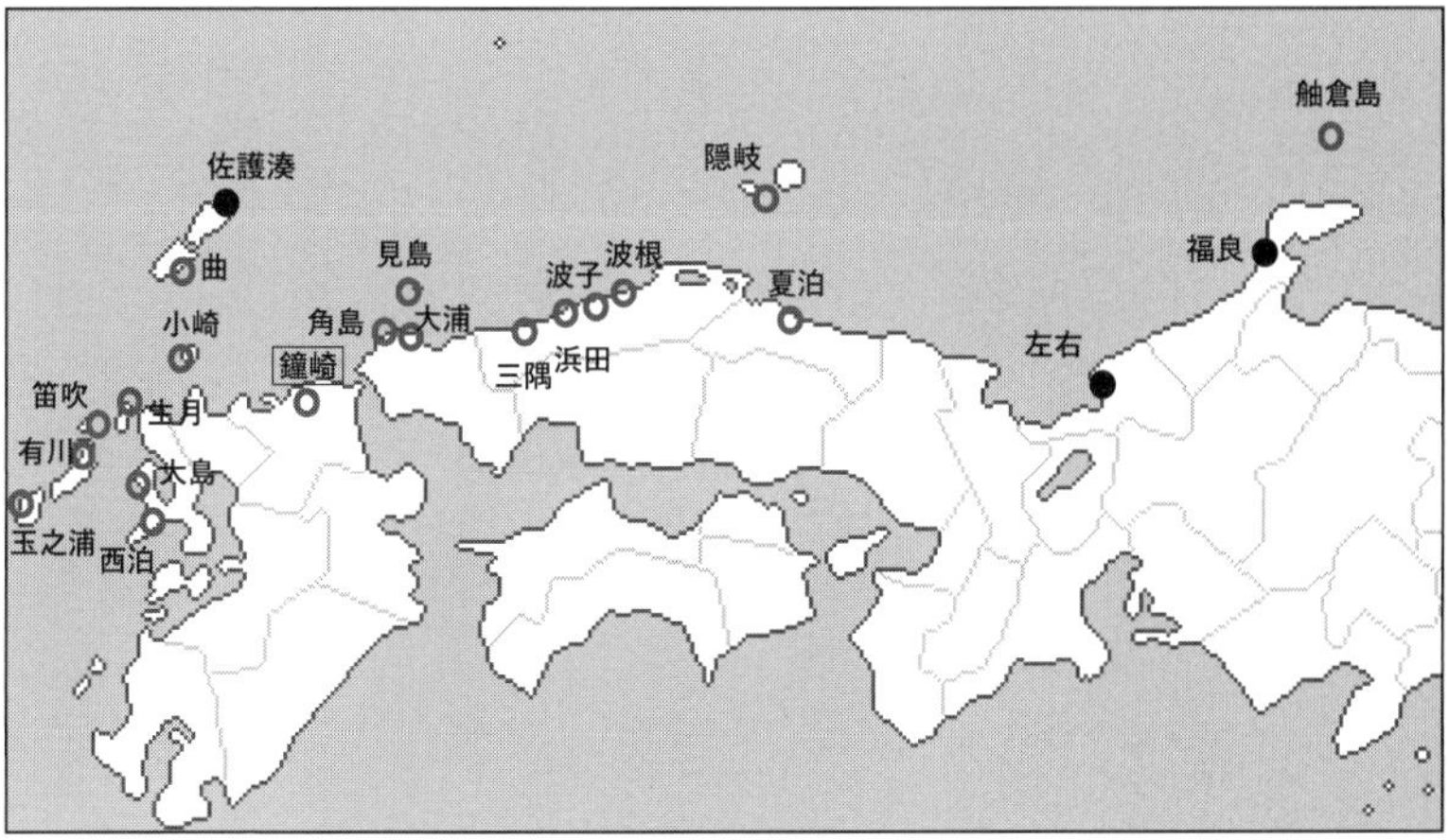

図4　日本海における鐘崎海女の「アマアルキ」の足跡
○　海女の遠征先　　●本章でふれた木製筏の分布地点

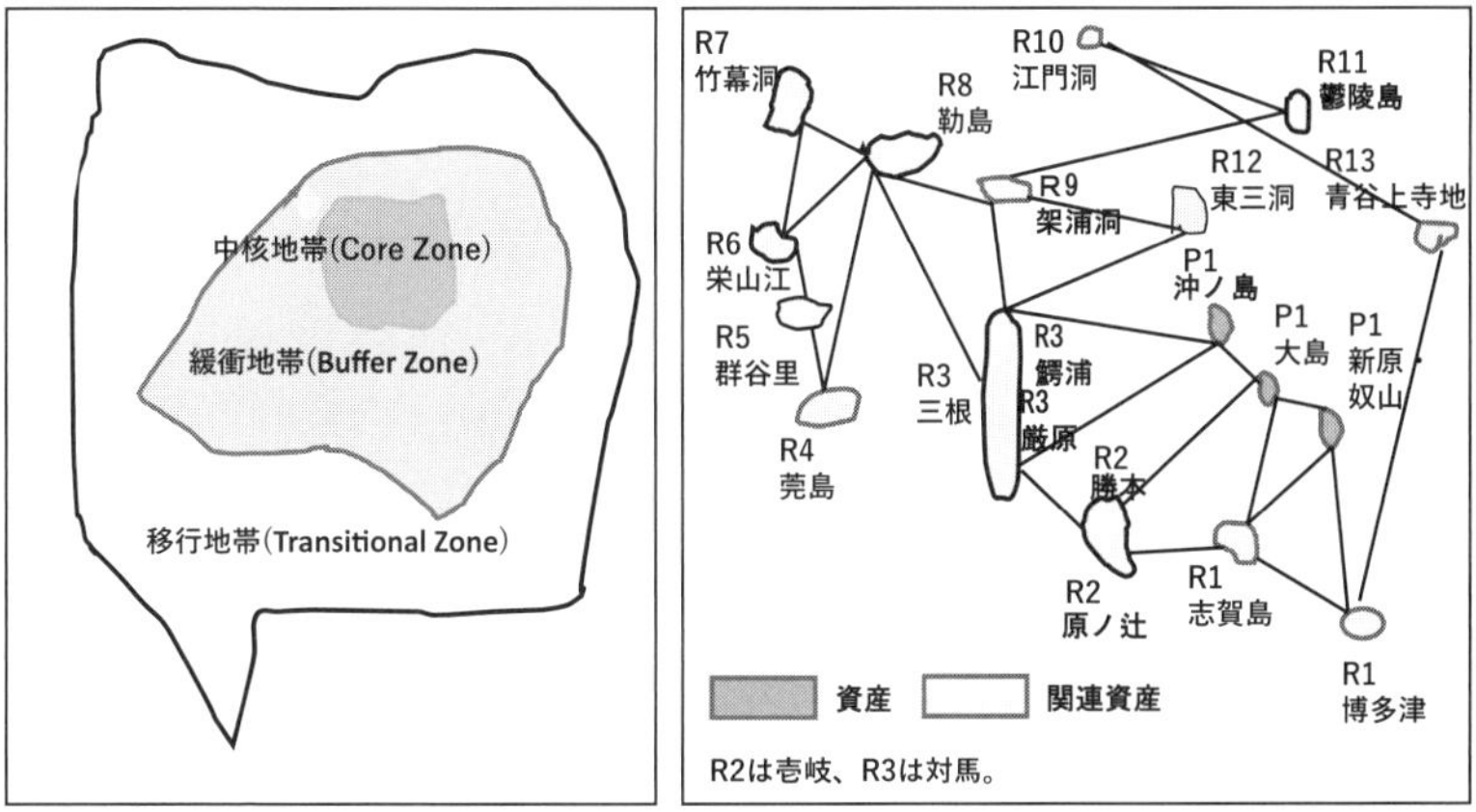

図5　人間生物計画（MAB）／世界遺産（ICOMOS）の陸域モデル（左）と宗像・沖ノ島資産（P1）と島嶼間ネットワークによる地域・島嶼遺産（R1~R13）（右）

の沿海部に偏在しています。玄界灘の沿岸域や離島の古墳群は海の首長・海人集団と関係が深く、海から見たランドマークとしての意味があります。萩市沖にある見島のジーコンボ古墳群(山口県　一九九六、山口県教育委員会　一九八三)、長門・吉母《よしも》の甲山《こうやま》古墳群、藍島《あいのしま》北にある貝島の円墳、津屋崎古墳群、糸島半島の平原《ひらばる》古墳1号墳、朝鮮半島南部一帯にも注目すべき古墳群が数多くあります。

国境を越えた地域間交流はボーダーレス型のネットワークとして理解することが重要でしょう。これは従来のMAB構想(Man And Biosphere)や世界遺産の中核地帯と緩衝・移行地帯のような陸地中心の同心円的なとらえ方とはきわめて異質の発想によるものであり、「海の世界遺産」(Maritime World Heritage)の独自点でもあります。地域や国を越えた広域にまたがる世界遺産の存在意義があるわけです(図5)。この点は人類史における歴史・文化のダイナミズムとも対応するものであり、今後の研究だけでなく文化資源の活用や関連遺産群との国際連携を含めた世界遺産の構成を考える新基軸の提案となると考えています。

参考文献

秋道智彌　二〇一二「東アジアの海洋文明と海人の世界―宗像・沖ノ島遺産の基盤―」『「宗像・沖ノ島

と関連遺産群」研究報告』Ⅱ-1、「宗像・沖ノ島と関連遺産群」世界遺産推進会議、⑥-1（127）―⑥-18（144）頁。
秋道智彌　二〇一九「アジア・太平洋の船と航海―竹筏に注目して―」大阪・郵政公庫学会編『歴史・民族・考古学論攷（Ⅱ）』大阪・郵政考古学会・辻尾榮市氏古稀記念論攷刊行会、361-381頁。
安達裕之　二〇一六「和船はどのように発達したか―構造と機能の盛衰史―」（和船が運んだ文化）『水の文化』54、5-8頁。
石井謙治　一九九五a『和船Ⅰ』（ものと人間の文化史76-Ⅰ）法政大学出版局。
石井謙治　一九九五b『和船Ⅱ』（ものと人間の文化史76-Ⅱ）法政大学出版局。
井上尚文・三井田恒博・俵悟　一九八五「第23章 対馬海峡Ⅱ物理」日本海洋学会 沿岸海洋研究部会「沿岸海洋誌」編集委員会編『日本全国沿岸海洋誌』東海大学出版会、914-933頁。
禹在柄　二〇一一「竹幕洞祭祀遺跡と沖ノ島祭祀遺跡」『「宗像・沖ノ島と関連遺産群」研究報告Ⅰ』「宗像・沖ノ島と関連遺産群」世界遺産推進会議、281-296頁。
上田雄　二〇〇七『遣唐使全航海』草思社（再版）。
内山雄介・小谷瑳千花・山西琢文・上平雄基・御手洗哲司　二〇一六「沖縄本島周辺海域における非対称海洋構造の形成機構」『土木学会論文集B2（海洋工学）』72（2）、Ⅰ481-Ⅰ486頁。
北浦弘人　二〇〇二「鳥取県青谷上寺地遺跡出土の卜骨」『月刊考古学ジャーナル』492、14-17頁。
北見俊夫　一九八六『日本海上交通史の研究』法政大学出版局。
金建洙　二〇〇二「韓半島の卜骨」『月刊考古学ジャーナル』492、18-21頁。

慶南大学校博物館　二〇〇六『馬山・架浦洞青銅器埋納遺蹟』（慶南大学校博物館・学術調査報告第11輯）慶南大学校博物館。
國分篤志　二〇一四「弥生時代～古墳時代初頭の卜骨―その系譜と消長をめぐって―」『千葉大学人文社会科学研究科研究プロジェクト報告書』27、97-121頁。
後藤　明　二〇一七『天文の考古学』（ものが語る歴史35）同成社。
柴田昌児　二〇一三「古代瀬戸内海における海上活動に関する一試論」『みずほ別冊　弥生研究の群像』大和弥生文化の会、463-476頁。
柴田昌児　二〇二〇「準構造船と描かれた弥生船団」『青谷上寺地遺跡発掘調査研究年報　二〇二〇』鳥取県　地域づくり推進部　文化財局　とっとり弥生の王国推進課　青谷かみじち史跡公園準備室、19-25頁。
武末純一　二〇一一「沖ノ島祭祀の成立前」『「宗像・沖ノ島と関連遺産群」研究報告Ⅰ』「宗像・沖ノ島と関連遺産群」世界遺産推進会議、1-37頁。
出口晶子　一九九二「日本の伝統的船舶の系譜」大林太良著者代表『海と列島文化　第10巻　海から見た日本文化』小学館、485-519頁。
出口晶子　一九九五「日本海、東シナ海沿岸の筏船と漁撈」『日本と周辺アジアの伝統的船舶―その文化地理学的研究―』文献出版。
永留久恵　一九九七『海人たちの足跡―環対馬海峡の基層文化―』白水社。
南波松太郎　一九八八『日和山』（モノと人間の文化史60）法政大学出版局。

西谷　正　二〇一四「宗像・沖ノ島と韓国の扶安・竹幕洞」『歴史書通信』（歴史書懇話会）212：2-5頁。
菱田昌孝・小野房吉・小田巻実・佐藤敏・打田明雄　一九九〇「東シナ海の海流・潮流の分離による対馬暖流・黄海暖流の源流の解明」『海洋調査技術（*Journal of the Japan Society for Marine Surveys and Technology*）』2（1）：1-9頁。
本馬貞夫　一九七六「倭軍の朝鮮出兵と航海神」『東アジアの古代文化』10、96-125頁。
正木　晃　二〇〇八『宗像大社・古代祭祀の原風景』（ＮＨＫブックス　一一一九）日本放送出版協会。
木浦大学校博物館全羅南道・海南郡　一九八七『海南郡谷里貝塚１』（木浦大学校博物館学術叢書第8冊）、木浦大学校博物館。
茂在寅男　一九八七「遣唐使概観」茂在寅男ほか著『遣唐使研究と史料』東海大学出版会、1-43頁。
柳田国男・倉田一郎　一九七五『分類漁村語彙』国書刊行会。
山口県編　一九九六『山口県史 通史編―原始・古代―』山口県、99、604-605頁。
山口県教育委員会　一九八三『見島ジーコンボ古墳群』山口県。
兪　炳　夏　二〇一一「竹幕洞祭祀遺跡と沖ノ島祭祀遺跡」『「宗像・沖ノ島と関連遺産群」研究報告Ⅰ』281-290頁。
兪　炳　夏　二〇一二「朝鮮半島における航海と祭祀―古代を中心として―」『「宗像・沖ノ島と関連遺産群」研究報告』Ⅱ-2，「宗像・沖ノ島と関連遺産群」世界遺産推進会議、24-41頁。
李　相　均　二〇一四「韓国飛鳳里貝塚で出土した丸木舟の様相」『東京大学考古学研究室研究紀要』

28：159-186頁。
劉炯錫・高清德編　二〇〇五『「東海岸阿美族竹筏漁獵文化調査記錄」計劃調査報告』行政院文化建設委員會・交通部観光局東部海岸国家風景区管理所。
渡辺　誠　一九九五「全羅南道郡谷里貝塚出土の卜骨」『日韓交流の民族考古学』名古屋大学出版会。
Yanguang Dou, Shouye Yang, Xuefa Shi, Peter D. Clift, Shengfa Liu, Jihua Liu, Chao Li Lei Bi, and Yun Zhao 2016
Provenance weathering and erosion records in southern Okinawa Trough sediments since 28 ka: Geochemical and Sr–Nd–Pb isotopic evidences. *Chemical Geology* 425: 93–109.
https://www.sciencedirect.com/science/article/pii/S00
Yoshikawa, Y. A. Masuda, K. Marubayashi, M. Ishibashi and A. Okuno 2006 On the accuracy of HF radaor measurement in the Tsushima Strait. *Journal of Geophysical Research* 111: C04009, 1–10.

コラム1　古代の航海と沖ノ島

大高広和

沖ノ島の古代祭祀が始まった四世紀後半には朝鮮半島との交流が活発になり、五世紀になると倭の五王によって、朝鮮半島西海岸の百済《くだら》を介した中国南朝への遣使《けんし》も行われました。当時、古墳時代に日本列島から海を渡った船は、縄文時代以来の丸木舟の両舷《りょうげん》（両側）に、高い板を貼りつけて波よけとした準構造船と呼ばれる船だったと考えられます。準構造船は日本各地から部材が出土しており、船形の埴輪《はにわ》や土器《どき》、古墳壁画《こふんへきが》などからその姿が復元されていますが、構造上、船の大型化には限界がありました。また、その動力はほぼ手漕ぎによるものでした。

そのような船と動力の問題を踏まえると、九州北部から朝鮮半島への航路については、『魏志《ぎし》』倭人伝《わじんでん》にも記されるような、博多湾から東松浦半島を経て、壱岐《いき》・対馬《つしま》と渡っていくルートが最も安全で一般的だったとみられます。宗像から直接、沖ノ島付近を経由して朝鮮半島に向かおうとすれば、北東方向へ流れる対馬暖流の海流によって山陰方面に流されてしまう恐れが大きく、人力で海流に逆らうことは困難です。

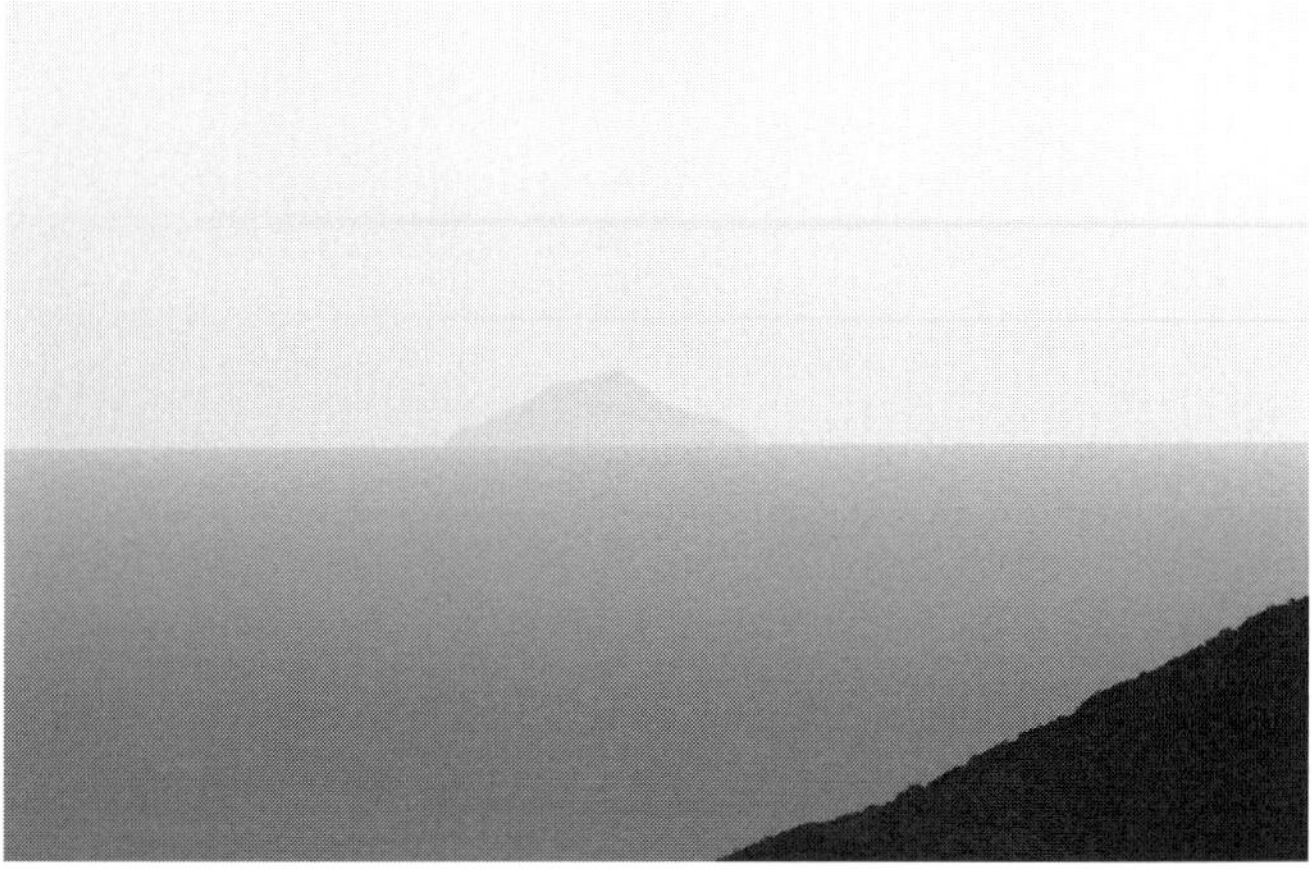

写真１　対馬南部（対馬市厳原町尾浦）より見た沖ノ島

写真２　西都原古墳170号墳出土の埴輪船
（復元品，宮崎県立西都原考古博物館蔵）
櫂を引っかけるための突起が表現されている。

しかし、反対に朝鮮半島南岸から日本列島に向かう場合、沖ノ島の島影を目印に東南方向に舵を取れば、海流に逆らうこともなく宗像を中心とした九州北部沿岸にたどり着きます。関門海峡《かんもんかいきょう》を抜ければ瀬戸内海《せとないかい》を経てヤマト王権の本拠地に向かえますし、海流に乗って日本海側へ出れば、宗像とも縁の深い出雲に至ります。当時の人々にとっては、対外交流によって手に入れた文物を載せた帰路の船こそが重要だったのではないでしょうか。沖ノ島への信仰が重要視された背景には、そのような朝鮮半島からの航海の重要性があり、貴重な外来の文物を奉献した沖ノ島祭祀は、基本的に帰国後に行われたように思われます。

なお、朝鮮半島を新羅が統一した七世紀後半以降は、九州の西の五島列島から、東シナ海を直接横断して中国に至る遣唐使《けんとうし》が派遣されるようになりました。この航海を可能にしたと考えられるのが、板材を組み合わせて作られた大型の構造船で、一〇〇人以上が乗船でき、動力も手漕ぎに加えて竹（網代《あじろ》）や布でできた帆が利用されています。しかし、この規模の船がわざわざ沖ノ島に立ち寄ったというのは、航路の面からも、島に大型船が着岸できる環境がなかったことからも、往復ともに考えがたいことです。

ところで、東シナ海を渡った遣唐使船は、かなりの割合で遭難・漂流の憂き目に遭っています。海上での遭難時に重要な問題の一つが真水の存在ですが、沖ノ島で唯一上陸が可能な南側の磯には湧き水があり、現在は「御神水」とされています。古来、この水で命拾いをした航海者は多かったことが想像できるでしょう。

遣唐使船には国家的な航海神として難波《なにわ》の住吉神がまつられていて、遣唐使の航海において宗像《むなかた》神の存在は影が薄いところです。ただし、九世紀には宗像大社において遣唐使の安全を祈る読経《どきょう》が行われた記録があり、古くからの国家的な海の守り神としての性格が忘れられたわけではないようです。

参考文献

大高広和　二〇二二「沖ノ島祭祀と宗像大社」吉村武彦・川尻秋生・松木武彦編『シリーズ地域の古代日本　筑紫と南島』ＫＡＤＯＫＡＷＡ。

広瀬直毅　二〇一九「東シナ海～日本海の海流と航海環境」『「神宿る島」宗像・沖ノ島と関連遺産群特別研究事業第一回国際検討会「古代東アジアの航海と宗像・沖ノ島」報告書』。

沖ノ島祭祀遺跡と竹幕洞祭祀遺跡

――倭国と百済の交流――

禹　在　柄

はじめに

こんにちは。本日は、世界遺産である沖《おき》ノ島《しま》祭祀《さいし》遺跡《いせき》の価値の評価についてお話しします。

今回、とくに集中的に議論したいのは、五～六世紀です。この時期に沖ノ島祭祀が活発になった背景を考えます。

一　百済への長距離の航海を試みた倭国の商人

1　海を渡る倭人

まず、京都ニゴレ古墳出土の船形土器《ふながたどき》を見てみましょう。こちらは、古墳の副葬品で、船の形を模倣《もほう》した土器です。いわゆる船形土器と呼ばれているものです（図1-1）。これらは、京都で出土した土器ですが、これが五〜六世紀当時の倭国《わこく》の船です。現代の船とは少々異なります。

この船は、一六人の乗組員が櫂を手で漕いで進む船で、帆船《はんせん》ではありません。次にこの船図と達城坪村里遺跡出土船形土器（図1-2）を比較してみてください。加《か》耶《や》地域の船ですが、倭国の船とまったく同じタイプです。つまり、当時の船は、倭国も加耶も、百済《くだら》《ペクチャ》も新羅《しらぎ》《シルラ》も同じタイプの船で、帆船ではありませんでした。

これまで、私たちが所属するような歴史・考古学の学会での沖ノ島祭祀を含めた国際交流の研究については、主要な文献にも書いてありますが、王と王の交流、あるいは王権誕生以前には首長《しゅちょう》と首長、それぞれの地域集団の長と長との交流について焦点が当てられていました。

　これについては反論しませんが、私は古代の国際交流は、王と王の交流、首長と首長の交流だけではなかったと考えています。

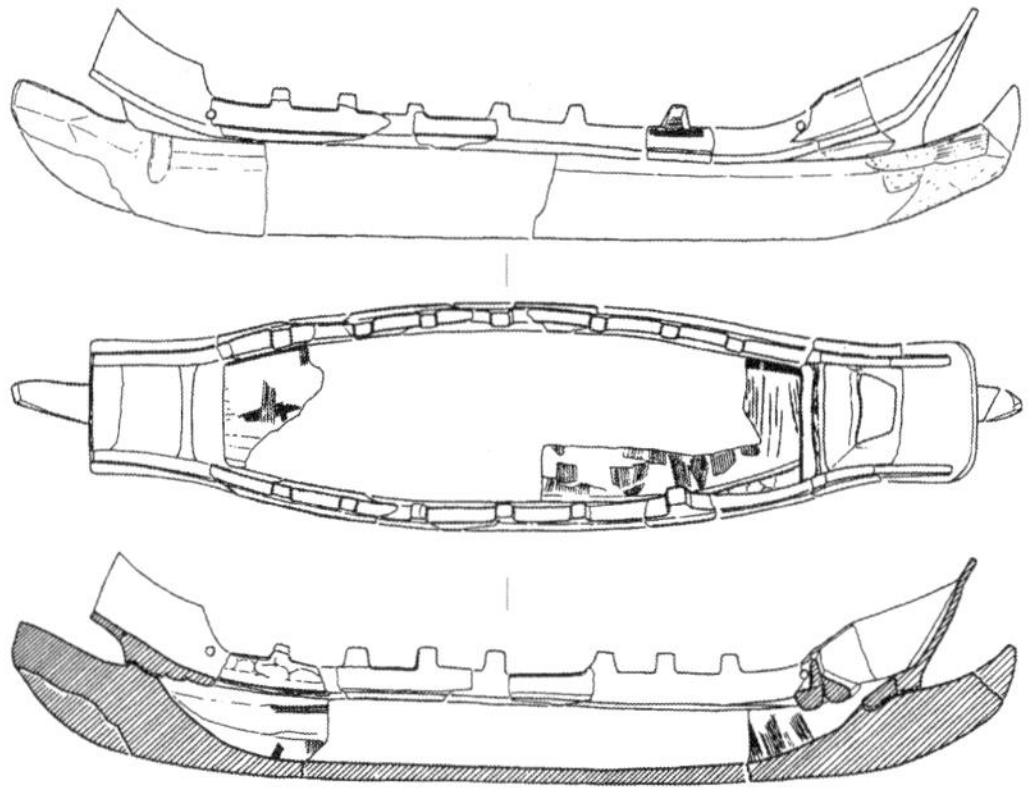

1　京都ニゴレ古墳（弥栄町教育委員会編 1988）

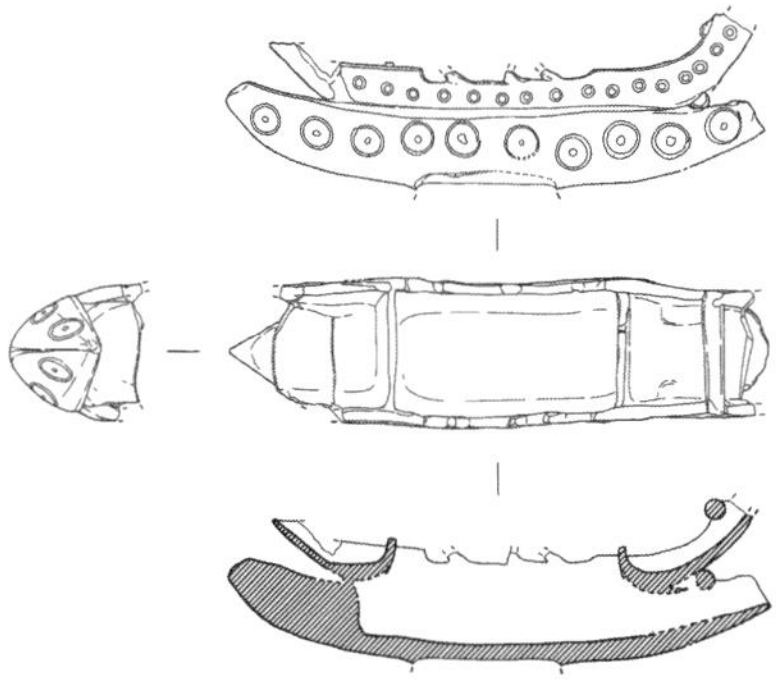

2　達城坪村里遺跡（慶尚北道文化財研究院編 2010）

図１　日本と韓国で出土した船形土器

古くは、弥生時代に遡って交易を主な目的とする商人集団が当時の日本列島に存在したと私は考えているのです。

彼らが玄界灘《げんかいなだ》を渡って、往来しながら大陸の新しい文化を移入し、新しい物資を移入してきたと考えているのです。

2 倭国の商人集団

では、交易を主な目的とする商人と権力者、今でいう偉い政治家との違いは、何でしょうか。

もちろん、政治家が商人を兼任する場合もあります。しかし、商人というものは専門職で、商売のテクニックも外国語の知識も必要です。大陸に行って韓国語《かんこくご》や中国語《ちゅうごくご》がある程度は話せなければ商売はできませんから。

もちろん、通訳《つうやく》を連れて行く場合もあったと思いますが、海を渡るには船を建造する技術、また修理する技術も必要です。そういうことを考えると、商人になりたいからと言って、すぐになれるようなものではないのです。

これは代々受け継いだ、前述したような能力が必要な集団です。日本側の商人集団、あるいは韓国側の商人集団が存在したという証拠があります。

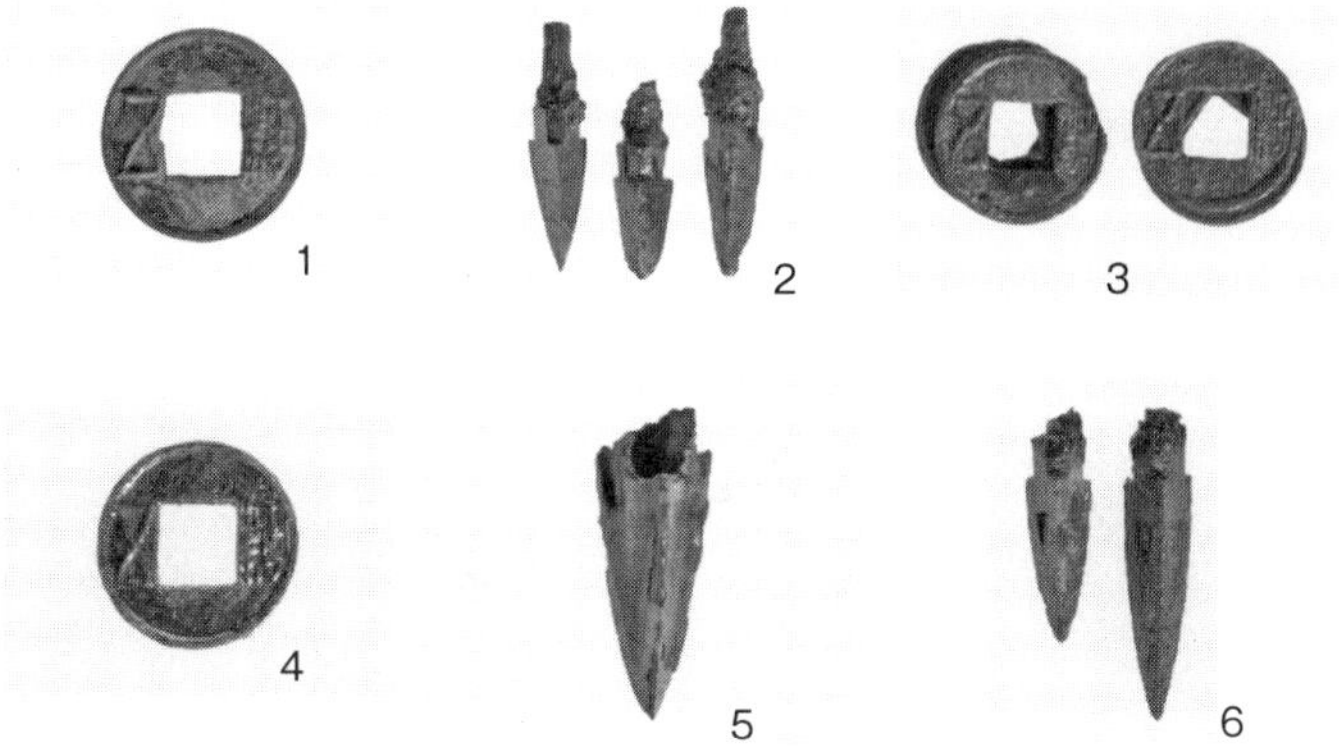

写真1　古代日本と韓国の商人集団の存在を物語る中国漢代の貨幣と青銅製矢じり

韓国の仁川市永宗島の雲北洞遺跡（2，3），慶南泗川市勒島遺跡（4，6），長崎県壱岐原の辻遺跡（1，5）から出土した漢代の五銖銭と青銅製矢じり（国立晋州博物館編　2016）

中国のお金である五銖銭《ごしゅせん》が、現在の韓国、仁川空港《インチヨンくうこう》の近くや、釜山《プサン》近くの勒島《ヌクト》から出土しています。また、日本では福岡や壱岐《いき》からも出土しています（写真1）。これらは当時、商売で使われたと考えられます。

五銖銭は貨幣ではなく、儀礼で使ったなど、さまざま議論が以前はありましたが、実際のところは、当時の交換手段である貨幣として使われた、というのが最近の見解です。

3　加耶の鉄を求めて

倭国の商人が現在の韓国、朝鮮半島に渡って、最も入手したいナンバーワンの商品があります。それは鉄です。

鉄は、韓国各地で生産されていましたが、なかでも最大の産地で、倭国の商人が訪れて購入した場所は、現在の釜山・金海《キメ》周辺で、当時は「金官加耶《きんかんかや》」と呼ばれていました。鉄は、弥生時代から倭に輸入されていました。当時「弁韓《べんかん》」と呼ばれた地域からこうした鉄が大量に輸入されていたのです。

なぜなら、当時の日本列島では、武器、あるいは甲冑の製作に必要な良質の鉄を生産する技術がありませんでした。このために朝鮮半島から良質の鉄を輸入するよりほかに入手する手段がなかったのです。

4　危険と隣合わせの航海

こうした商売では、もしその過程で漂流《ひょうりゅう》や難破《なんぱ》をすれば、損失は莫大《ばくだい》です。日本の特産品を船に積み、大陸に運んで売り、そのお金で鉄を買って戻ってきたにも関わらず帰国の途上で玄界灘の荒波で船が沈没《ちんぼつ》した場合の損失はすごいものになりました。そうした危険を防ぐための一つの手段として商人集団が行なったのが祭祀なのです。こうした神への祈りが、沖ノ島祭祀が盛大化する理由の一つですが、それについては、後ほど説明します。鉄素材を求めて倭国の商人は海を渡りました。倭国の商人は中国のお金も交換手段として使いましたが、そういう貴重品、つまり戦略物資を購入するために倭国の商品を持参しました。

現在の貿易や交易も一方的なものではありません。何かを持参し、それを売って得たお

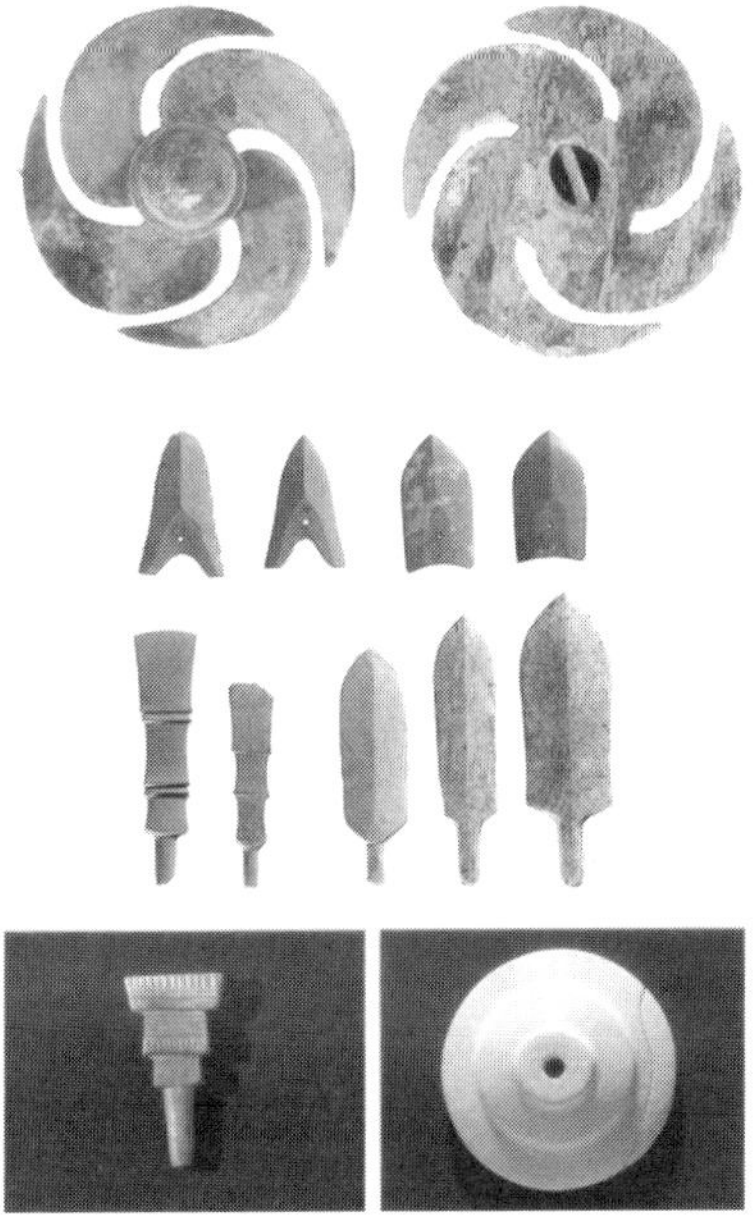

写真2　4世紀，金海大成洞古墳群で出土した倭国からの輸入品（東京国立博物館編　1992）

写真3　5世紀頃，倭国の交易船の復元と大阪から釜山への実験航海（読売新聞社提供）

金で何かを買って入手しないといけません。

倭国の商人が持っていった商品のなかに青銅製《せいどうせい》の「巴形銅器《ともえがたどうき》」がありました。写真2の一番上は、大成洞古墳群から出土したものです。巴形銅器自体は商品ではなく、盾《たて》や矢筒《やづつ》につける装飾品です。これで装飾された盾や矢筒は光り輝き、立派に見えると思います。加耶の王様も好んだと言われており、加耶の王墓クラスの墓から青銅製の巴形銅器が出土しています。

写真2一番上の巴形銅器の下は碧玉で作ったものです。鏃《やじり》ですが青銅製ではなく、碧玉ですので実用品ではありません。これは、儀礼用、または自分の威信を示すものです。こういったものが倭国から金官加耶に渡りました。

冒頭にご紹介した船形土器をモデルとして、当時の倭国の商人の乗った船が、平成元年（一九八九）に復元されました。日本で復元された船は、大阪から福岡を経由して釜山までの実験航海を試みたのです（写真3）。

実験航海に使われた船の写真を見ると、実際の五〜六世紀に使われた古墳時代の船よりは、少々大きいのではないか、実際はこの船より小さかったのではないかと個人的に思います。実験航海そのものは、釜山まで行き、ほぼ成功だったということでした。

この船には帆柱《ほばしら》や帆がありませんでした。その根拠となったのが、奈良県天理《ならけんてんり》市《し》の東殿塚古墳《ひがしとのづかこふん》から出土した埴輪に書かれた絵画（図2）です。

この絵画に描かれた船を見ると、帆柱や帆ではなく、旗が描かれています。

倭国の商人が倭国の船で、対馬経由で最初に入港する港は、現在の西釜山港（洛東江《ナクトンガン》）の河口周辺にあたります。

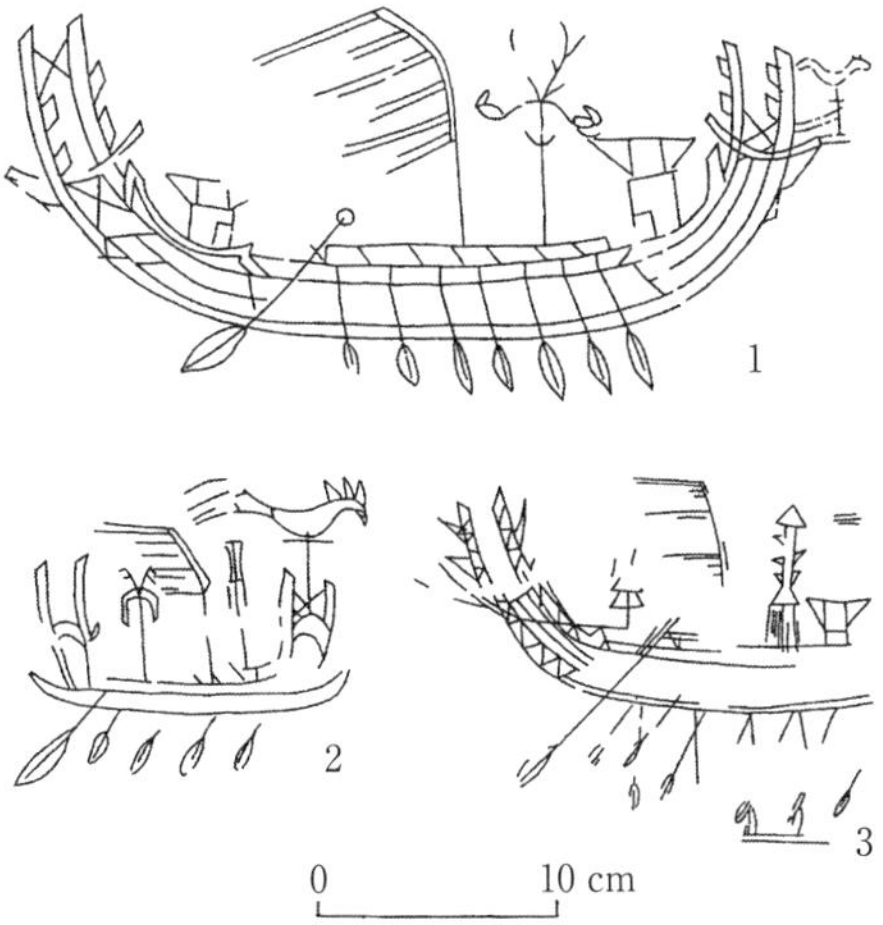

図2　天理東殿塚古墳出土の3隻の船形絵画
（天理市教育委員会編　2000）

倭国からは現在の釜山市と金海市の真ん中を目指して航海していたと考えられますが、現地視の際に確認しましたが、対馬から目視することができます。倭国の商人が西釜山港に入港し、そこで倭国の商品を売り、加耶の鉄などを買って帰っていたのです。

二 高句麗の脅威に対抗する過程で深まる倭国と百済との親縁関係

1 高句麗に対する倭国と百済

五世紀になると問題が勃発します。四世紀までは商売がうまくいっていましたが、五世紀初め頃、いきなり高句麗《こうくり コグリヨ》が金官加耶のあたりに侵攻するのです。しかも、大規模な侵攻でした。

高句麗、あるいは高句麗に従う新羅の牽制《けんせい》を受けるようになると、倭国の商人は金官加耶の港町に出入りするのが非常に難しくなりました。鉄素材の輸出入量制限や値段が上がるなど、さまざまなことが想定されます。

倭国の商人は、四世紀まで金官加耶との交易で多くの利益を得ていましたが、高句麗・

新羅の牽制《けんせい》を受けるようになってから、損失とはいかないまでも、利益は減ったと思われます。自由に輸入できる環境がなくなったのだろうと、私は考えています。

こうした背景から、倭国の商人は朝鮮半島の西側にある百済に向かうようになります。百済の最初の首都は、漢城《ハンソン》（ソウル）でした。その次が公州《コンジュ》です。日本列島から比較的近距離にある朝鮮半島の南東部にある金官加耶から朝鮮半島の西側まで、倭国の商人が行かないといけない状況になったのです（図3）。

当時の倭国の商人は、福岡を出発してソウルまで行くケースもあったと考えられます（図3-1）。ただし、そのルートは危険性が高かったと考えられます。安全性の高い航海をするには、現在の西釜山港あたりで加耶、あるいは百済の船に乗り換えなければなりません（図3-2）。

または、加耶の領域では加耶の船、百済の領域では百済の船に乗り換える方法も使ったと思います（図3-3）。直行便もあったとは思いますが、主には、こうした乗り換えの方法が利用されたと私は考えています。

先ほど、五世紀初めに高句麗の侵攻によって、金官加耶が完全に衰退したとお話ししましたが、その証拠があります。

金海大成洞古墳群（写真4）を見てください。右側九十四号墳と左側の九十三号墳がく

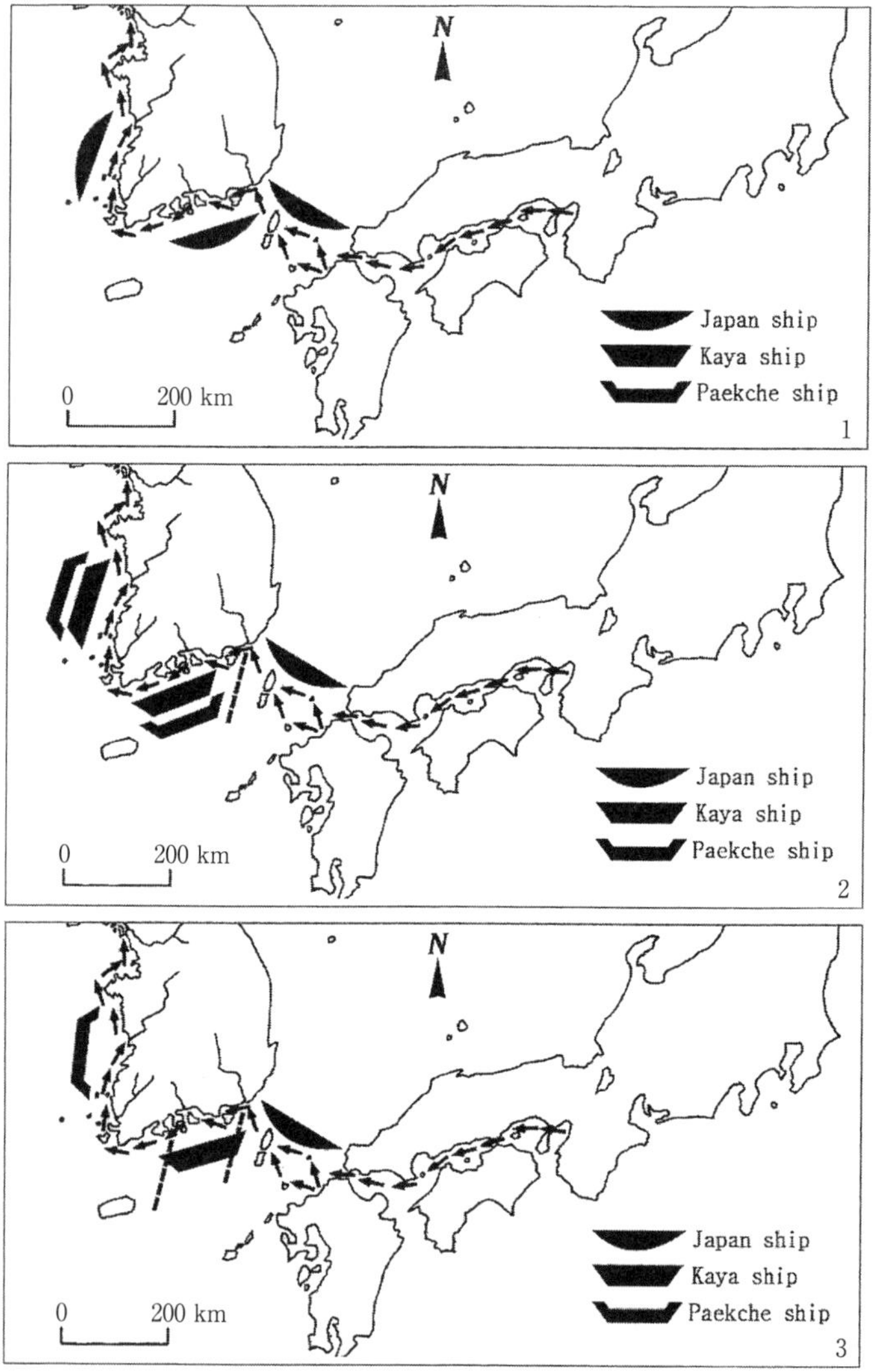

図3　5~6世紀頃，倭国から百済へ向かう三つの航海方式(Woo 2018)

っついています。

右側が父親で左側がその息子の墓です。両方とも金官加耶の王墓級《おうぼきゅう》、王クラスの人の墓です。

写真4　4世紀後葉から5世紀前葉への移行過程で急変する王墓級の墓の副葬品―金海大成洞古墳群の94号墳と93号墳との比較（筆者撮影）

この父親の墓の棺台石のあたりをご覧ください。床に並んでいるのは鉄の素材である鉄鋌《てってい》です。この時代の鉄鋌はお金として扱われていました。現在のドルと円です。もちろん武器や甲冑の素材でもありますが、お金にもなります。

ここにあるものを数えただけでも、一一〇～一二〇枚くらいあります。盗掘《とうくつ》されているので、本来は一八〇～二〇〇枚ほどあったと考えられます。つまり父親はものすごい金持ちだったのです。

同じ王でありながら、父親は金持ちですが、次に息子の墓を見てください。もちろん、発掘が終わったあとの写真ですが、こういった鉄鋌の痕跡は、ほとんどありませんでした。

この鉄鋌が多い時代からほとんどなくなる時代への変化が高句麗の大規模侵攻の前と後の変化と私は考えています。

2 金官加耶の衰退

一転して貧しい時代を迎えた金官加耶は、倭国への鉄の輸出が難しくなったのです。そして、だんだんと金官加耶の国力は衰えてしまいます。その結果、倭国は仕方なく百済へと向かいますが、当初はそれまで数百年間やりとりをしてきた絆《きずな》を捨てませんでした。

金官加耶の復活を密かに願っていた証拠がこれです。こちらは、息子《むすこ》のお墓から出土したものです。この五世紀前葉の土器をよく見てください（写真5）。この日本で出土した土器（写真6）と、まったく同じ加耶土器です。

写真6は大阪の王墓級の墓である墓山古墳の陪塚的位置にある野中古墳《のなかこふん》から出土しました。倭王権と金官加耶の王権の間で、五世紀前葉まで、密かに商売の復活をお互いに願っていたと考える根拠です。

次の図版は、百済に行来した福岡の商人のお墓です（図4）。この人は商人でありながら、政治家でもありました。このお墓の興味深い点は、百済様式の横穴式石室で、これに高句麗様式の柱を採用しているところです。高句麗様式を採用する一方で、百済とも仲良くしたいという意味と高句麗とも最小限の外交関係を維持したいことが読み取れます。

この人は非常に賢い人でした。地位の高い人でしたが、非常に賢い。そうした賢くて偉い福岡の商人、あるいは政治家によって、百済との交易は成功しました。

写真5　金海大成洞93号墳出土の小型加耶土器（筆者撮影）

写真6　大阪野中古墳出土の小型加耶土器（高橋・中久保編2014）

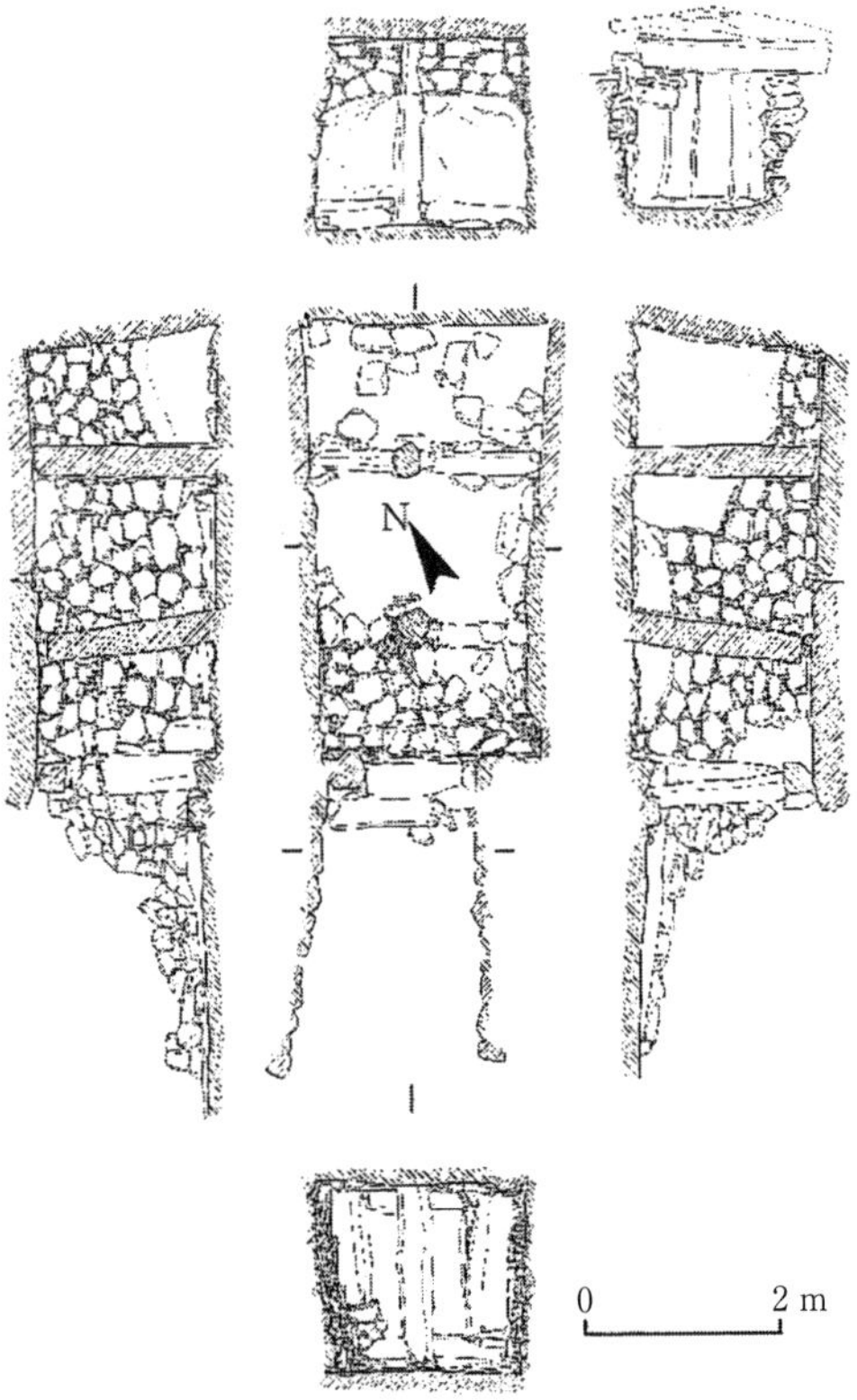

図4　福岡県福津市勝浦峯ノ畑古墳様式の横穴式
石室と高句麗様式の石柱
（福津市教育委員会編　2011）

三　五〜六世紀の倭国と加耶・百済の航海術

1　埴輪にみる当時の航海

百済との交易の強化が成功した証拠と考えられるのが、百済西南部地域霊岩沃野里方台形古墳から出土した円筒形埴輪（写真7）です。倭国の埴輪を模倣した土器が、五世紀後葉の百済の古墳から出土しています。

このような土器は、五世紀後葉の百済の古墳から出土しています。これは、倭国と百済の関係がより親密になったという証拠です。相手国の墓様式の採用は、友好関係を示す証拠です。

埴輪に似ていますが、この穴が空いている形状は日本的なものではなく、百済的なものです。

五世紀段階までは、埴輪を取り入れて倭国との親密感を表しています。そして、写真8をご覧ください。百済の伝統的な方墳のなかに埴輪を取り入れています。

六世紀、筑紫《つくし》の各羅嶋《かからのしま》で生まれたと伝わる武寧王の時代になると変化します。先ほどの

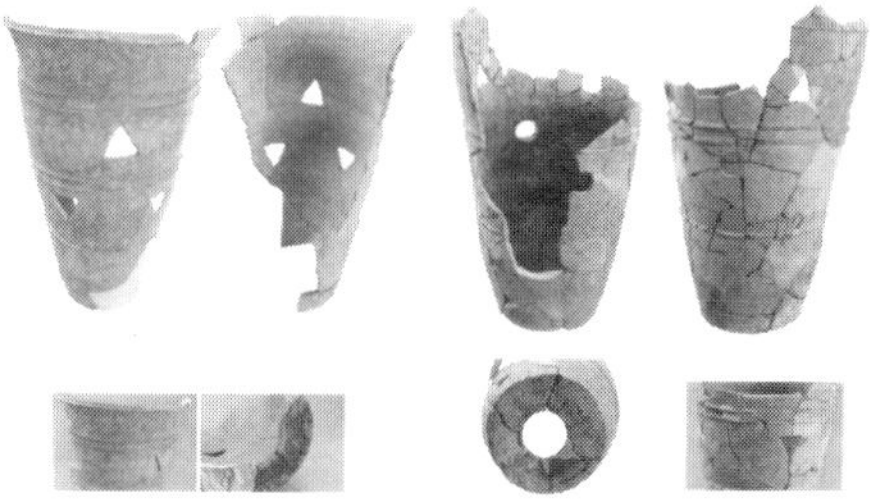

写真7　5世紀後葉，百済西南部地域の方墳から出土した倭国様式の円筒埴輪—霊岩沃野里方台形古墳から出土の円筒形土器（国立羅州文化財研究所編 2012）

写真8　5世紀後葉，倭国様式の円筒埴輪を模倣した円筒形土器で百済中央様式の方墳を装飾した百済西南部地域の首長墓—霊岩沃野里方台形古墳の墳丘写真（国立羅州文化財研究所編 2012）

写真9　百済地域の在地的な円筒形土器
1　百済地域に位置する牙山パクジムレ遺跡出土の円筒形土器　2　群山築洞遺跡　3　咸平チュンラン遺跡出土の円筒形土器（百済歴史文化館・忠清南道歴史文化院編 2011，国立全州博物館編 2009，国立光州博物館編　2000），国立羅州文化財研究所編　2015

埴輪は、倭国の影響によって生まれた、と私は考えていますが、一部の学者は百済地域の在地的なもの（写真9）から生まれた埴輪だと考えています。しかしながら、ご覧いただくとわかるように日本の埴輪とは形が違いますので、これは日本の影響だと考えています。

2　武寧王と倭国

武寧王《ぶねいおう》《ムリヨンワン》は、日本の筑紫で生まれたという説や記録があります。武寧王自身は、このような中国南朝風の煉瓦積《れんがつ》みのお墓を造ります（写真10）。最近の発掘調査によって、武寧王の墓は中国の専門工人がやってきて造ったことが証明されています。

一方、武寧王の時代、日本に近い百済西南部地域の首長の墓には前方後円墳《ぜんぽうこうえんふん》が採用されるようになります。これも先ほどの埴輪と同様に当時の倭国との親密な関係を周辺諸国に表す証拠です。

光州明花洞古墳（写真11）は倭国様式の埴輪とともに前方後円墳を採用した在地の首長墓です。これらは当時の日本とはまったく同じではないですが、非常に似ています。継体朝《けいたいちょう》の倭政権もこの百済の墓様式を採用します。漢城（ソウル）地域甘一洞古墳群の石室（写真12）は、倭国の畿内型横穴式石室の原型になる百済の墓様式です。これは、漢城近くで出土したものです。

次に右側の京都府井ノ内稲荷塚古墳の横穴式石室（写真13）をご覧ください。これが倭国の王権が採用した百済様式の石室です。

百済は、倭国の前方後円墳を採用し、倭国は百済の横穴式石室《よこあなしきせきしつ》を採用するのです。おもしろいですね。

また、倭国の商人が取り扱ったナンバーワンの商品がコウヤマキという木材です。これは、武寧王の棺桶《かんおけ》（写真14）です。

写真 10　6 世紀前葉の武寧王陵の内部写真　中国南朝から招聘された専門工人によって築造された中国南朝様式の最高級の纏塼室墓（国立中央博物館編　1999）

写真 11　6 世紀前葉，くびれ部に少数の円筒形土器（円筒埴輪）を埋め込んだ百済西南部地域に位置する倭国様式の前方後円墳―光州明花洞古墳（国立光州博物館編　1996）

写真 12　倭国の畿内型（百済中央様式）横穴式石室の原型―4～5 世紀頃，ソウル地域の甘一洞百済古墳群の発掘光景（筆者撮影）

写真 13　倭国における竪穴系の墓様式から百済中央様式の横穴式石室への変遷—6 世紀前葉，倭国中央から拡散された畿内型横穴式石室

（左）滋賀県雪野山古墳の竪穴式石室（雪野山古墳発掘調査団編　1996）

（右）京都府井ノ内稲荷塚古墳の横穴式石室（大阪大学稲荷塚古墳発掘調査団編　2005）

写真 14　コウヤマキの棺—6 世紀前葉，倭国の使者・商人が海上ルートで運んできたコウヤマキで製作された武寧王と王妃の木棺。倭国の使者・商人は倭国様式の祭祀が行われていた竹幕洞祭祀にも参加した可能性が高い。当時の倭国の商人はコウヤマキなど倭国の特産物を売った後には，百済で貴重な戦略物資，華麗な威信材を購入したと思われる（筆者撮影）

この棺桶の素材は、倭国から輸入したコウヤマキです。百済王のみならず百済の地方の首長もコウヤマキの木材を使って棺桶を製作します。倭国の船にはコウヤマキを多く積んで、百済に売りつけたと思います。

四　倭国と百済との海上交流の拡大に伴って最大化する海岸祭祀

1　沖ノ島と竹幕洞祭祀遺跡

百済から倭国の商人が購入した商品のなかには、色とりどりのガラス玉が多いです。これは、各地の古墳から出土しており、私たちが注目してきた沖ノ島祭祀遺跡からも出土しています（写真15）。

なかでも黄色や緑色のガラス玉は百済からの輸入品です。沖ノ島祭祀遺跡を評価する上で重要な類似する遺跡が百済にあります。それは、韓国の西海岸に位置する竹幕洞祭祀遺《チュンマクトンさいしい》跡《せき》です。

この祭祀遺跡は、沖ノ島と同様に絶壁の上に形成されています（写真16）。眼下に当時

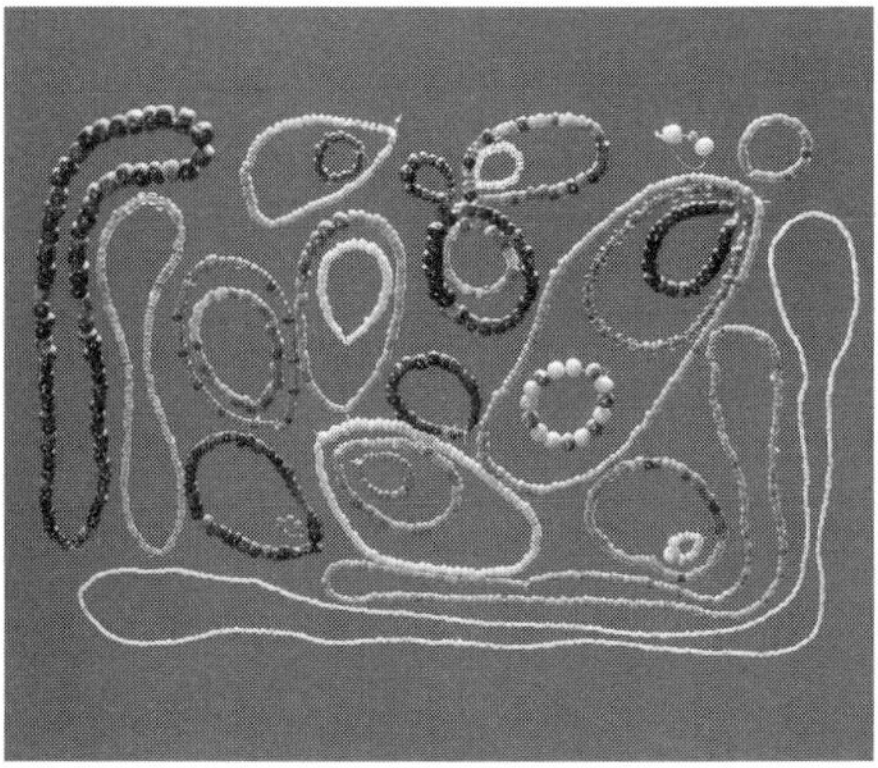

写真 15　沖ノ島祭祀遺跡で出土した 5～6 世紀頃の百済様式の黄色・緑色などのガラス玉―沖ノ島 8 号遺跡（宗像大社文化財管理事務局編 2003）

写真 16　5 世紀後葉から 6 世紀前葉頃，倭国様式の露天祭祀も行われた百済の竹幕洞祭祀遺跡の海岸絶壁（筆者撮影）

写真17　沖ノ島祭祀遺跡から出土した倭国様式の石製模造品と沖ノ島の模型（筆者撮影）

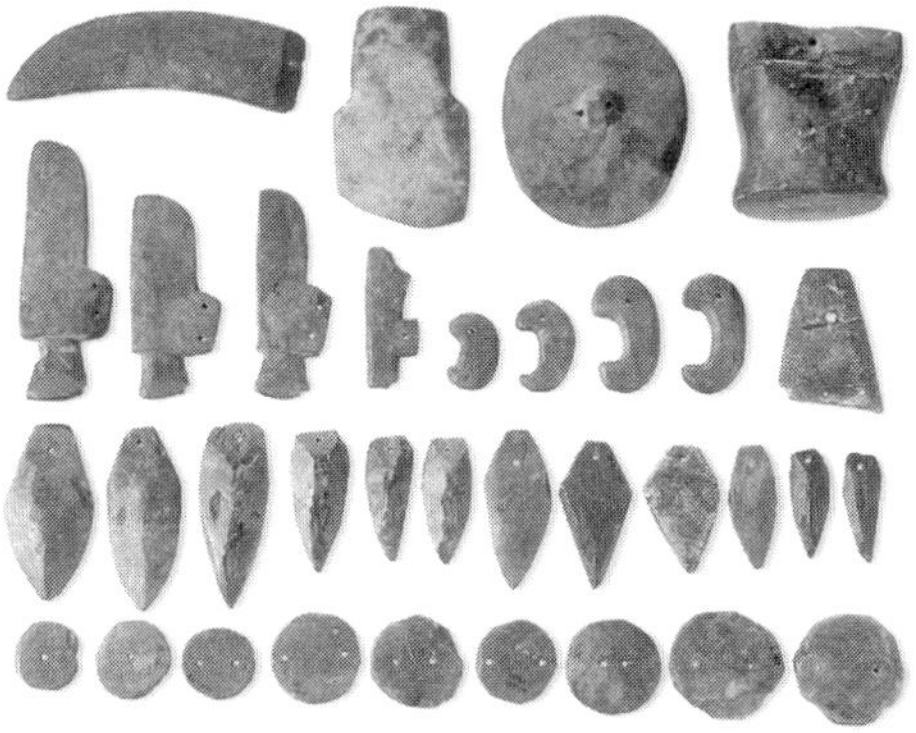

写真18　倭国の使者・商人が百済の竹幕洞祭祀に参加した痕跡―竹幕洞祭祀遺跡での祭祀風景の復元と出土した倭国様式の石製模造品（国立中央博物館 1999）

の海のルートを望む場所に立地しています。これは沖ノ島祭祀遺跡と一緒です。

おもしろいことに沖ノ島祭祀で使用したもの（写真17）と共通する遺物が竹幕洞祭祀遺跡で出土しました（写真18）。

このことから、沖ノ島で祭祀を行なった倭国の商人が百済の竹幕洞での祭祀にも参加したと考えられます。百済と倭国のいわゆる合同祭祀になります。

それくらい百済と倭国は深い絆で結ばれた国だったことを示しています。

2　沖ノ島と祭祀

最後になりますが、沖ノ島祭祀遺跡は玄海灘に単独で浮かぶ島にあります（図5）が、実は、百済の国家的な祭祀遺跡である竹幕洞遺跡とも繋がっている非常に国際的な祭祀遺跡だったのです。

ここで行われた祭祀は、竹幕洞での祭祀にも参加した商人による交易船の航海安全を主な目的とした祈願だったのです。貴重品を積んで帰国する途中、玄海灘で難破すると、その損失は本当に計り知れません。

しかしながら同時に、難破や漂流は避けられなかったと思います。漂流した船が流れて助かったとすると、その場所は沖ノ島以外にありません。飛行機の上から確認しました。

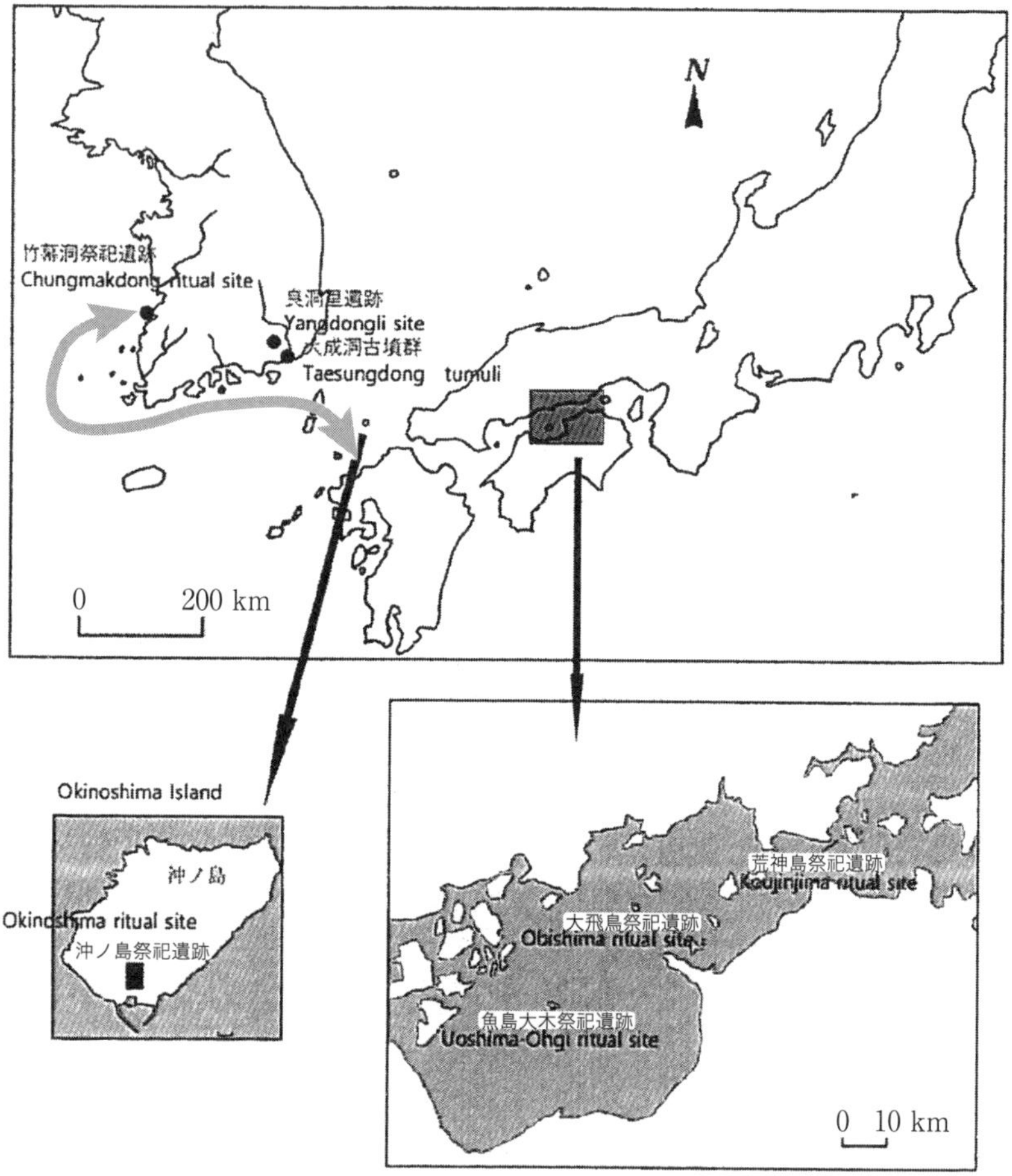

図５　倭国の使者・商人が倭国様式の祭祀が行なった百済の竹幕洞祭祀遺跡と沖ノ島祭祀遺跡の位置（佐多 1988, 亀井 1988, 禹 2010）

玄界灘の途中、壱岐・対馬の間で漂流して、沖ノ島に漂着しないとそれはおしまいということです。そこで命拾いして助かった人々により、徐々に沖ノ島は「神宿る島」になったと私は考えています。

本日の話は、主に沖ノ島祭祀が盛大化する時期の国際的な環境でしたが、沖ノ島が倭国最大の祭祀遺跡になった背景についても補足しました。

どうもありがとうございました。

参考文献

（韓国語文献）

円光大学校馬韓・百済文化研究所編　二〇一六『高敞鳳徳里1号墳―石室・甕棺―』円光大学校馬韓・百済文化研究所。

禹在柄　二〇一〇「百済西海岸地域の竹幕洞祭祀遺跡で発見された倭人の痕跡とその意味」『先史と古代』33韓国古代学会。

禹在柄　二〇一七「4～6世紀、倭と加耶・百済との間の外交関係の変化とその背景」『韓国史学報』第69号　高麗史学会。

禹在柄　二〇二〇「5世紀後葉～6世紀前葉　考古学的な資料から見た百済の親倭政策の意味」『先史

と古代』64　韓国古代学会。
韓国考古美術研究所編　一九九八「義昌茶戸里遺跡発掘進展報告Ⅰ」『考古学誌』第1輯　韓国考古美術研究所。
韓国文化財調査研究機関協会編　二〇一二『韓半島の製鉄遺跡』韓国文化財調査研究機関協会。
金海市大成洞古墳博物館編　二〇一六『金海大成洞古墳群―92号墳～94号墳、支石墓』金海市大成洞古墳博物館。
公州大学校博物館編　二〇一六『公州公山城Ⅰ（本文・図面）』公州大学校博物館。
国立加耶文化財研究所編　二〇一一『昌寧松峴洞古墳群Ⅰ―本文・図面』国立加耶文化財研究所。
国立公州博物館編　二〇〇五『武寧王陵―出土遺物分析報告書（Ⅰ）―』国立公州博物館。
国立光州博物館編　一九九六『光州明花洞古墳』国立光州博物館。
国立晋州博物館　二〇一六『国際貿易港勒島と原の辻』国立晋州博物館。
国立清州博物館編　二〇一九『湖西の馬韓』国立清州博物館。
国立全州博物館編　一九九四『扶安竹幕洞祭祀遺跡』国立全州博物館。
国立中央博物館編　一九九九『百済』国立中央博物館。
国立羅州文化財研究所編　二〇一二『霊岩沃野里方台形古墳』国立羅州文化財研究所。
国立羅州文化財研究所編　二〇一五『韓国の円筒形土器』国立羅州文化財研究所。
天理市教育委員会編　二〇〇〇『西殿塚古墳・東殿塚古墳』天理市教育委員会。
慶尚北道文化財研究院編　二〇一〇『達城坪村里・礼峴里遺跡―本文―』慶尚北道文化財研究院。

〔日本語文献〕

亀井正道　一九八八「海と川の祭り」『沖ノ島と古代祭祀』吉川弘文館。
大阪市教育委員会・大阪市文化財協会編　一九八九『よみがえる古代船と5世紀の大阪』大阪市教育委員会・大阪市文化財協会。
大阪大学稲荷塚古墳発掘調査団　二〇〇五『井ノ内稲荷塚古墳の研究』大阪大学稲荷塚古墳発掘調査団。
佐田　茂　一九八八「沖ノ島祭祀の変遷」『沖ノ島と古代祭祀』吉川弘文館。
篠原祐一　二〇一一「五世紀における石製祭具と沖ノ島の石材」『宗像・沖ノ島と関連遺産群―研究報告I』「宗像・沖ノ島と関連遺産群」世界遺産推進会議。
高橋照彦・中久保辰夫編　二〇一四『野中古墳と「倭の五王」の時代』大阪大学出版会。
東京国立博物館　一九九二『伽耶文化展』朝日新聞社。
福津市教育委員会編　二〇一一『津屋崎古墳群II』福津市教育委員会。
松阪市教育委員会編　二〇〇一『松阪宝塚1号墳調査概報』学生社。
宗像大社文化財管理事務局編　二〇〇三『「海の正倉院」沖ノ島』宗像大社。
村串まどか・加藤千里・阿部善也　二〇二一「沖ノ島祭祀遺跡出土ガラス製玉類の起源および流通に関する考察」『沖ノ島研究』第七号「神宿る島」宗像・沖ノ島と関連遺産群保存活用協議会。
弥栄町教育委員会編　一九八八「船形埴輪」『ニゴレ古墳』弥栄町教育委員会。
雪野山古墳発掘調査団　一九九六『雪野山古墳の研究』雪野山古墳発掘調査団。

（英語文献）

Woo Jae-Pyoung, 'INTERACTIONS BETWEEN PAEKCHE AND WA IN THE THIRD TO SIXTH CENTURIES A. D. BASED ON PATTERNS OF TRADE AND EXCHANGE' EARLY KOREA-JAPAN INTERACTIONS, Korea Institute, Harvard University 2018,

コラム2　古代豪族宗像氏

大高広和

奈良盆地の南東、三輪山の南方にあたる桜井市外山《とび》（旧大和国城上郡）に、今も宗像《むなかた》神社《じんじゃ》が鎮座しています。この神社は九世紀には長屋王《ながやおう》の子孫である高階氏《たかしなし》がまつっていたことが知られ、長屋王の父である、天武天皇の第一皇子の高市皇子《たけちのみこ》を産んだのが胸形《むなかた》君徳善《のきみとくぜん》の娘の尼子娘《あまこのいらつめ》であったことに由来します。高市皇子は天武元年（六七二）の壬《じん》申《しん》の乱で活躍して政権のトップに名を連ね、その息子の長屋王も奈良時代前半に権力を握った人物ですが、平城京の長屋王邸跡からは「宗形郡大領鯛醬」などと記された木簡《もっかん》が出土していて、祖母の実家である宗像からはるばる奈良まで、鯛の加工品（魚醬《ぎょしょう》もしくは醬漬《ひしおづ》けか）などが贈られていたことが判明しています。

宗像地域における首長墓の系譜は、四世紀後半に沖ノ島での国家的祭祀の始まりと軌を一にして築かれた東郷高塚《とうごうたかつか》古墳（宗像市）に遡り、その後五世紀から七世紀には、世界遺産の構成資産にもなっている新原《しんばる》・奴山古墳群《ぬやまこふんぐん》を含む津屋崎《つやざき》古墳群（福津市）に宗像氏の首長たちが葬られたと考えられます。そして右の七世紀後半の胸形君徳善を嚆矢《こうし》として、宗像氏の首長は九世紀に

写真1　京都御苑内の宗像神社（筆者撮影）
藤原冬嗣の子孫である花山院家の邸宅内で代々祀られてきた後，現在地へ移った。

写真2　長屋王家木簡（平城京出土，「木簡庫」〈https://mokkanko.nabunken.go.jp/ja/6AFITG11000490〉）　その年代からみて，送り主の「宗形郡大領」は宗形朝臣等抒であろう（表参照）。

入るまで代々史書に名を連ねていて、かなり歴とした由緒をもつ古代氏族といえます。

とくに八世紀代、首長は宗像郡の長官である大領《だいりょう》と宗像大社の祭祀を司る宗像神主の座を兼任し、さらには地方豪族ながら五位の位を授かるなど、出雲国造《いずものくにのみやつこ》《こくぞう》に比肩《ひけん》するほどの特別な待遇を受けていました。宗像郡は、伊勢や出雲など日本に八つしかなく、西海道では唯一の「神郡《しんぐん》《かみのこおり》」とされ、大領以下の郡司の役職を一族で独占することが特別に認められていたのです。こうした背景には当然、沖ノ島や宗像三女神の存在がありますが、右のように宗像氏が中央の皇族と密接な関係を築いていたことも見逃せません。

九世紀になって右のような特別扱いがなされなくなってくると、宗像氏は長屋王を滅ぼした藤原氏《ふじわらし》に接近したようです。京都御所《きょうとごしょ》を取り囲む京都御苑《ぎょえん》の一角に鎮座する宗像神社は、摂関家《せっかんけ》の礎を築いた藤原冬嗣《ふゆつぐ》が邸宅内で信仰したことに始まるとされ、その子

表　古代文献史料にみえる宗像氏の首長

姓　　名	位　階	登場年代
胸形君徳善		7世紀後半
宗形朝臣《むなかたのあそん》等抒《とど》	外従五位上	709年
宗形朝臣鳥麻呂《とりまろ》	外従五位下	729年
	外従五位上	736年
宗形朝臣与呂志《よろし》	外従五位下	745年
宗形朝臣深津《ふかつ》	外従五位下	767年
宗形朝臣大徳《だいとく》	外従五位下	778年
宗形朝臣池作《いけつくり》	外従五位下	798年
宗形朝臣秋足《あきたり》	外正七位上	828年
宗形朝臣勝麿《かつまろ》	外従五位下	817年
	外従五位上	828年

孫である花山院家《かざんいんけ》において代々まつられ、現在地に落ち着いたものです。
これら畿内《きない》における宗像神社の存在は、単なる地方豪族の枠にとどまらず、王権の中枢と直接つながろうとした宗像氏の氏族戦略を窺わせますが、古墳時代以来の中央とのつながりの具体相や歴史的経緯については、まだわからないことが少なくありません。今後の重要な研究課題の一つといえるでしょう。

参考文献

森　公章　二〇〇二「王臣家と郡司」『日本歴史』六五一。

古墳時代の日朝交渉における海の道

高田貫太

はじめに

皆さん、こんにちは。千葉県佐倉市にある国立歴史民俗博物館から参りました高田と申します。本日は、よろしくお願いいたします。

図1は、国立歴史民俗博物館で沖ノ島《おきしま》を展示していて、そこに掲げているパネルになります。沖ノ島を中心として見た場合の古代航路をわかりやすく展示しています。この沖ノ島で航海安全の祭祀《さいし》を行なって、古代日本（倭）の人々がどのように朝鮮半島に向かったのかについて展示しています。

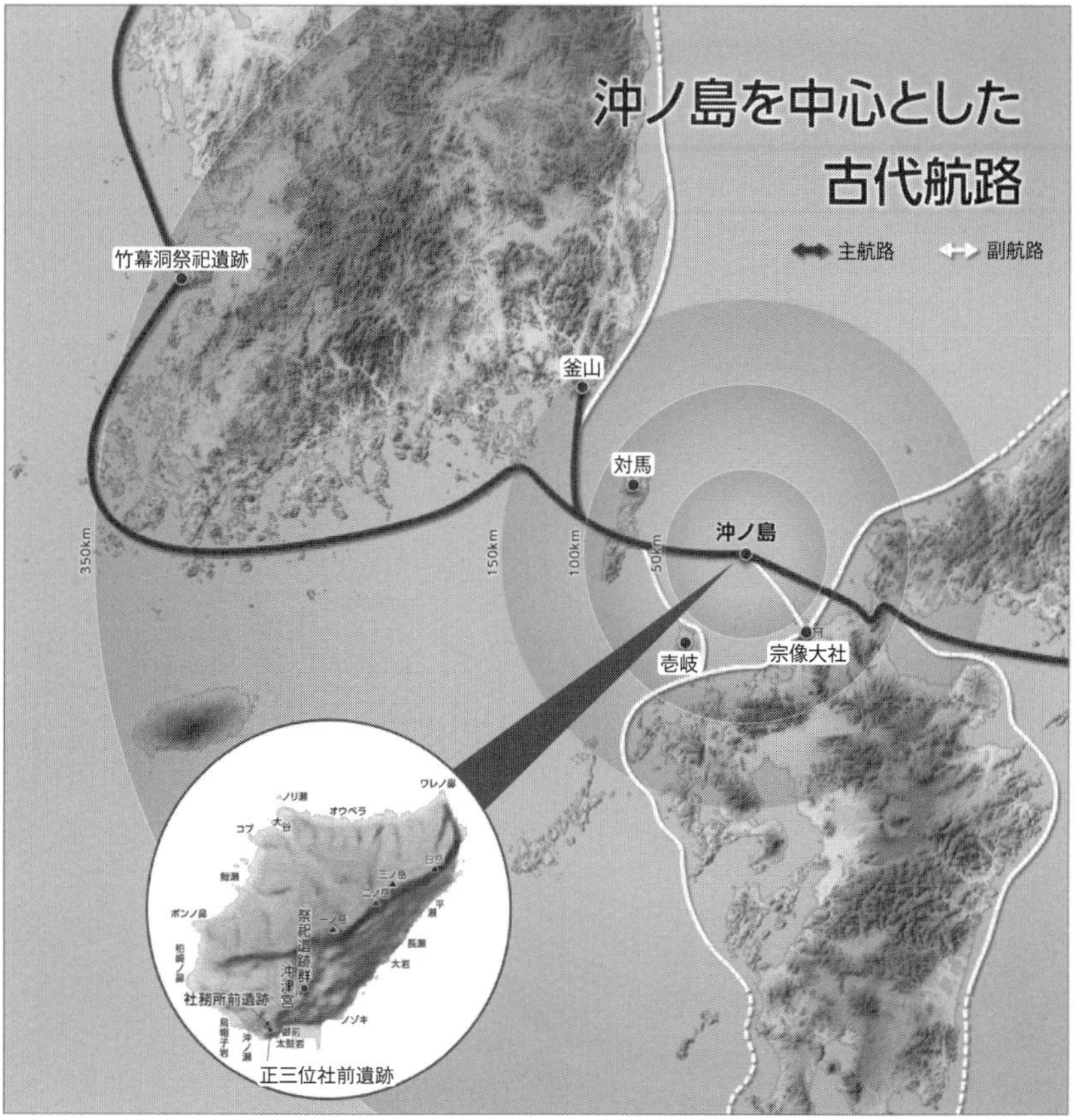

図１　沖ノ島を中心とした古代航路（国立歴史民俗博物館所蔵）

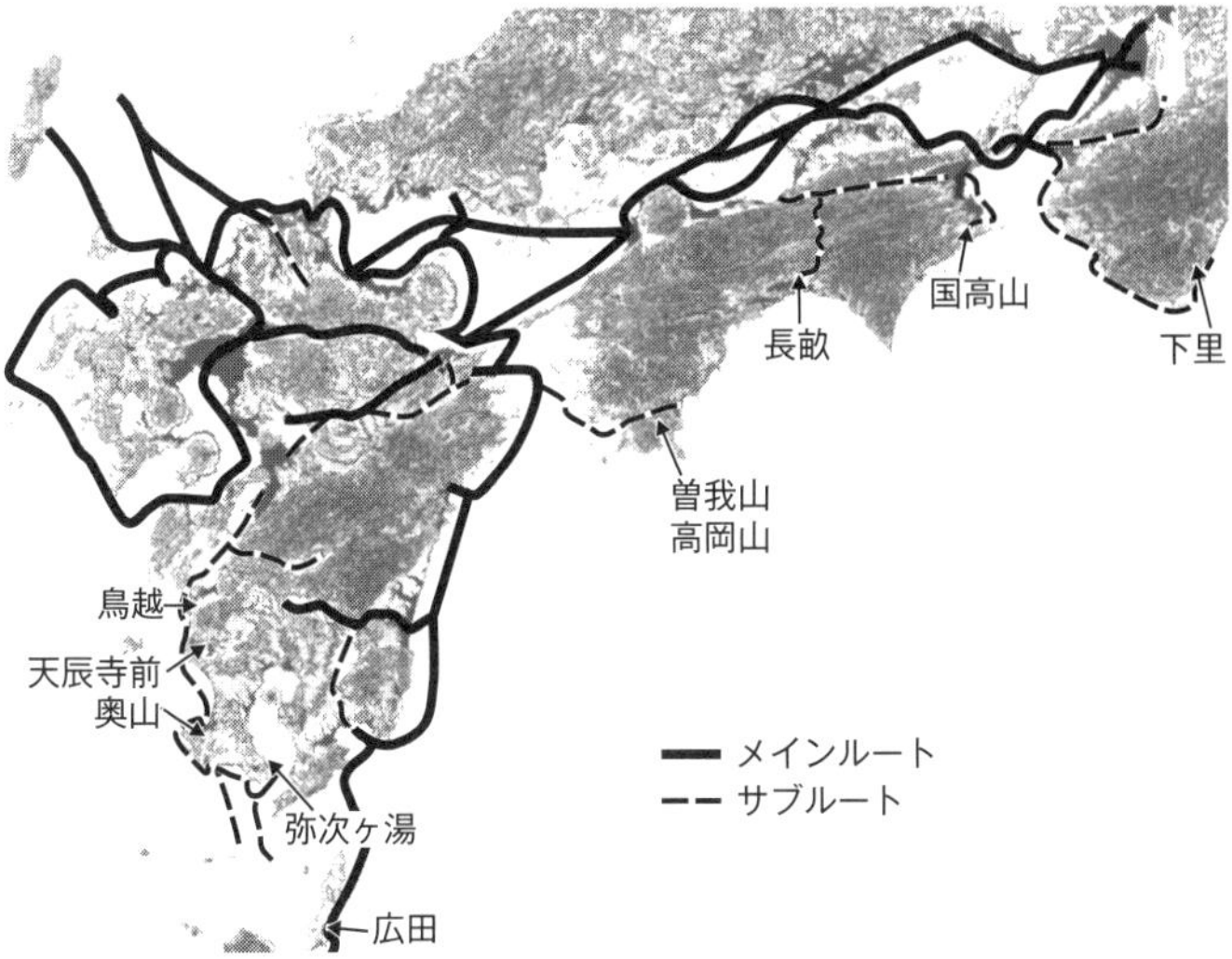

図２　中国・四国の古墳時代前・中期地域間交流ルート（橋本 2010）

最近の考古学研究によって、とくに朝鮮半島の西・南海岸沿いの部分について、倭の人々がどのような活動をしていたのか、かなり具体的に明らかになってきました。その考古学的な成果を本日は皆さんにご紹介したいと思います。

図2は、日本列島のなかでの地域間のネットワークを示した橋本達也さんが作成された図です。私の今日の話は、沖ノ島から朝鮮半島、逆に朝鮮半島から古代日本といった双方向性を留意しながら、お聞きいただければと思います。

本日は、主に四つのことを皆さんに紹介します。一つは朝鮮半島の西・南海岸沿いに最近確認が相ついでいる古墳時代の倭のお墓の様式を全面的に取り入れた、倭系古墳です。二つ目は、西・南海岸沿いに営まれた港に関連する遺跡です。三つ目は、これまでのご発表のなかでも出てきていた扶安竹幕洞《プアンチユンマクトン》祭祀遺跡について、どのような人々によってお祭りが行われてきたのかということです。そして、最後に近年徐々に明らかになってきた、倭の人々が朝鮮半島において倭の祭祀道具である石製模造品《せきせいもぞうひん》を使っている状況です。

この四つを本日は皆さんに紹介したいと思います。

一　朝鮮半島西・南海岸地域の倭系古墳

五〜六世紀には、さまざまな政治体が朝鮮半島において割拠していました。その西・南海岸地域で、先ほどお話しした倭系古墳が相ついで確認されています。その主な古墳が次の四つになります（図3）。

一番目が新安《シナン》ベノルリ古墳、二番目が海南外島《ヘナムウエド》古墳、三番目が高興野幕《コフンヤマク》古墳、四番目が高興吉頭里雁洞《コフンキルドウリアンドン》古墳になります。

図3をご覧いただいてもわかるように、かなり海の近くに古墳が築かれています。その

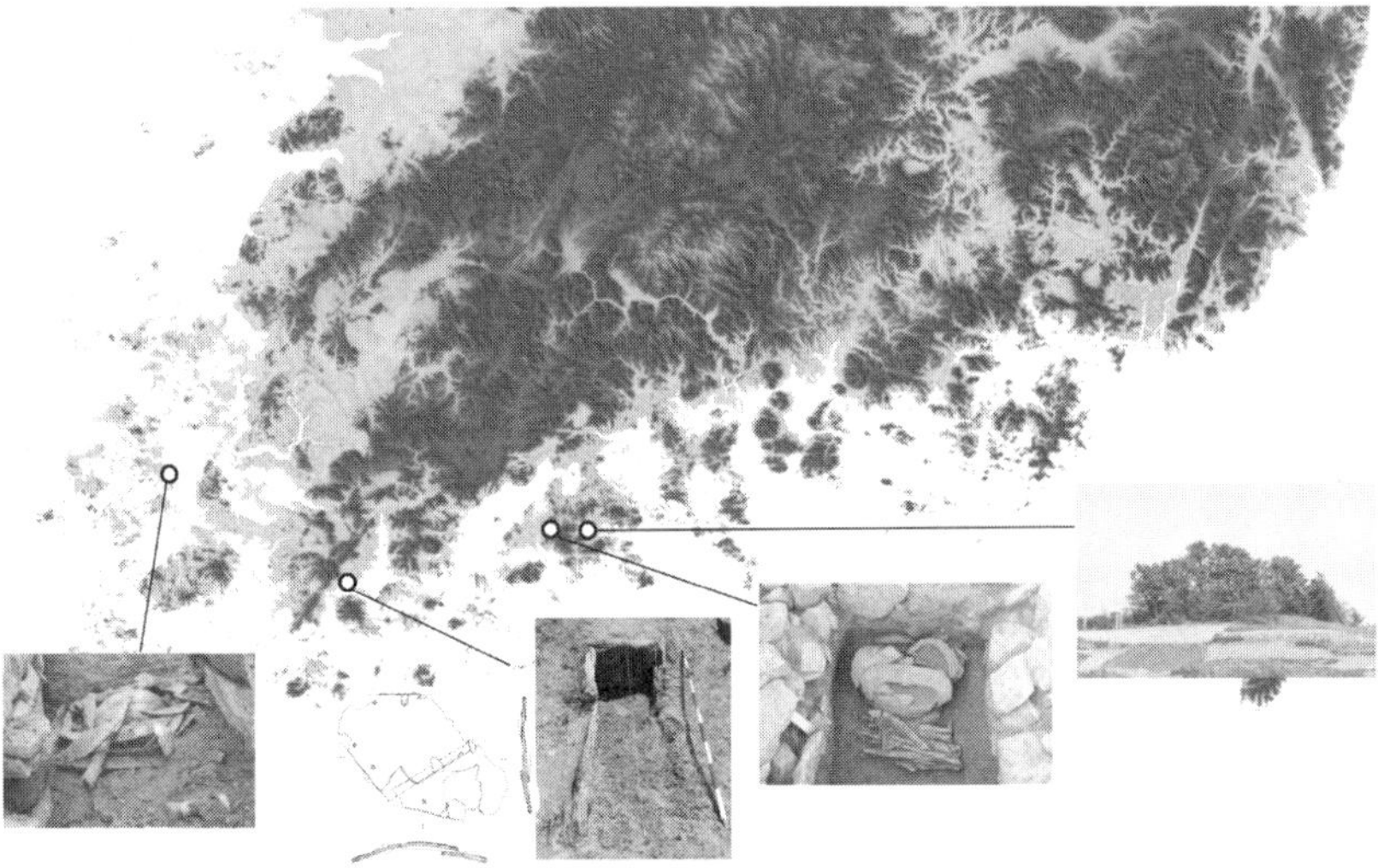

図3　朝鮮半島南・西海岸地域における5世紀前半頃の主な「倭系古墳」
1　新安ベノルリ3号墳　2　海南外島1号墳　3　高興野幕古墳　4　高興古頭里雁洞古墳

写真1　高興野幕古墳の全景（国立羅州文化財研究所）

代表例が、高興野幕古墳です（写真1）。何が特徴的なのかと言うと、古墳の墳丘に葺石《ふきいし》を備えている点、また中央の埋葬施設が九州北部の竪穴式石室と非常に類似している点、そして後で紹介しますが、副葬品も倭のものが数多く副葬されている点です。

次に写真2が吉頭里雁洞古墳です。そして、写真3が海南の外島一・二号墳です。現在は干拓されて陸地に繋がっていますが、もともとは小島にこのような古墳が築かれていました。

写真4が新安ベルノリ3号墳です。古墳のすぐ前が海です。やはり小島に古墳が築かれていた状況になります。野幕古墳も少し北へ進めば海になります。雁洞古墳についても、もともと海チャン湾という湾が、すぐ際まで迫っていた状況です（写真5）。写真6の左側が倭系の野幕古墳の埋葬施設、そして右側が福岡県の七夕池古墳《たなばたいけこふん》の埋葬施設になります。これをご覧いただくと死者を埋葬する空間の周囲に非常に広く石を巡らせている特徴があります。細かい特徴はいろいろありますが、野幕古墳の埋葬施設と最も類似しているのが九州北部の竪穴式石室《たてあなしきせきしつ》です。

野幕古墳では、中国の鏡や、倭で製作された鏡を副葬しています。基本的に朝鮮半島の西南部では、鏡を副葬する習慣はありません。そういったところからも、倭系古墳が倭の墓の様式を取り入れていることがわかります。

写真2　高興古頭里雁洞古墳の遠景

写真3　海南外島1・2号墳の遠景（左）と1号墳の箱式石棺（右）

竪櫛《たてくし》も副葬しています。朝鮮半島ではこれまで大体二～三例程度しか確認されていません。また倭系の甲冑《かっちゅう》や武器などが副葬されるわけですが、朝鮮半島よりも日本列島で製作された可能性が高いと考えられています。

写真4　新安ベノルリ3号墳（上）と眼前の砂浜（下）

写真5　野幕古墳から高興湾（上）と雁洞古墳から海チャン湾（下）

写真6　野幕古墳と七夕池古墳の埋葬施設

副葬された鉄鏃《てつぞく》についても、朝鮮半島地域ではなく、九州北部もしくは畿内《きない》地域で製作されたと考えるのが自然です。

副葬された武器のなかには、南九州地域との繋がりも見られるような資料もあります。その例としてベノルリ3号墳で出土した蛇行剣《だこうけん》や線刻《せんこく》をもつ鉄鏃があります。その分布の中心は、現在のところ九州南部にありますので、何らかの形で倭系古墳の造営に関わっていた可能性もあるかと思います。

このような特徴を持つ倭系古墳が立地する地域に、もともとどのような性格の人々が暮らしていたのでしょうか。この点を考えるうえで、現地の人々が造った墳墓が重要になります。

現地の人々が造った墳墓の事例として、高興掌徳里獐洞遺跡《コフンジャンドンニジャンドン》があります。図4のように、基本的には複数の埋葬施設を築いて、それを溝《みぞ》で囲う構造の墳墓です。これがもともと現地の人々が築き、営んでいたお墓の様式になります。

そして臨海性が高く、活発な交流活動を動き示すかのように、他の地域からの副葬品が多いという特徴があります。たとえば図5-2の左側の土器は、金官加耶《きんかんかや》地域の土器と考えられます。図5-1左上の壷《つぼ》は、細かい特徴を見ると、小加耶の土器の可能性が高いのです。さらに、加耶地域から持ち込まれたと考えられる鉄鋌も副葬されています（図

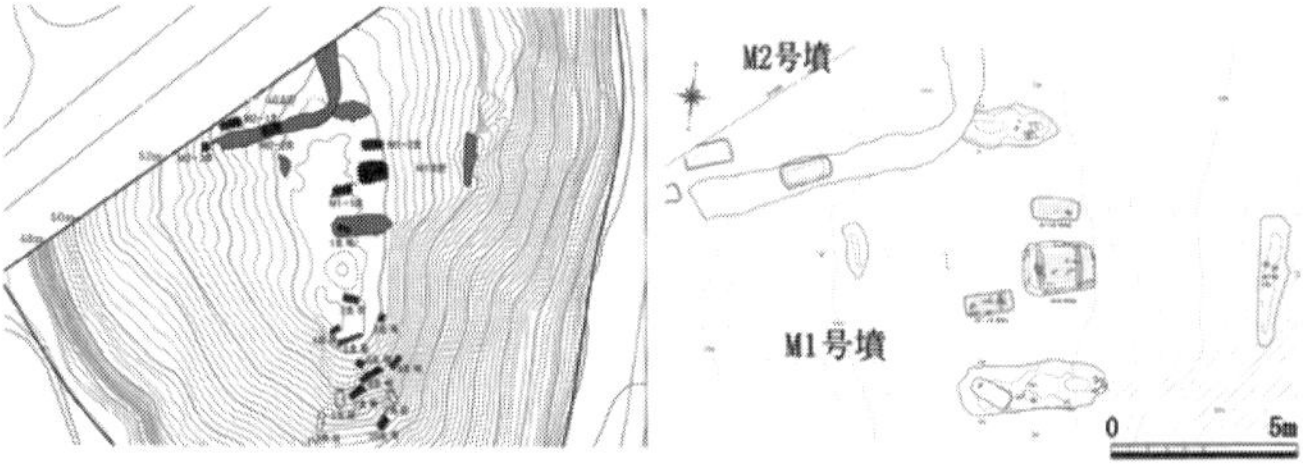

図４　高興掌徳里獐洞遺跡

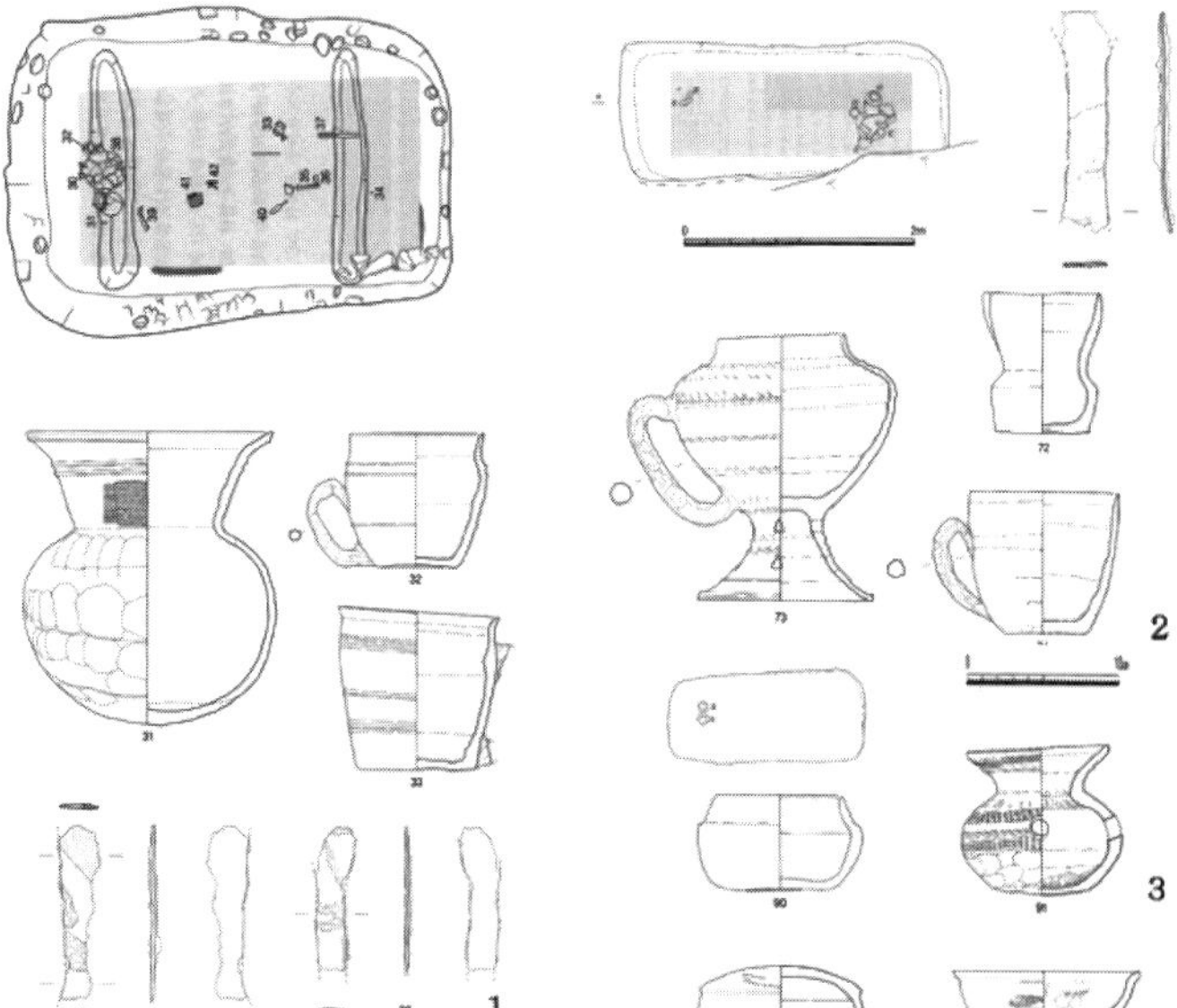

図５　獐洞遺跡の埋葬施設と出土遺物
M1 号木槨墓　2　M2-1 号木槨墓　3　1 号木槨墓（単独木槨墓）
4　M1 号墳周濠

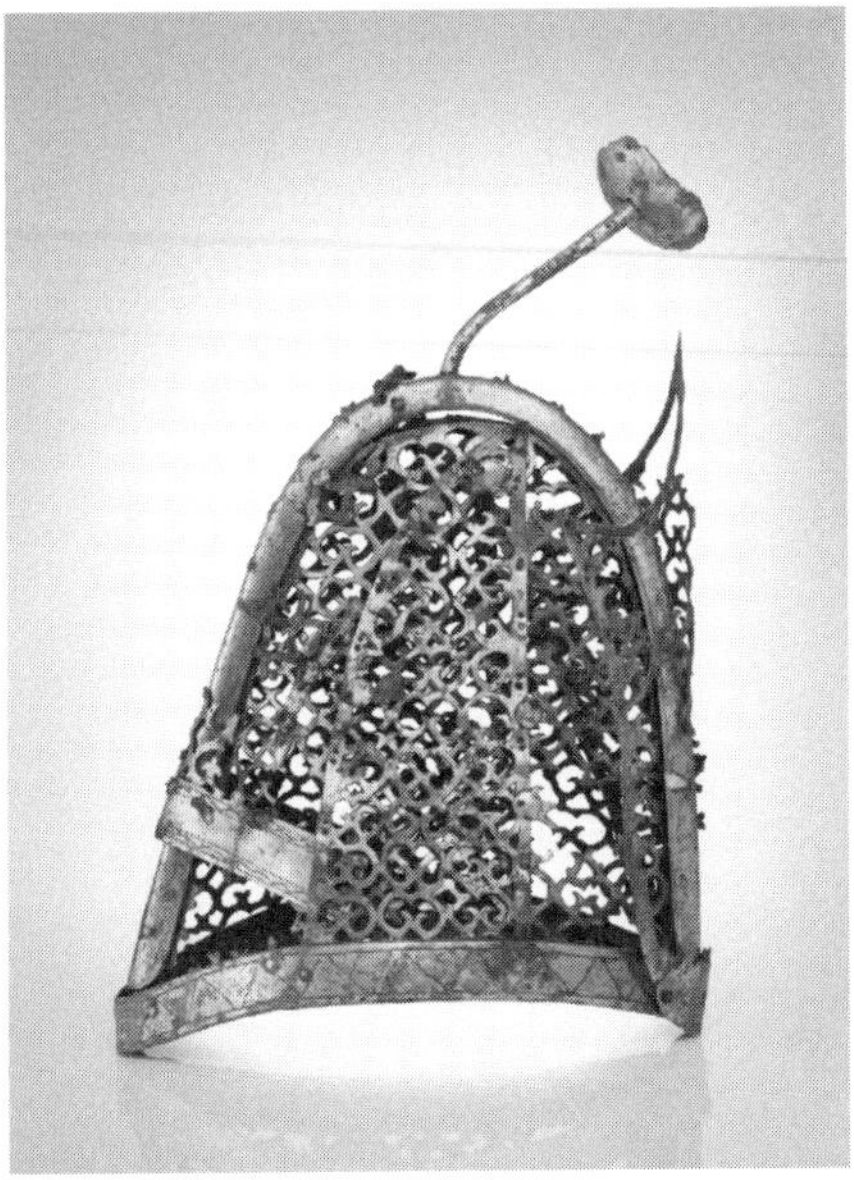
写真７　高興雁洞古墳から出土した百済系の冠（全南大学校博物館）

5-1の下段)。このような墳墓の特徴から判断すると、西・南海岸地域には、もともと海を介して他地域と活発に交易を行うような集団が点在していて、それぞれの集団をむすびつけるネットワークがあったのだろうと考えられます。倭の人々は、現地の人々と交流を深めながら、この地域ネットワークを活用しつつ、百済や栄山江流域に赴いたり、倭系古墳を築いたりしていたと考えられます。

倭系古墳の被葬者の性格について、それを別の角度か推定できる資料が、雁洞古墳に副葬された百済の冠帽です（写真7）。

百済の優品の冠帽が副葬されていることからみて、雁洞古墳をはじめとする倭系古墳に葬られた人々、またはその造営集団というのは、倭（王権）のみならず、百済（王権）とも関係を持っている、つまり倭—栄山江流域—百済をむすぶ双方向のやり取りを仲介するような性格を有していたと私は考えています。

以上のように、倭系古墳の被葬者や造営集団は、西・南海岸地域に形成されていたネットワークに参画するなかで、倭と百済、栄山江流域の社会との交流を実際に担っていたのでしょう。そして、航路沿いの港口を寄港地として利用したり、交易（や漁撈）を生業とする現地の集団に航行の案内を依頼したりしていたのではないでしょうか。このような状況のなかで、倭の集団も現地に一定期間滞在し、在地の集団と「雑居」し、倭系古墳を築いていたと考えます。

二　港関連の遺跡の紹介

二番目に、西・南海岸に点在する港関連の遺跡をいくつか紹介します。

まず、壱岐《いき》・対馬《つしま》ルートの到着地でもある金海地域、金官加耶の港関連の遺跡、金海官洞里・新文里遺跡です。ここでは桟橋、倉庫などが確認されています。現在は史跡公園として保存されています。

この港を管理、運営していた集落（新文里遺跡）では、倭からもたらされた、もしくは現地で模倣製作した土師器系土器《はじきけいどき》が出土しています（写真8）。また栄山江流域などから人々がやってきて、土器を持ち込んだり、製作したりしています。多彩な地域の人々が集まる港市の様相を垣間見ることができます。

次に巨済島に位置する鵝洲洞《アジュドン》遺跡です。栄山江流域やその周辺によくみられる方形の竪穴住居や土器が多数確認されており、やはり土師器系土器も出土しています（図6）。また、光陽の龍江里石停《ヨンガンリソクチヨン》遺跡では倭の土師器《はじき》と加耶、とくに阿羅加耶《アラカヤ》の土器、そして現地の土器が同じ竪穴住居から出土しています。やはり外からの人々が集まっているような港関連の遺跡として評価できます（図7）。

さらに、羅州の月陽里九陽《オリヤンリクヤン》遺跡でも、桟橋状《さんばしじょう》の遺構《いこう》や道路、河川などが確認されたりしています。臨海性が高く、港関連の遺跡として評価できます。そういう場所で、土師器系土器や埴輪《はにわ》片などが出土しています（写真9）。

先ほど倭系古墳の一つ、野幕古墳を紹介しましたが、そのすぐ北の集落、港関連の遺跡

写真８　新文里遺跡出土の土師器系土器（東亜細亜文化財研究院）

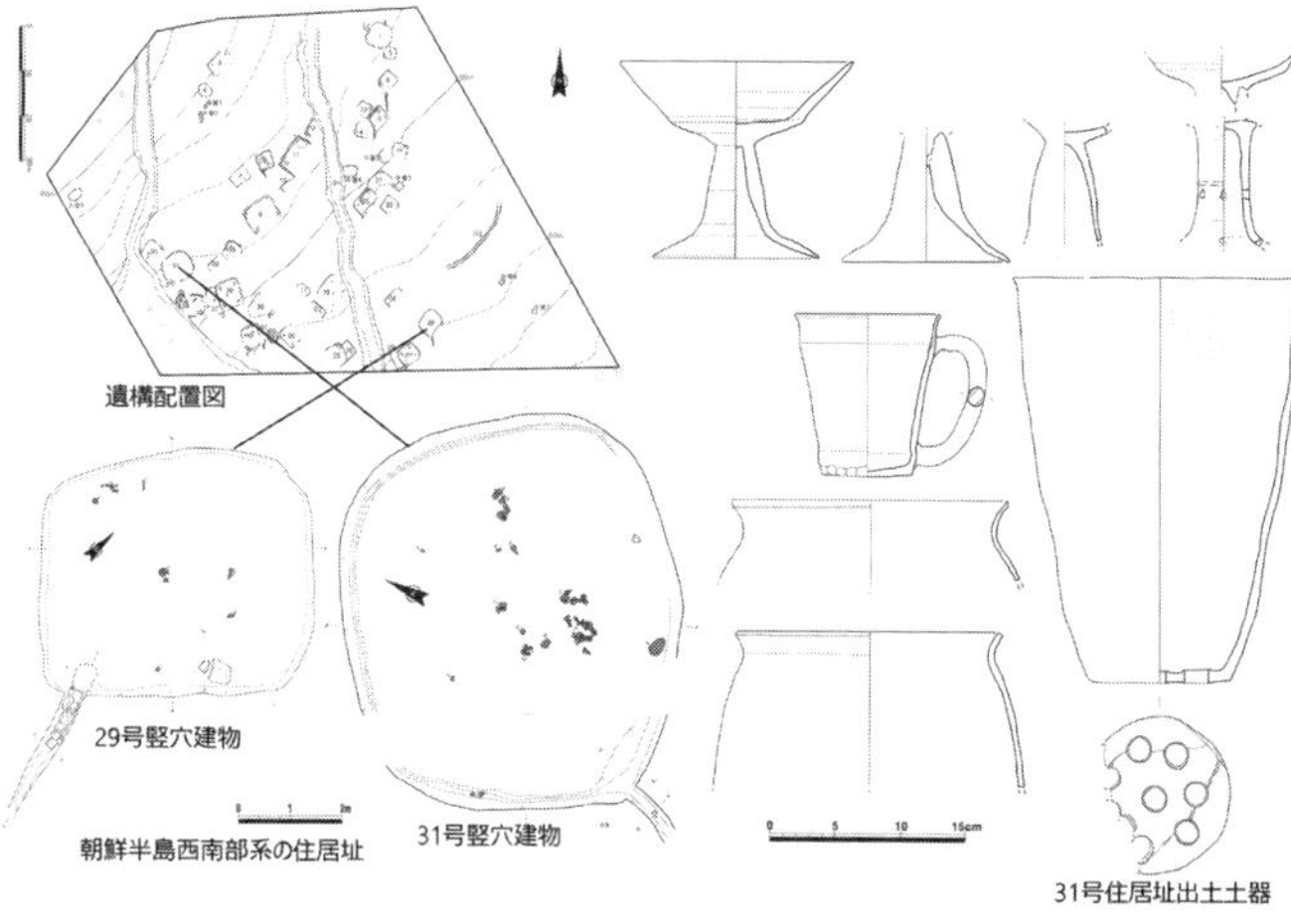

図６　巨済鵝洲洞遺跡（1485番地）

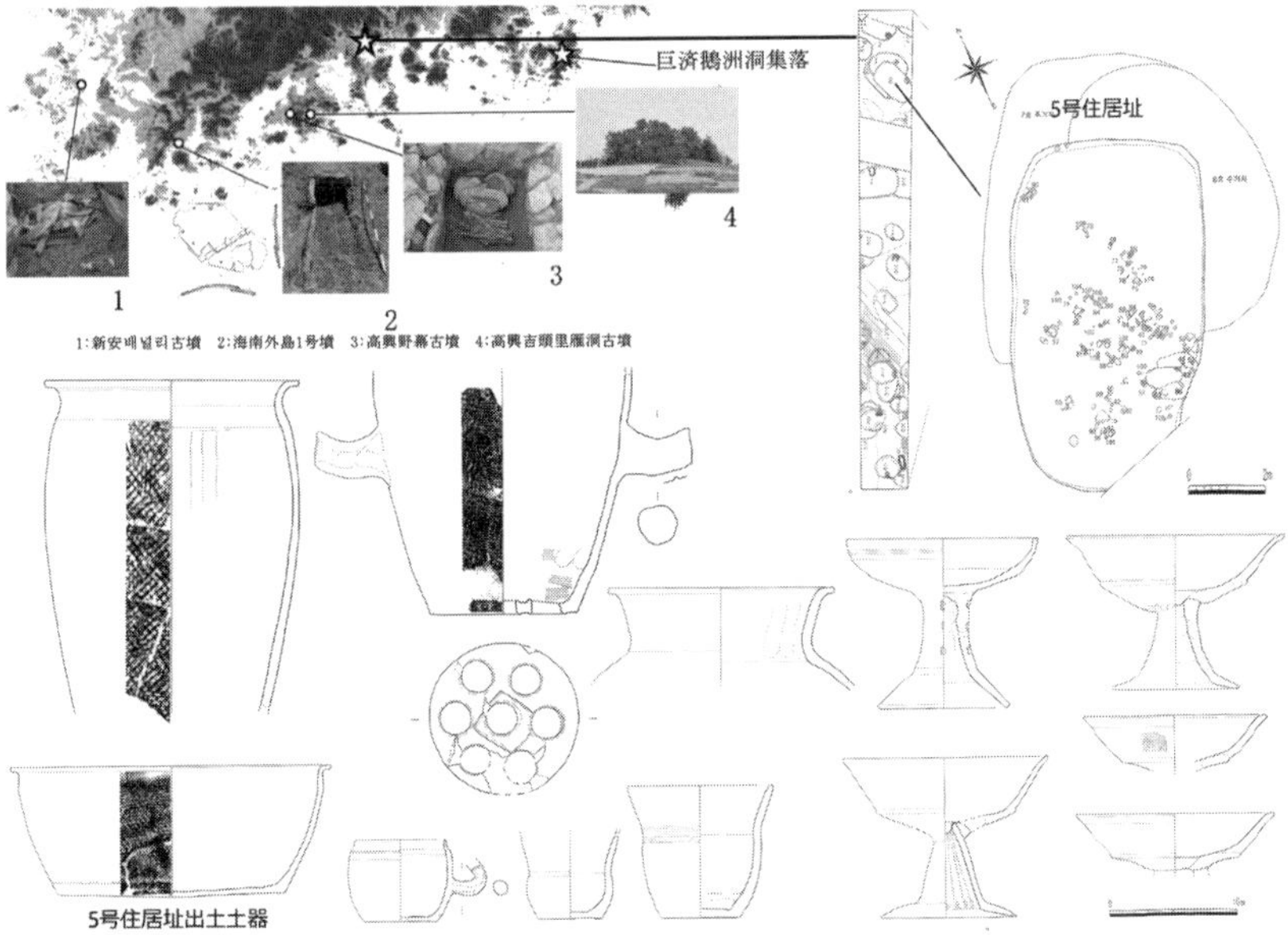

図７　光陽龍江里石停遺跡

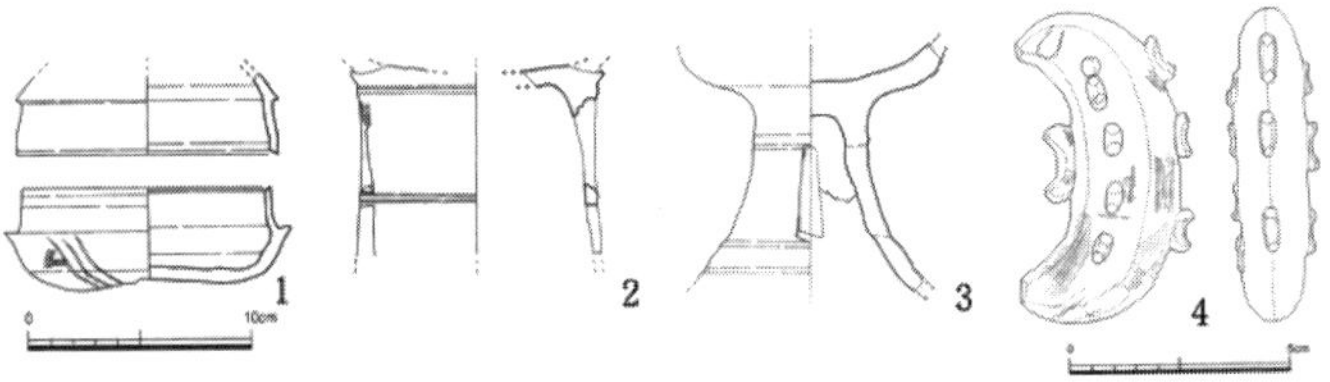

図８　高興寒東・訪士遺跡出土遺物
1　寒東 18 号住居址　2　寒東 21 号住居址　3　訪士 18 号住居址
4　訪士 39-4 号住居址

（図8）があります。寒東《ハンドン》・訪士《バンサ》遺跡といいます。ここでも須恵器《すえき》や子持勾玉《こもちまがたま》などが出土しています。

このように朝鮮半島の西・南海岸を伝っていく倭の人々の姿というものが考古資料から少しずつ明らかになってきています。このような倭の人々が航海の安全を祈った祭祀遺跡の代表例が扶安《ブアン》竹幕洞祭祀遺跡です。

三　竹幕洞祭祀遺跡と石製模造品のひろがり

竹幕洞祭祀遺跡は百済王権が管理した国家的祭祀場という評価があります。これは決して間違いではありませんが、百済中央の人たちばかりがお祭りをやっていたわけでもなさそうです。このことはお祭りの道具として使われた土器の製作地から、ある程度推測できます。

祭祀に用いられた土器の中心となるのは、百済中央の京畿《キョンギド》道地域の土器ですが、図9の2〜4、6の土器は、細かい特徴を見ていくと栄山江《ヨンサンガン》流域とその周辺の土器と判断できます。三世紀後半から四世紀ごろに作成されたものです。

次に、五〜六世紀になると百済中央の副葬品と同じような文物が、お祭りの道具として

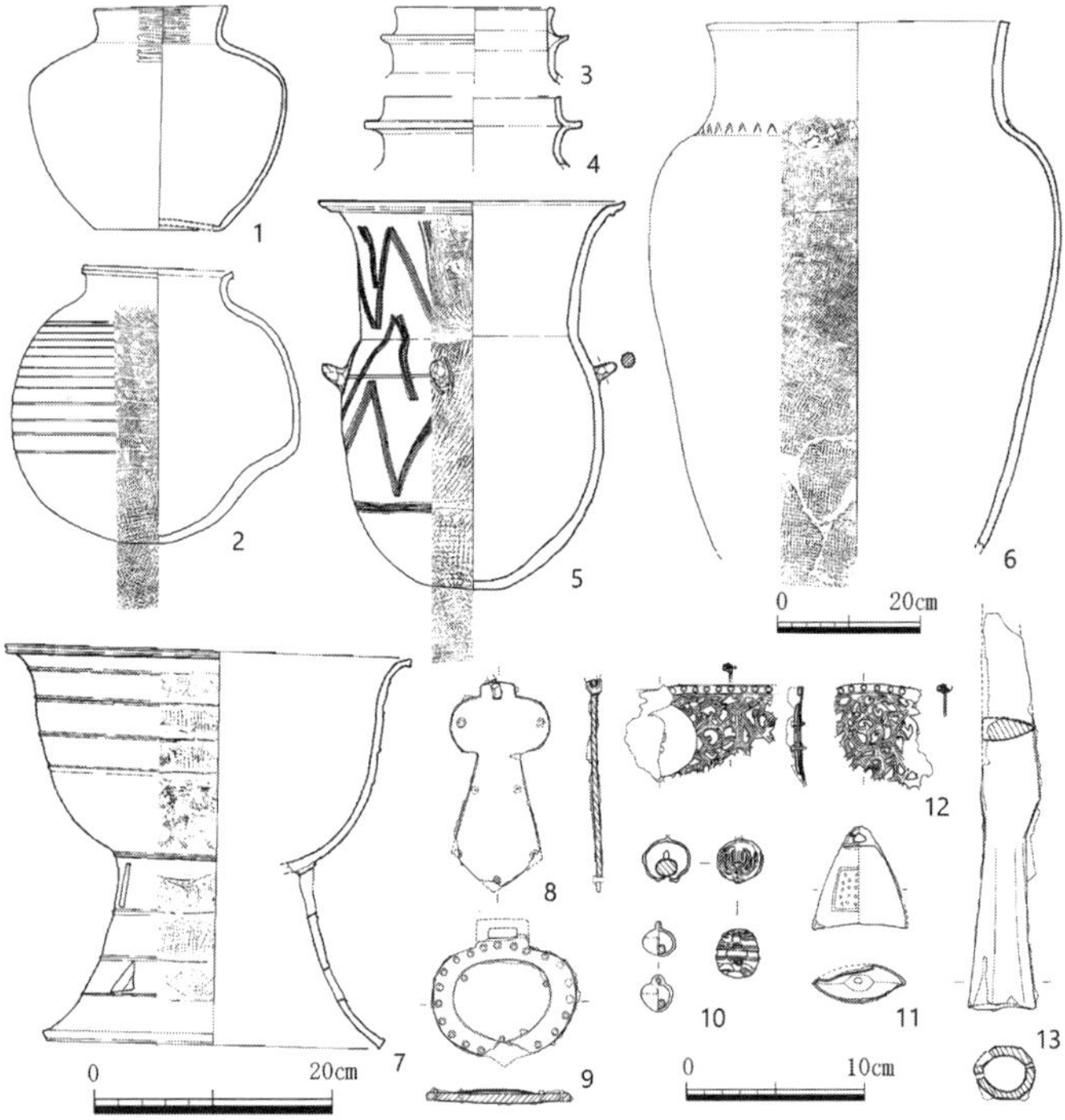

図９　竹幕洞祭祀遺跡の出土遺物

使われていて、百済中央の管理が強まっていったと考えられます。しかしながら、図9の8・9などの馬のペンダント（杏葉）は、どちらかというと大加耶の特徴を持っています。そして、図9の7は、現地のやや南の高敞《コチャン》地域で製作された鉢形器台の可能性が高そうです。

さらに倭の人々が主体となった祭祀を示すのが、写真10の石製模造品《せきせいもぞうひん》です。倭の人も関与していたということになります。このなかでとくに注目されるのが、この甲冑を模した石製模造品（写真10の右上）になります。日本列島で今のところ六例確認されています。そのうちの一つが下高宮遺跡中殿《しもたかみやいせきなかどの》から出土しています。それ以外は、東日本地域に分布が集中します。沖ノ島・宗像の地と竹幕洞を結ぶ有力な資料であり、かつ東日本地域の人々との何らかの関連性も示している可能性があります。

以上のように竹幕洞祭祀遺跡は、百済の国家的祭祀場であったとともに加耶や倭、もしくは栄山江流域の人々も訪れて来て、この地でお祭りを行なっていたと評価できます。それだけ多様な交流があったことを、うかがい知ることができます。

朝鮮半島出土の石製模造品については、かつては資料がほとんどありませんでした。しかしながら、最近の調査成果のなかで、少しずつですが、倭の祭祀道具である石製模造品や子持勾玉の出土例が増えてきています。その出土地をたどることで、実際の海の道を考

写真９　羅州月陽里九陽遺跡から出土した土師器系土器と埴輪片

写真10　石製模造品（国立全州博物館）

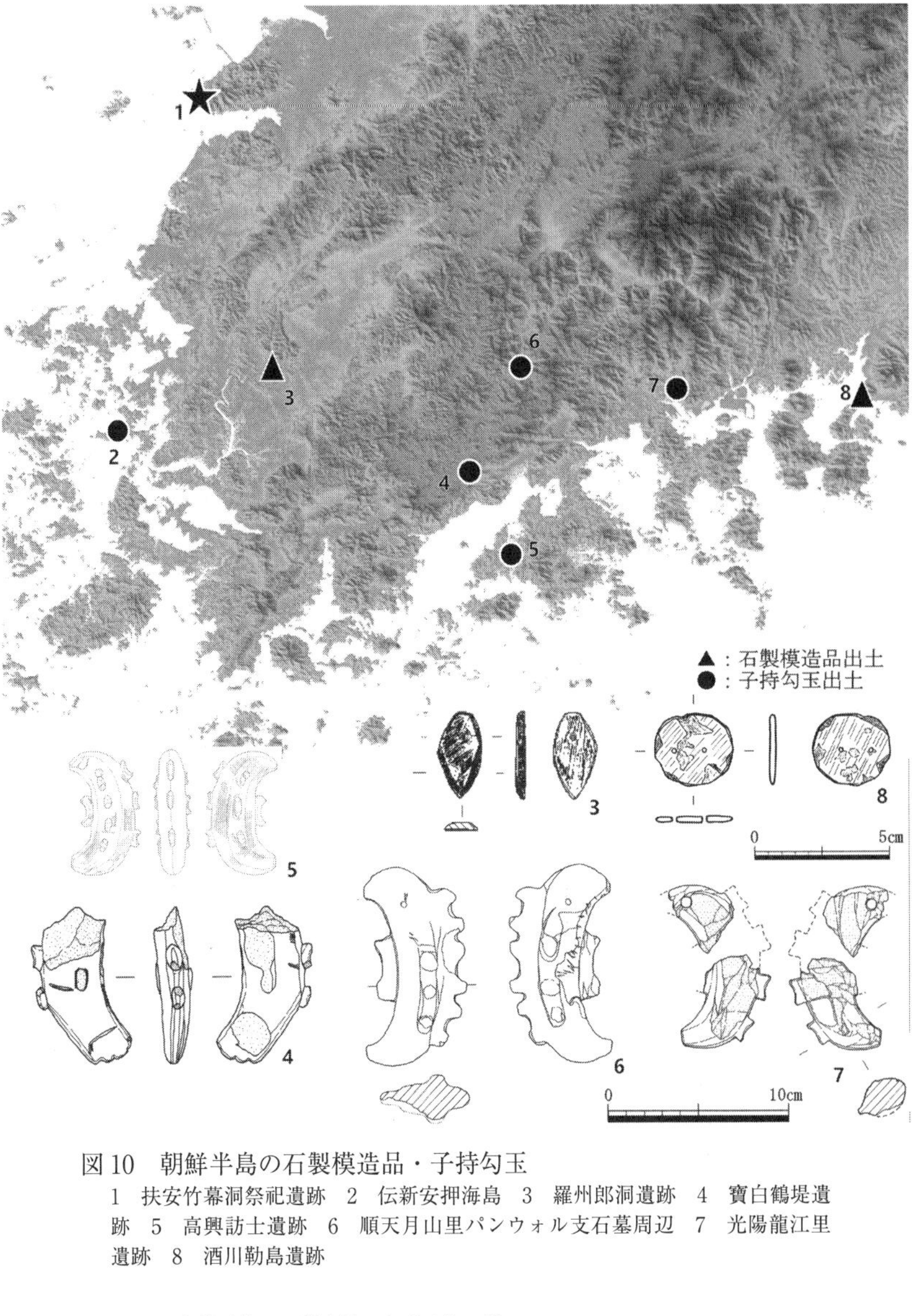

図10　朝鮮半島の石製模造品・子持勾玉
1　扶安竹幕洞祭祀遺跡　2　伝新安押海島　3　羅州郎洞遺跡　4　寶白鶴堤遺跡　5　高興訪士遺跡　6　順天月山里パンウォル支石墓周辺　7　光陽龍江里遺跡　8　酒川勒島遺跡

古資料から推定できるようになりつつあります。

具体的には、石製模造品と子持勾玉の分布をたどると、図10のように、金海《キメ》、勒島《ヌクト》・順《スン》天《チョン》・光陽《クァンヤン》・高興・宝城《ポソン》・新安・羅州、そして竹幕洞祭祀遺跡というように、港や港から少し内陸にはいった集落や祭祀関連の遺構などからの出土が目立っています。

くりかえしになりますが、倭から朝鮮半島の西・南海岸を伝って栄山江流域や百済へ向かう航路に沿うような形で分布し、海が近く、外来の土器が出土するような港関連と推定しうる遺跡から出土しています。さらには島嶼部、そして海から少し奥まった祭祀場と推定されるような遺構からも出土しています。

もう少し資料が増えてくれることを期待したいのですが、想像をたくましくすれば、倭と百済、栄山江流域を往来する倭系集団が、各地の港関連の遺跡において風待ちや潮待ちのために短期間滞在する状況のなかで、航海安全を願う祭祀を執り行うこともあったのではないでしょうか。

おわりにかえて

最後に、皆さんに紹介したい遺跡があります。本日は、西・南海岸地域、金海から栄山

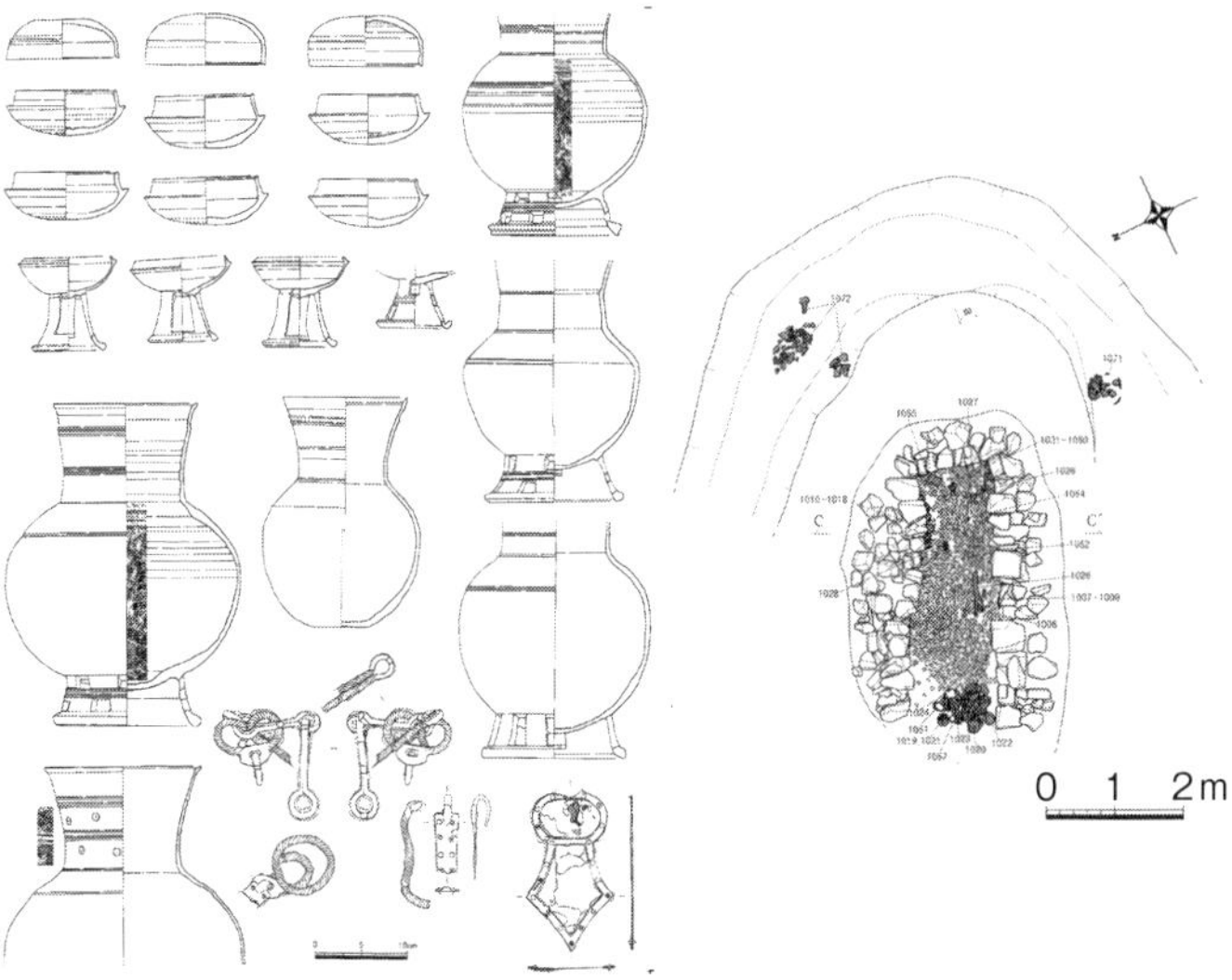

図11　機張冬柏里Ⅲ地区12号石室墓

江流域、竹幕洞祭祀遺跡に至る海の道を中心に紹介してきました。その一方で、沖ノ島から朝鮮半島の東海岸沿いを進むルートの存在も考えられるわけです。

ただし、この東海岸ルート沿いには、この西・南海岸地域ほどには、倭と関連する資料はあまり出土してきませんでした。しかし、このルートを考える一つの手掛かりとして、金海から東海岸へ上がる途中、機張《キジャン》において重要な古墳が確認されました。それが機張冬柏里《キジャントンベクリ》Ⅲ地区十二号石室墓です。

副葬された土器の多くは、現地の土器で、新羅系と評価できるのですが、図11の左上にある九点の蓋坏《ふたつき》は、いずれも須恵器です。倭で製作され、持ち込まれたものと考えられます。この墓を造る時に何らかの形で倭の人々が関与していたことは間違いないと思います。

埋葬施設自体は現地の横口式石室《よこくちしきせきしつ》ですので、ここに葬られた人が倭の出身という可能性はあまり高くないと思います。ただし、この九点にものぼる須恵器を副葬している点は、かなり重要です。また須恵器だけではなくて、この馬のペンダント（杏葉、図11の左下）は、倭で製作された可能性も考えられます。

このように、倭から朝鮮半島へ渡っていく人々は多方向的な動きを示していた可能性が高く、かつ当時の航海は基本的に陸上のものを見ながら航海していきますので、寄港地などで、現地の人々と交流を重ねていたのでしょう。

沖ノ島や竹幕洞祭祀遺跡が、航海安全を祈る場として重要な役割を果たしていたということは、それだけ密接な交流が日本列島と朝鮮半島に暮らす人々の間でつちかわれていたことを物語っています。これからも、考古学を通じてその交流の実態を豊かに描いていきたいと考えております。

これで私の発表を終わりにしたいと思います。ご清聴ありがとうございました。

参考文献

（韓国語文献）
慶南文化財研究院・機張郡　二〇一四『機張冬柏里遺跡』。
高興郡・大韓文化遺産研究センター　二〇一一『高興掌徳里獐洞遺跡』。
権宅章　二〇一四「高興野幕古墳の年代と登場背景についての検討」『古墳を通してみた湖南地域の対外交流と年代観』第1回古代古墳国際学術大会。
国立光州博物館・海南郡　二〇〇一『海南方山里長鼓峰古墳試掘調査報告書』。
国立羅州文化財研究所　二〇一四a『古墳を通してみた湖南地域の対外交流と年代観』第1回古代古墳国際学術大会。
国立羅州文化財研究所　二〇一四b『高興野幕古墳発掘調査報告書』。
国立全州博物館　一九九四『扶安竹幕洞祭祀遺跡』。
国立全州博物館　一九九五『特別展　海と祭祀―扶安竹幕洞祭祀遺跡―』。
金洛中　二〇一三「5～6世紀南海岸地域の倭系古墳の特性と意義」『湖南考古学報』45　湖南考古学会。
大韓文化遺産研究センター・高興郡　二〇一一『高興掌徳里獐洞遺跡』。
大韓文化財研究院・韓国鉄道施設公団　二〇一二『光陽龍江里石停遺跡』。
大韓文化財研究院・全羅南道　二〇一七『羅州月陽里九陽遺跡』。

東新大学校文化博物館　二〇一五『新安安佐面邑洞・ベノルリ古墳群』。
東亜文化財研究院・泗川市　二〇〇六『泗川勒島進入路開設区間内文化遺蹟発掘調査報告書』。
東亜細亜文化財研究院　二〇一三『金海望徳里・新文里生活遺跡』。
馬韓文化財研究院　二〇一一『寶城虎東・高興新村遺蹟』。
三江文化財研究院　二〇〇九『金海官洞里三国時代津址』。
順天大学校博物館・光陽龍江土地区画整理組合　二〇〇二『光陽龍江里遺跡Ⅰ』。
우리文化財研究院・巨済市　二〇一二『巨済鵝洲洞1485遺跡』。
우리文化財研究院・협성建設　二〇一七『巨済鵝洲洞1540―1番地遺跡』。
兪炳夏　一九九八「扶安竹幕洞祭祀遺跡で行われた三国時代の海神祭祀」国立全州博物館『扶安竹幕洞祭祀遺跡研究』。
李暎澈　二〇一一「高興掌徳里獐洞において確認された多葬墳丘墓伝統の梯形古墳の築造背景と課題」『高興掌徳里獐洞遺跡』大韓文化遺産研究センター・高興郡。
李漢祥　二〇一一「高興吉頭里雁洞古墳の金銅冠帽と金銅飾履についての検討」『高興吉頭里雁洞古墳の歴史的性格』。
全南大学校博物館　二〇一一『高興吉頭里雁洞古墳の歴史的性格』。
全南大学校博物館・全羅南道　一九八八『住岩ダム水没地域文化遺跡発掘調査報告書（Ⅱ）』。
全南大学校博物館・湖南文化財研究院・文化財庁・高興郡　二〇一五『高興吉頭里雁洞古墳』。
全南文化財研究院　二〇一五『寶城白鶴堤遺跡』。

全南文化財研究院・羅州市　二〇〇六『羅州郎洞遺跡』。
趙晟元　二〇一七「おわりに」『巨済鵝洲洞1540―1番地遺跡』우리文化財研究院・협성建設。
崔恩珠　一九八七「我が国の滑石製母子曲玉について」『三佛金元龍教授停年退任紀念論叢Ⅰ　考古学篇』一志社。
한겨레문화재연구원・慶尚南道二〇一五『金海新文里遺跡』。
湖南文化財研究院　二〇〇五『咸平老迪遺跡』。
湖南文化財研究院・益山地方国土管理庁　二〇〇六a『高興寒東遺跡』。
湖南文化財研究院・益山地方国土管理庁　二〇〇六b『高興訪士遺跡』。
湖南文化財研究院・全羅北道　二〇〇三『高敞鳳徳里遺跡Ⅰ』。

（日本語文献）

大竹弘之　二〇一三「海峡の祈り」『古墳時代の考古学6　人々の暮らしと社会』同成社。
大野城市教育委員会　一九八五『笹原古墳』。
岡山大学考古学研究室・天狗山古墳発掘調査団　二〇一四『天狗山古墳』。
酒井清治　二〇〇五「韓国栄山江流域の土器生産とその様相―羅州勢力と百済・倭の関係―」『駒澤考古』駒澤大学考古学研究室。
志免町教育委員会　二〇〇一『国指定史跡　七夕池古墳』。
鈴木一有　二〇一八「高興野幕古墳出土衝角付冑の編年的位置づけと武装具の評価」『高興野幕古墳出

土冑の製作技術復元』国立羅州文化財研究所。
高田貫太　二〇一六「竪穴系横口式石室・竪穴式石室・木槨の構造」『韓日の古墳』「日韓交渉の考古学―古墳時代（三国時代）―」研究会。
高田貫太　二〇一八「5、6世紀朝鮮半島西南部における『倭系古墳』の造営背景」『国立歴史民俗博物館研究報告』二一一。
寺井　誠　二〇一四「馬韓と倭をつなぐ」『東アジア古文化論攷』1　中国書店。
橋本達也　二〇一〇「古墳時代交流の豊後水道・日向灘ルート」『弥生・古墳時代における太平洋ルートの文物交流と地域間関係の交流』高知大学人文社会科学系。
橋本達也　二〇一四「中期甲冑の表示する同質性と差異性―変形板短甲の意義―」『七観古墳の研究』七観古墳研究会。
花田勝広　二〇一二「中世の宗像神社と鎮国寺」『むなかた電子博物館紀要』4。

コラム3　中世の宗像氏と海

大高広和

古代宗像氏《むなかたし》の権力を継承したのが、中世の宗像大社と宗像地域を支配した宗像大宮司《だいぐうじ》家《け》です。決定的な史料はないものの、天元二年（九七九）に初代大宮司に就任した宗像氏能《うじよし》は、古代宗像氏の子孫とみて間違いないでしょう。中世には宇多天皇《うだてんのう》の皇子の宗像清氏《きようじ》という人物が初代大宮司だという伝承が形成されますが、架空の存在です。

中世の宗像は対外交易によって繁栄し、宗像大社には当時の中国との交流を物語る品々も多く残されています。一一九五年（建久六）に中国寧波《にんぽー》で産出する梅園石《ばいえんせき》で製作された阿弥陀経石は、大宮司の父の供養のために南宋で買い求められ、承久二年（一二二〇）の追刻銘からは大宮司家と南宋商人の娘との二代にわたる婚姻関係《こんいんかんけい》が知られます。また、建仁元年（一二〇一）に辺津宮の第三宮《ていさんのみや》に奉納された宋風獅子《そうふうしし》も、やはり南宋で作られた精巧な彫刻です。福津市の在自《あらじ》西ノ《にしの》後《あと》遺跡《いせき》は、津屋崎《つやざき》古墳群《こふんぐん》が周囲に築かれた入り海に面した砂州《さす》の上に位置し、中国人が居住していた「唐坊《とうぼう》」跡と考えられています。

十四～十六世紀には、中国に代わって朝鮮との交流が頻繁になり、朝鮮側

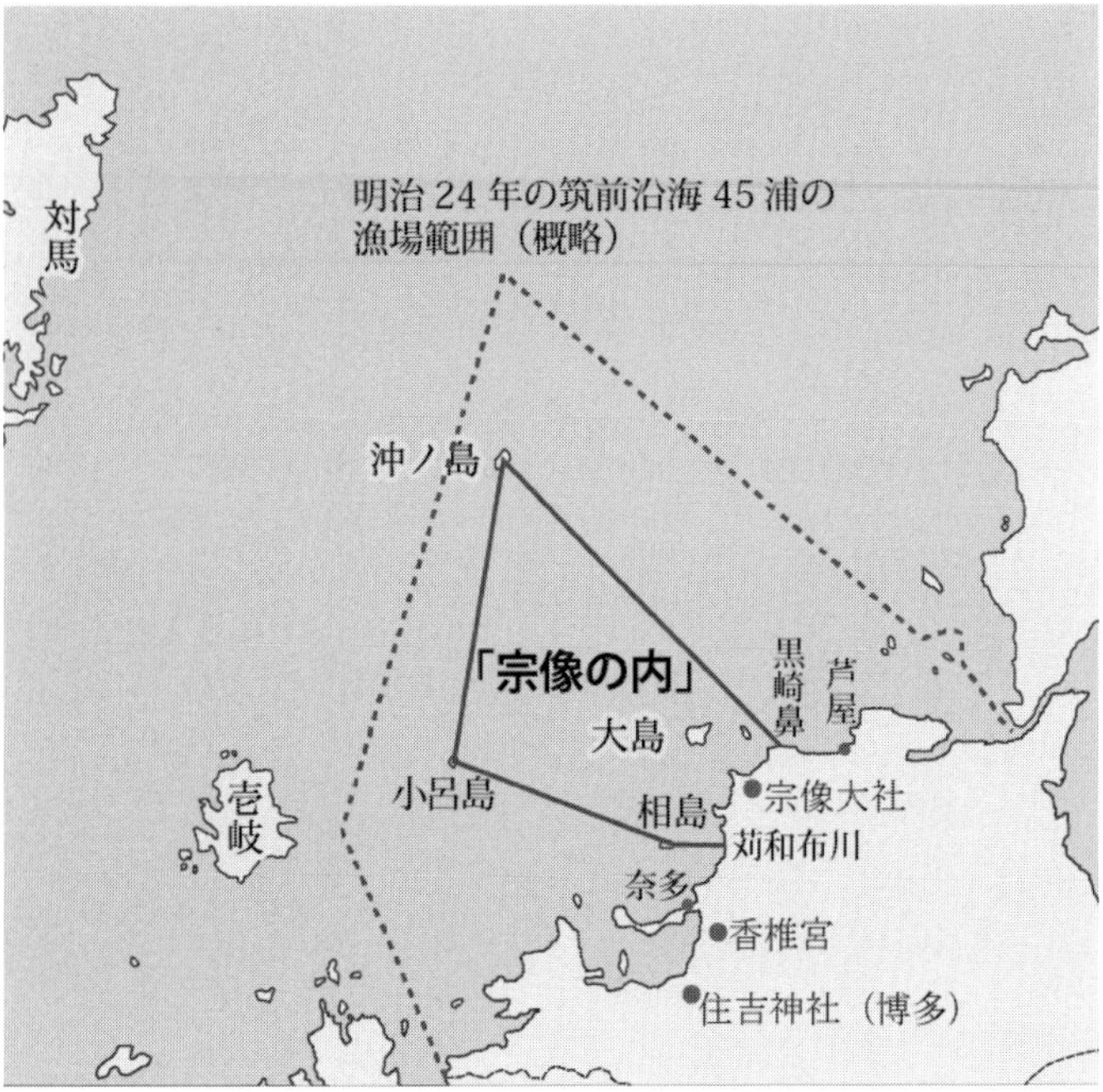

図　「宗像の内」とされる海域図

明治期の漁場範囲は「古来ノ慣行」によって定められたもので，そのおよそ3分の1が中世に「宗像の内」と認知されていたらしい。なお，浦で言えば最盛期には東は芦屋，西は奈多の付近まで宗像大宮司家の影響が及んでいたと考えられる。

源氏・北条氏から鎌倉府・上杉氏をへて、小田原北条氏とつながる四〇〇年！

対決の東国史 全7巻

四六判・平均二〇〇頁
各二二〇〇円 『内容案内』送呈

① 源頼朝と木曾義仲

長村祥知著

鎌倉に残った頼朝と上洛した義仲。ともに反平家の兵を挙げた両雄は異なる路線を進み、対決に至る。彼らは何を重視していたのか。京都との関係を視野に入れ、彼らをとりまく諸勢力の動向をその父親世代から描く。（第5回）

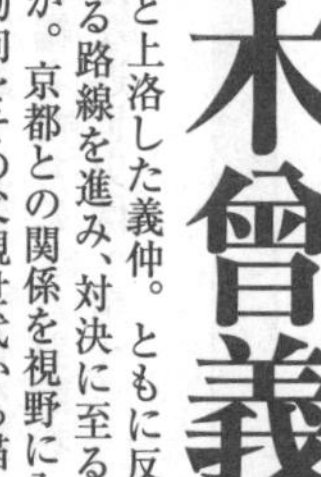

既刊5冊
＊は2刷

②北条氏と三浦氏＊　高橋秀樹著
③足利氏と新田氏＊　田中大喜著
④鎌倉公方と関東管領　植田真平著
⑤山内上杉氏と扇谷上杉氏　木下 聡著
⑦小田原北条氏と越後上杉氏＊　簗瀬大輔著
〈続刊〉⑥古河公方と小田原北条氏…石橋一展著

戦国の城攻めと忍び

北条・上杉・豊臣の攻防

戦国の忍びを考える実行委員会
埼玉県立嵐山史跡の博物館 編

忍びの学術的検討は近世中心だったが、戦国期も深まりつつある。八王子城・岩付城・葛西城・羽生城などの攻防戦で行われた忍びの戦術を探り、独自の「忍器」を復元。新視点から戦の実像に迫り、謎多き忍びの世界へ誘う。

A5判・二五六頁
二二〇〇円

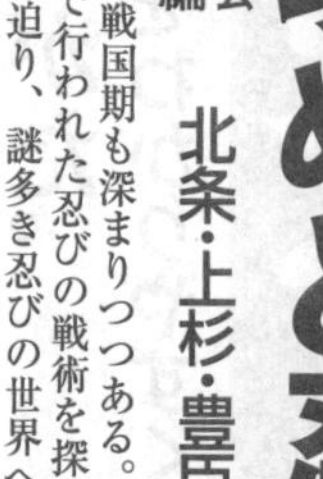

『内容案内』送呈

豊かで多様な〈近世〉のすがた。
最新の研究成果から、その全体像をわかりやすく描く！

日本近世史を見通す

全7巻 刊行開始

各三〇八〇円
A5判・平均二二四頁

近世とはいかなる時代だったのか。多様で豊かな研究成果を、各分野の第一線で活躍する気鋭の研究者が結集して、その到達点を分かりやすく描き出す。国際交流の視点も交え織豊期～幕末まで歴史の流れに迫る通史編、地域・身分・宗教・思想・文化を論じたテーマ編、そして各巻の編者たちによる討論巻からなる充実の編成で、新たな近世史像へ誘う。

●第1回配本

1 列島の平和と統合 近世前期

牧原成征・村 和明編

二二二頁

戦国乱世から太平の世へ、いかにして平和が実現され、列島が統合されたのか。国際交易とキリスト教政策、幕府と藩、武家と朝廷の関係、北方や琉球などを視野に収め、徳川四代家綱期までをグローバルな視点で描き出す。

●続刊　※書名は仮題のものもあります

6 宗教・思想・文化
上野大輔・小林准士編　＊9月発売
二〇〇頁
江戸時代の多彩な文化は、人びとの生活や思想にいかに反映されたのか。寺社・学問・医療・旅・文芸・出版物などをめぐる新たな潮流を生み出し、受けいれた社会に光をあて、身分と地域を超えた人びとの営みを描く。

2 伝統と改革の時代 近世中期
村 和明・吉村雅美編

3 体制危機の到来 近世後期
荒木裕行・小野 将編

4 地域からみる近世社会
岩淵令治・志村 洋編

5 身分社会の生き方
多和田雅保・牧原成征編

7 近世史の課題 討論
小野 将ほか編

推薦します
高埜利彦
（学習院大学名誉教授）
松本幸四郎
（歌舞伎俳優）
※敬称略、50音順

《本シリーズの特色》

◎時代や対象ごとに個別に深められていた学界の成果を紡ぎ直し、近世という時代をみる視角の総合化を目指すシリーズ
◎1～3巻は前期・中期・後期からなる「通史編」、4～6巻は地域社会・身分論・文化史全般からなる「テーマ編」として、近世史の流れと各分野の研究の最先端を整理したうえで、7巻でまとめの討論を行うラインナップ
◎第一線で活躍する気鋭の研究者を執筆陣に揃え、近世史研究の過去、現在、そして新たな視角と今後の展望を描き出す
◎近世のなかでも各時代の違いと特徴に着目し、かつそれぞれの時期における政治・経済・文化の展開にも目配り。タテ（時間軸）・ヨコ（社会の様相）双方向を意識した叙述
◎学校・公共図書館、博物館、研究機関はもちろん、織豊政権・江戸時代・幕末を知りたい、学びたい方には座右必携。わかりやすい記述で歴史の学び直しにも最適

大名家はいかに時代の苦難を乗り越えて存続したのか！

「家」をキーワードに地域からの視点で近世日本を描く画期的シリーズ！

家からみる江戸大名 全7冊

刊行中！

〈企画編集委員〉野口朋隆・兼平賢治

Ａ５判・平均二〇八頁／各二四二〇円
『内容案内』送呈

江戸時代の大名家とは家長（藩主）を頂点に、その永続を図る世代を超えた組織であり、家臣や奉公人をも包み込んだ社会集団だった。太平の世、藩主となった大名は、いかに「家」を築き領地を支配したのか。代表的な大名家を取り上げ、歴代藩主の個性と地域独自の文化・産業にも着目。「大名家」から豊かな江戸時代を描き出す。

●最新刊の3冊

前田家 加賀藩

宮下和幸著 二一四頁

利家を祖に「百万石」を領有した前田家。本分家の創出や、婚姻・殿席・官位などによる「徳川大名化」で「御家」が確立する過程を辿り、相続問題、御家騒動を経て、混迷する幕末維新期での藩是決断のプロセスを描く。

井伊家 彦根藩

野田浩子著 二〇〇頁

戦国期にかずかずの武功をあげ、「御家人の長」と謳われた井伊家。溜詰大名としての政務の実態、「家」の意識とその継承の危機、幕末の徳川との主従関係の変化などを軸に、譜代筆頭として背負った使命とその変遷を描く。

毛利家 萩藩

幕末に倒幕の中心となった萩藩毛利家。関ヶ原の敗戦で領地を失いながら、いかに家を存続させたのか。一大名としての役割、将軍家との縁組や分家統制、藩祖元就への崇拝など、〝太平の世〟を生き抜いた実像に迫る。

根本みなみ著
二〇八頁

●既刊

徳川将軍家 総論編

野口朋隆著

家康以来、十五代二六〇年にわたり将軍を継いだ徳川家。列島の領主はいかに「家」内支配を行ったのか?

二二四頁

南部家 盛岡藩

*2刷

兼平賢治著

社会の変化の中で「家」のあり方を模索し続けた北奥の藩主。初代信直から廃藩置県までの二九〇年を描き出す。

二一六頁

●続刊

伊達家 仙台藩

J・F・モリス著

島津家 薩摩藩

佐藤宏之著

本シリーズの特色

❖地域支配の代表的存在であった「大名家」をキーワードに新たな江戸時代像の構築を目指す画期的シリーズ

❖徳川将軍家を総論巻とし、幕藩体制とその特質について概説。各巻で代表的な大名家・藩を取り上げ、「家」の組織経営の実態に迫り豊かな近世社会像を描く全巻構成

❖各大名家の研究を専門とする最適な執筆者が、地域を形づくった文化や産業にも注目しながら、時代の流れとともに各大名家をわかりやすく解説

❖中世からの連続面（庶家の分離独立・本分家の創出・系図・武家儀礼・先祖崇拝など）と、幕藩体制のなかでの新しい側面（殿中儀礼・御目見・参勤交代・留守居など）にも着目

❖学校・公共図書館、博物館、研究機関はもちろん、江戸時代の社会や地域の歴史を知りたい、学びたい方から、教員、郷土史研究家まで幅広くおすすめ

❖本文の理解を深める図版・系図などを多数掲載。大名家に因んだコラムも充実。巻末には藩主一覧・年表を付す

推薦します

門井慶喜（作家）

高野信治（九州大学名誉教授）

※敬称略 50音順

古城ファン必備！ 好評のシリーズ待望の九州編

九州の名城を歩く 全4冊

A5判・原色口絵各四頁／各二七五〇円　『内容案内』送呈

【新刊の2冊】

熊本・大分編　本文二八四頁

岡寺 良・中山 圭・浦井直幸編

熊本城・田中城・中津城・大友氏館…。各県から精選した名城六七を、豊富な図版を交えて平易に紹介。

宮崎・鹿児島編　本文三〇四頁

岡寺 良・竹中克繁・吉本明弘編

飫肥城・都於郡城・鹿児島城・知覧城…。各県から精選した名城六四を、豊富な図版を交えて平易に紹介。

【既刊】福岡編　岡寺 良編

【続刊】佐賀・長崎編　岡寺 良・渕ノ上隆介・林 隆広編（10月刊）

種明かししない柳田国男 日本民俗学のために

福田アジオ著

柳田国男は何を憂い、何を考えて日本民俗学を創出したのか。列島内で暮らす人々の歴史を、生活事象とそれを表す言葉によって解き明かそうとした学問の根本に立ち返り、その問題点を検討。今後のすすむべき道を探る。　四六判・二七二頁／三五二〇円

中田 薫 【人物叢書319】

北 康宏著

四六判・三六八頁 二六四〇円

日本の法制史学の創始者。従来の支配者目線の日本歴史を個人の権利意識から私法史として捉え直した。その学問形成とともに、学問愛にもとづく「大学の自治」「学問の自由」のための闘争など、その知られざる生涯を描く。

古記録入門（増補改訂版）

高橋秀樹著

A5判・三三六頁
二八六〇円

難解な中世の古記録を読みとくために必須の基礎知識や時代背景、辞典類を丁寧に解説。『玉葉』『民経記』を例に、読み方を実践的にレクチャーする。巻末の古記録便覧に文献目録を新たに追加。必携の入門書の増補改訂版。

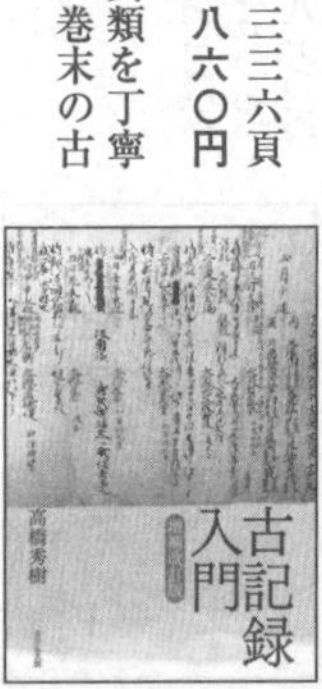

読みなおす日本史

毎月1冊ずつ刊行中　四六判

弥勒信仰 もう一つの浄土信仰

速水 侑著

二二四頁／二四二〇円（解説＝小原 仁）

かつて阿弥陀信仰とならび浄土信仰の一翼を形成していた弥勒信仰。インドで成立し中国・朝鮮を経て伝来した日本でいかに展開したのかを、法然・親鸞の浄土教確立までを中心に描き、民衆の心をとらえ続けた歴史に迫る。

中世動乱期に生きる 一揆・商人・侍・大名

永原慶二著

二二二頁／二四二〇円（解説＝池 享）

南北朝内乱や戦国争乱など、動乱に明け暮れするも、民衆と地域が歴史上新しい意味をもって登場する時代。農民や商人、女性など、さまざまな人々が自律性を強め、地域経済が発達した中世後期の社会の諸相を明快に語る。

秀吉の接待 毛利輝元上洛日記を読み解く

二木謙一著

二八八頁／二六四〇円（補論＝二木謙一）

天正十六年、〝西国の雄〟毛利輝元は関白秀吉に臣従の礼をとるべく上洛した。随行した家臣の旅日記を読み解き、上洛大名の生活や風俗、京都・大坂の状況などから、記録が少ない天正期の豊臣政権と秀吉の実像に迫る。

江戸武士の日常生活 素顔・行動・精神

柴田 純著

二八八頁／二六四〇円（補論＝柴田 純）

家格や身分にしばられ、滅私奉公が貫徹されていたとする通俗化された近世の武士社会のイメージを再考。彼らの思想と行動の原点といえる日々の生活を日記から具体的に描き出し、個性あふれる新たな武士像に迫る。

歴史文化ライブラリー

全冊書下ろし

●23年5月〜8月発売の6冊　四六判・平均二三〇頁

人類誕生から現代まで／忘れられた歴史の発掘／常識への挑戦／学問の成果を誰にもわかりやすく／ハンディな造本と読みやすい活字／個性あふれる装幀

571 源頼家とその時代 二代目鎌倉殿と宿老たち

藤本頼人著

源頼朝の後を継いだ二代目鎌倉殿頼家。北条氏に実権を握られ、遊興に耽る「暗君」像が見直されつつある。近習と宿老、十三人の合議制、訴訟対応、蹴鞠など、「失政」「愚行」の挿話にも触れつつ、頼家とその時代に迫る。

二八八頁／二〇九〇円

572 第一次世界大戦と日本参戦 揺らぐ日英同盟と日独の攻防

飯倉　章著

第一次世界大戦に日本はなぜ参戦したのか。同床異夢の日英同盟や日中の角逐、対独青島攻囲戦の実相、南洋群島占領を詳述する。その後の日本の進路に影響を与えながらも、注目されてこなかった参戦の歴史を読み解く。

三二〇頁／二二〇〇円

573 疫病の古代史 天災、人災、そして

本庄総子著

古代の疫病は、単なる自然災害だったのか。天平の大流行をはじめ数々の事例を読み解くと、当時の社会が抱える問題がみえてくる。疫病対策や死者数の実態に触れつつ、ヒト社会の「隣人」ともいうべき疫病の姿に迫る。

二一六頁／一八七〇円

574 武田一族の中世

西川広平著

甲斐を拠点に全国へ展開し、信義や信玄を生んだ武田氏は、中世を通じていかに家督を継承し、清和源氏一門としての地位を確立したのか。系譜資料や楯無鎧《たてなしよろい》の伝承から家系への意識を解き明かし、五百年の軌跡をたどる。

〈2刷〉三三六頁／二二〇〇円

575 賃金の日本史 仕事と暮らしの一五〇〇年

高島正憲著

奈良時代の日本最古の賃金記録から、明治時代の職人の収入まで―。史料を博捜し、昔の人びとの賃金の高さや生活水準に迫る分析手法を丹念に解説する。一五〇〇年にわたる日本の賃金史を、数字とデータで読み解く。

三二〇頁／二二〇〇円

576 江戸に向かう公家たち みやこと幕府の仲介者

田中暁龍著

江戸時代の公家は、様々な事情で江戸に下り、武家や町人と多様な交流をもった。朝廷の意志を伝える者や、幕府の儀式を荘厳する「役者」、家元として技芸を指導する人々など、多彩な生き様を取り上げ、社会の諸相に迫る。

二七〇頁／一九八〇円

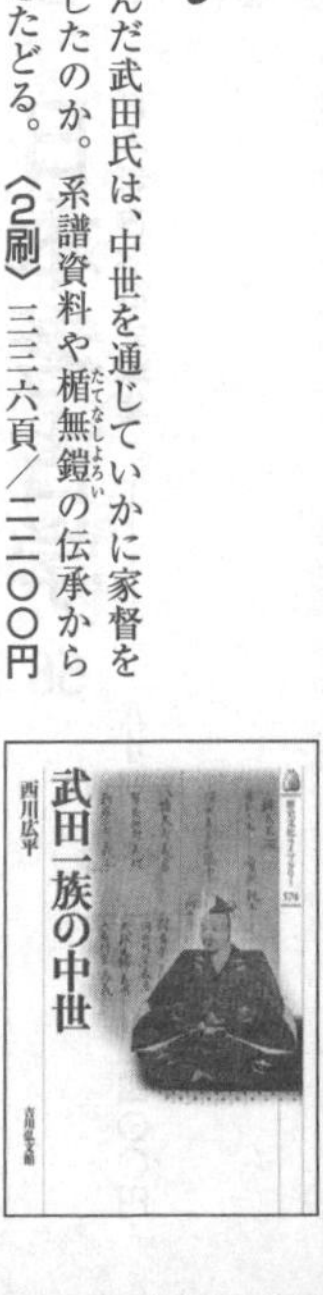

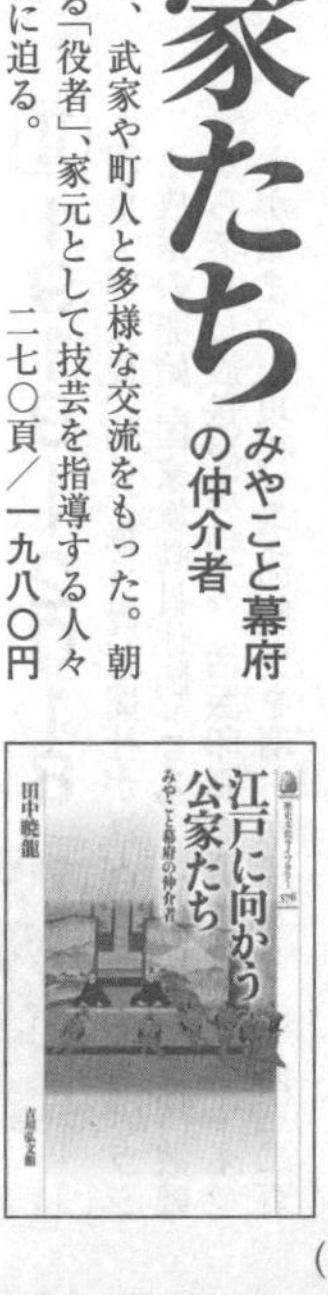

【好評既刊】

567 王朝貴族と外交 国際社会のなかの平安日本
渡邊　誠著　二七二頁／一九八〇円

568 江戸のキャリアウーマン 奥女中の仕事・出世・老後
柳谷慶子著　〈2刷〉二七二頁／一九八〇円

569 大極殿の誕生 古代天皇の象徴に迫る
重見　泰著　二一六頁／一八七〇円

570 平安貴族の仕事と昇進 どこまで出世できるのか
井上幸治著　〈2刷〉二〇八頁／一八七〇円

時に大衆を動かし、時に統制されながら、いかなる役割を果たしてきたのか。

近代日本メディア史 全2冊

A5判／各四九五〇円 『内容案内』送呈

有山輝雄著

Ⅰ 1868―1918 四〇〇頁

明治新政権のメディア政策により、報道新聞がつくられた。新聞言論が活発化し、政府は讒《ざん》謗律《ぼうりつ》・新聞紙条例を公布して取り締まりを行う。明治国家体制のなかのメディアの役割形成など、第一次世界大戦までの歴史を描く。

Ⅱ 1919―2018 四三二頁

関東大震災後、朝日・毎日両新聞社が寡占体制となる。ラジオ放送の開始、国家総動員体制とメディアの協働関係、敗戦からテレビ放送浸透へ…。活版印刷が消えてインターネットが始まった現代までの歴史を明らかにする。

東国の政治秩序と豊臣政権

戸谷穂高著

A5判・三九二頁／九九〇〇円

「惣無事」「洞」を主題に取り上げ、戦国期東国の政治秩序を詳細に分析し、新たな枠組みを描き出す。さらに、羽柴秀吉の全国統一における東国地域の編成過程と政策の具体像を追究し、豊臣政権の内部構造を解明する。

読み書きの民俗学 【日本歴史民俗叢書】

渡部圭一著

A5判・三七四頁／九三五〇円

近世～近代の村落では、生活と一体化した読み書き実践が花開いていた。神社由緒書や石造物、真宗聖教の読誦と出版、頭役祭祀の文書や帳簿などを検討。歴史的な読み書きの特質を、初めて体系的に論じた注目の書。

浅草寺日記 第43号（補遺編3）

浅草寺日並記研究会編

A5判・七七六頁／一一〇〇〇円

江戸中期から明治期まで、浅草寺の行事・人事、門前町や見世物などに関する明細記録。本冊には、天保十五年（一八四四）・弘化三年（一八四六）の記録を収める。

日本考古学 56

日本考古学協会編集

A4判・一一八頁／四四〇〇円

国史大辞典 全15巻（17冊）

国史大辞典編集委員会編
四六倍判・平均一一五〇頁
本文編（第1巻〜第14巻）＝各一九八〇〇円
索引編（第15巻上中下）＝各一六五〇〇円
全17冊揃価 三二六七〇〇円

明治時代史大辞典 全4巻

宮地正人・佐藤能丸・櫻井良樹編
四六倍判・平均一〇一〇頁
第1巻〜第3巻＝各三〇八〇〇円
第4巻（補遺・付録・索引）＝二二〇〇〇円
全4巻揃価 一一四四〇〇円

アジア・太平洋戦争辞典

吉田 裕・森 武麿・伊香俊哉・高岡裕之編
四六倍判 八五八頁
二九七〇〇円

日本歴史災害事典

北原糸子・松浦律子・木村玲欧編
菊判・八九二頁
一六五〇〇円

歴史考古学大辞典

小野正敏・佐藤 信・舘野和己・田辺征夫編
四六倍判 一三九二頁
三五二〇〇円

事典日本の年号

小倉慈司著
四六判・四五四頁／二八六〇円

令和新修 歴代天皇・年号事典

米田雄介編
四六判・四六四頁／二〇九〇円

源平合戦事典

福田豊彦・関 幸彦編
菊判・三六二頁／七七〇〇円

戦国人名辞典

戦国人名辞典編集委員会編
菊判・一一八四頁／一九八〇〇円

織田信長家臣人名辞典 第2版

谷口克広著
菊判・五六六頁／八二五〇円

日本古代中世人名辞典

平野邦雄・瀬野精一郎編
四六倍判・一二二二頁／二二〇〇〇円

日本近世人名辞典

竹内 誠・深井雅海編
四六倍判・一三二八頁／二二〇〇〇円

日本近現代人名辞典

臼井勝美・高村直助・鳥海 靖・由井正臣編
四六倍判 一三九二頁
二二〇〇〇円

●近刊

古墳を築く（歴史文化ライブラリー577）
一瀬和夫著　四六判／一九八〇円

道と駅（読みなおす日本史）
木下　良著　四六判／二四二〇円

平安時代の日本外交と東アジア
篠崎敦史著　A5判／一一〇〇〇円

成《じょう》尋《じん》（人物叢書320）
水口幹記著　四六判／二四二〇円

源氏物語を楽しむための王朝貴族入門（歴史文化ライブラリー578）
繁田信一著　四六判／一八七〇円

武士の衣服から歴史を読む 古代・中世の武家服制
佐多芳彦著　A5判／二四二〇円

戦死者たちの源平合戦 生への執着、死者への祈り（歴史文化ライブラリー579）
田辺　旬著　四六判／一八七〇円

三浦義村（人物叢書321）
高橋秀樹著　四六判／二四二〇円

親　鸞 煩悩具足のほとけ（読みなおす日本史）
笠原一男著　四六判／二四二〇円

中近世の資源と災害
西川広平著　A5判／一一〇〇〇円

徳川のまつりごと 中世百姓の信仰的到達
斎藤夏来著　A5判／一一〇〇〇円

スポーツの日本史 遊戯・芸能・武術（歴史文化ライブラリー580）
谷釜尋徳著　四六判／一八七〇円

正倉院文書研究 18
正倉院文書研究会編集　B5判／四九五〇円

戦国史研究 第86号
戦国史研究会編集　A5判／七五〇円

交通史研究 第103号
交通史学会編集　A5判／二七五〇円

歴史手帳 2024年版
吉川弘文館編集部編　A6判／一三二〇円

土佐派・住吉派・狩野派・琳派らの絵師たちによる百花繚乱の名品。

東京国立博物館所蔵

近世やまと絵50選

江戸絵画の名品

10月発売

東京国立博物館編　B5判・一一二頁／二六四〇円　『内容案内』呈

平安時代前期に成立し、千年近く描かれ続けてきたやまと絵。江戸期に制作の担い手となった著名な絵師の代表作など、東京国立博物館所蔵の近世やまと絵50点を精選。洗練された美意識を楽しむことができる公式図録。

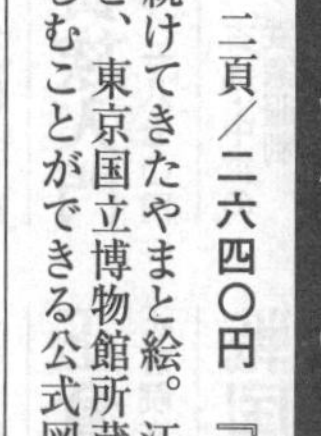

【主な収録作品の絵師】
俵屋宗達・土佐光起・狩野永徳・狩野山楽
狩野探幽・住吉如慶・住吉具慶・板谷桂舟
尾形光琳・酒井抱一・田中訥言・冷泉為恭

待望の新装復刊

天寿国繡帳の研究〈新装版〉

大橋一章著

奈良中宮寺所蔵の国宝「天寿国繡帳《てんじゅこくしゅうちょう》」。現存する繡帳断片や鎌倉時代の文献から、初めて原形を解明し、推古朝末ごろの制作と推定するなど、飛鳥仏教美術の貴重な遺品の実態に迫った名著を新装復刊。巻末に補論を付す。

A4判・二四〇頁・原色口絵一六頁／二九七〇〇円

中國古玉の研究〈新装版〉

林巳奈夫著

古代中国で神への捧げ物、貴族の身分の証《あかし》とされ、装身具としても酷愛された半宝石製品を探究。古典中の名称との同定、精霊のよりしろや至高神の象徴としての性格、王朝の統治機構中での役割を解明した名著を新装復刊。

B5判・六二四頁・別刷八頁／二七五〇〇円

中国古玉器総説〈新装版〉

林巳奈夫著

古代中国の新石器時代から漢王朝末期にいたる文化の一面を雄弁に物語る玉器の総説を新装復刊。青銅器・古玉器研究の権威が、玉器の材料や加工技術、名称や用法を余すところなく記述し、各時代の玉器文化を懇切に説く。

B5判・五五二頁・原色口絵四頁／二七五〇〇円

の史料には、一四一二年（応永十九）から一五〇四年（永正元）の九二年間に四六回も宗像から貿易船を派遣した記録があります。宗像大宮司家は大島を本拠とする倭寇《わこう》を統率しているとも記されていて（『朝鮮王朝実録』）、宗像大宮司家は有力な〝海の領主〟と認識されていたようです。一四七一年（文明三）に朝鮮で編纂《へんさん》された『海東諸国紀《かいとうしょこくき》』には、沖ノ島（「小崎於島」）や大島（「於島」）が載る最も古い地図が含まれていますが、それも右のような事情によるものと思われます。

宗像氏と海との関係に関して、大宮司が支配下の浦々に対して浦境や漁業権などについて定めたとされる古文書の写しが、波津浦《はつうら》（遠賀郡岡垣町《おんがぐんおかがきまち》）と奈多《なた》浦（福岡市東区）という、宗像大宮司家の支配下・影響下にあったとみられる浦にそれぞれ伝わっています。それらは近世の写しであることなどからあまり顧みられてきませんでしたが、文中に見られる浦境や漁場などの地名や内容を検討してみると、中世末～近世初めの内容を伝えており、当海域の漁場範囲や漁業権について記す現存最古の史料といってよいことが判明しました。大宮司家は浦や島に沙汰人《さたにん》を置いて支配し、海産物を徴収していましたが（正和二年〈一三一三〉正月九日付「宗像氏《うじ》盛事書案《もりことがきあん》」）、その反面、浦々の漁業権を保障していたのです。

そして同文書には、おおむね現在の宗像・福津両市の陸域から沖ノ島

（「おきのおんかう〈沖の御号〉」）・小呂島《おろのしま》（福岡市西区）、および相島《あいのしま》（糟屋郡《かすやぐん》新宮町）の東端を結んだ広大な海域が「宗像の内」だという記述があります。小呂島については宋商人（博多綱首《はかたごうしゅ》）の謝国明《しゃこくめい》らと宗像大宮司との間で建長四年（一二五二）に争論となったことが有名で（宗像側が勝訴）、中世には海上交通の重要な中継点であり、宗像社領でした。したがって、この「宗像の内」の範囲は中世の宗像氏の活動や勢力の痕跡を示すものとして違和感はなく、宗像大宮司家、ひいては古代宗像氏の周辺海域への影響力の大きさを裏づけるものであると考えてよいでしょう。

参考文献

大高広和　二〇二二「宗像大宮司時代と伝える「海灘境目之事」について」『沖ノ島研究』八。

秦氏と宗像の神
――「秦氏本系帳」を手がかりとして――

田中史生

はじめに

七世紀以前、日本国は「倭国」と呼ばれていました。この倭国の時代の宗像《むなかた》・沖《おき》ノ島《しま》の歴史については、日本列島と朝鮮半島をつなぐ国際的な海の道と関連して注目されることが多いと思います。けれども実は、古代の文献史料ではこの海の道の存在を明確に示すものは、ほとんどありません。そこで、私は少し視点を変えて、宗像神の信仰の広がりについて記した「秦氏本系帳《はたしほんけいちょう》」という史料に注目し、古代の宗像海域の交通史上の意味について、あらためて考えてみることにしたいと思います。

一　磐井の乱から考える

1　磐井の乱

倭国時代の対外交渉ルートとしてよく使われていたのは、壱岐《いき》や対馬《つしま》を経由し、九州北部の博多湾や唐津湾と、朝鮮半島南端部を結ぶ海上の道です。けれども沖ノ島を経由する日朝交流ルート（沖ノ島ルート）は、これとは異なります。沖ノ島の祭祀では、宗像地域が重要な役割を果たしていたことが知られています。このため、一般的な沖ノ島ルートは、宗像から沖ノ島を経由して対馬・朝鮮半島へ至るルートであったと考えられています。このルートでは、博多湾や唐津湾、壱岐などには寄港しません（図1）。

一方、近年の考古学の研究によって、沖ノ島では、四世紀後半からヤマトの王権（倭王権）による祭祀が始まったことがわかっています。この時期は、倭国が緊迫する朝鮮半島情勢へ直接的な関与を強めた時期です。こうしたことから、四世紀後半以降、朝鮮半島との直接的な交渉がより重要となったヤマトの王権は、北部九州勢力に依存した博多湾—壱岐ルートとは異なる、朝鮮半島との自立的な交渉ルートとして、沖ノ島ルートに注目した

図１　５世紀の倭国の対外交通路（推定）

という説があります。しかし私は、こうした説には疑問を持っています。その理由の一つに「磐井の乱」があります。

六世紀の前半、筑紫で起こった「磐井の乱」は、当時の大王による列島支配そのものを問い直す性格を帯びた、地方の有力豪族の反乱です。『日本書紀』にはその経緯について、次のように伝えられています。

継体《けいたい》二十一年（五二七）、天皇の命を受けた近江毛野臣《おうみのけなのおみ》が、新羅に破られた加耶《かや》南部の国を再興しようと、六万の兵を率いて朝鮮半島におもむこうとした。ところがこれを知った新羅《しらぎ》は、かねてから謀叛《むほん》を企てていた筑紫国 造《つくしのくにのみやつこ》の磐井に密《ひそ》かに賄賂《わいろ》を贈り、毛野臣の軍を防ぐようにすすめた。そこで磐井は、火・豊の二国にも勢力をはって王権への仕奉《しぶ》を行わせず、海路をふさぎ高句麗《こうくり》・百済《くだら》・新羅・任那《みまな》などの使節船を自身のもとに誘い入れると、毛野臣軍の進軍を阻止した（要約）。

つまり、ヤマトの王権は磐井に海上を封鎖されてしまったので、朝鮮諸国との交流もできず、朝鮮半島に軍を進めることもできなくなったのです。

2　糟屋屯倉の意味

そこで継体天皇はあらためて、物部麁鹿火《もののべのあらかい》を派遣《はけん》します。継体二十二年（五二八）、麁

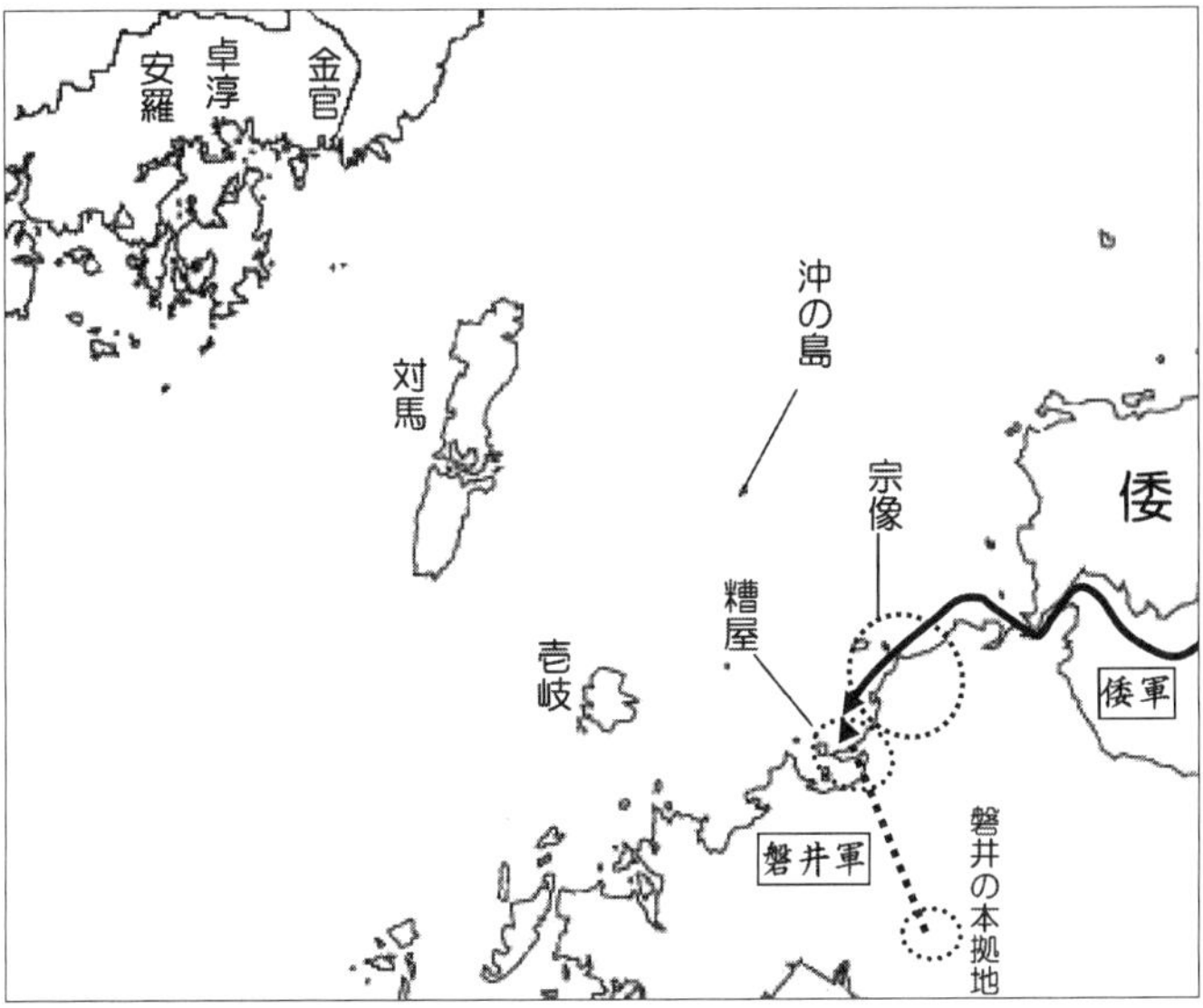

図２　「磐井の乱」の展開図

鹿火は筑紫の御井《みい》郡で磐井軍と交戦し、磐井を斬りました。磐井の息子、葛子《くずこ》は父親の罪への連座を恐れて、糟屋屯倉《かすやのみやけ》を献上して、死罪を免れようとした、ということです。

ミヤケとは、王権の地域経営、地方支配の拠点です。そのなかには、のちの律令体制下の地方行政区である郡にまで発展するものもあり、磐井の乱の後、列島各地に置かれたと考えられています。そのプロセスは、糟屋屯倉の設置後ほどなくして、王権の対外ルート上の要地となる西日本を中心にミヤケが置かれるようになり、それがさらに各地へと拡大していったのだろうと思います。糟屋屯倉があった場所ですが、福岡県古賀市の鹿部田渕《ししぶたぶち》遺跡が有力で、宗像と博多湾に挟まれた海浜部に接しています。

ところで考古学では、当時の九州北部で磐井に比肩《ひけん》する力を持った宗像勢力は、その後の首長墓の展開をみても磐井軍には荷担しなかったとみられています（重藤 二〇一一）。ですから毛野臣の水軍は、瀬戸内海から関門海峡を経て、宗像海域までは到達できたはずです。そのすぐ先に、磐井勢力が支配下においていた糟屋があります。ですから、磐井が海路を封鎖《ふうさ》した場所は、この糟屋であったとみられます。ヤマトからみて糟屋は博多湾の手前にありますから、毛野臣の軍船は博多湾以西に進むことができず、対馬・壱岐を経て来航する朝鮮諸国の使節船も、ヤマトとの交流が難しくなってしまったと考えられます（図2）。磐井の息子の葛子が糟屋の地をミヤケとして献上したのは、ここが磐井の海上封鎖の拠点、すなわち乱の象徴的な場所であり、響灘《ひびきなだ》・宗像海域と博多湾・玄界灘をつなぐ海上の要地だったからだと考えられます（田中 二〇一八）。

3 那津官家の特殊性

その後、博多湾岸には、のちに大宰府《だざいふ》へと発展する那津官家《なのつのみやけ》が置かれます。那津官家について、『日本書紀』の宣化元年（五三六?）五月辛丑朔条には次のような天皇の詔が掲載されています。

筑紫国は、海外諸国からの朝貢があるので、これまでも稲穀を蓄え、凶作や賓客《ひんきゃく》に備えてきた。ここに、各地の屯倉の穀を運ばせ、那津の口（博多湾）に官家を修造する。また筑紫・肥・豊三国の屯倉は、各地に散在して輸送に不便で、緊急に備えがたい。そこでこれらの稲穀を分かち移し、那津の口に集めて非常に備えよ。（要約）

以上によれば、博多湾の那津官家は、対外的に重要な機能を持っていて、九州各地のミヤケを統括し、肥・筑紫・豊などのミヤケから稲穀を集めていたようです。つまり、博多湾の那津官家は、九州各地のミヤケの物資が集積される王権の地域支配センターのようなものであったとみられます。

こうしたことから、磐井の乱後の九州支配は次のような手順ですすめられたと考えられます。

①磐井の乱を鎮圧すると、糟屋にミヤケを置いて博多湾の入り口の地を抑える。
②瀬戸内海や九州を中心に各地にミヤケを設置し、対外交通ルートを確保する。
③対外交通の拠点である博多湾に特に那津官家を置き、九州各地のミヤケを統括する。

以上のように、磐井の乱とその後の経緯をみると、王権は、対外交流上の要地として博多湾を抑えることに大変こだわっていたことがわかります。ヤマトからの軍は、磐井の乱の際も宗像までは進軍できたのですから、その先の海路をふさがれても、沖ノ島ルートを使えばよかったはずですが、そうしなかったし、それはできませんでした。磐井に博多湾岸より西側を抑えられてしまうと、朝鮮諸国からの使節船も倭王権との交渉が困難となっています。ですからやはり王権の主要対外ルートは、博多—壱岐—対馬が基本だったのだと思います（田中　二〇一八）。

そうなるとヤマトの王権にとって宗像の対外交通上の意味は、単に沖ノ島とつながる南北ルートの要地としてだけではなく、響灘《ひびきなだ》と玄界灘《げんかいなだ》をつなぐ東西ルートの要地としてあった可能性が浮かび上がります。本州の海域から博多湾へ向かうには、宗像は必ず通らなければならない場所でもあったので、重要だったということです。そこで問題となるのは、この海の交通の問題が宗像地域の神に対する信仰にどのように反映されているか、ということです。

二　「秦氏本系帳」から考える

1　「秦氏本系帳」とは何か

以上の課題を考えるために、私が注目したのが「秦氏本系帳」という史料です。これは、十世紀前半の年中行事書『本朝月令《ほんちょうがつれい》』に「秦氏本系帳に云《い》はく」として引用されて伝わるもので、次のように記されています（図3）。

正一位勲一等松尾大神《まつおのおおかみ》の御社《みやしろ》は、筑紫の胸形《むなかた》に坐《ま》す中部大神、戊辰《つちのえたつのとし》年三月三日に天《あま》下《くだ》りたまひ松埼日尾《まつさきのひお》に坐しましき〈又、日埼岑《ひさきのみね》と云う〉。大宝元年、川辺腹男《かわべのはらなん》の秦忌《はたのいみ》寸都理《きとり》、日崎岑より更《さら》に松尾に請《う》け奉《まつ》りき。又、田口腹女《たぐちのはらめ》の秦忌寸知麻留女《はたのいみきちまるめ》、始めて

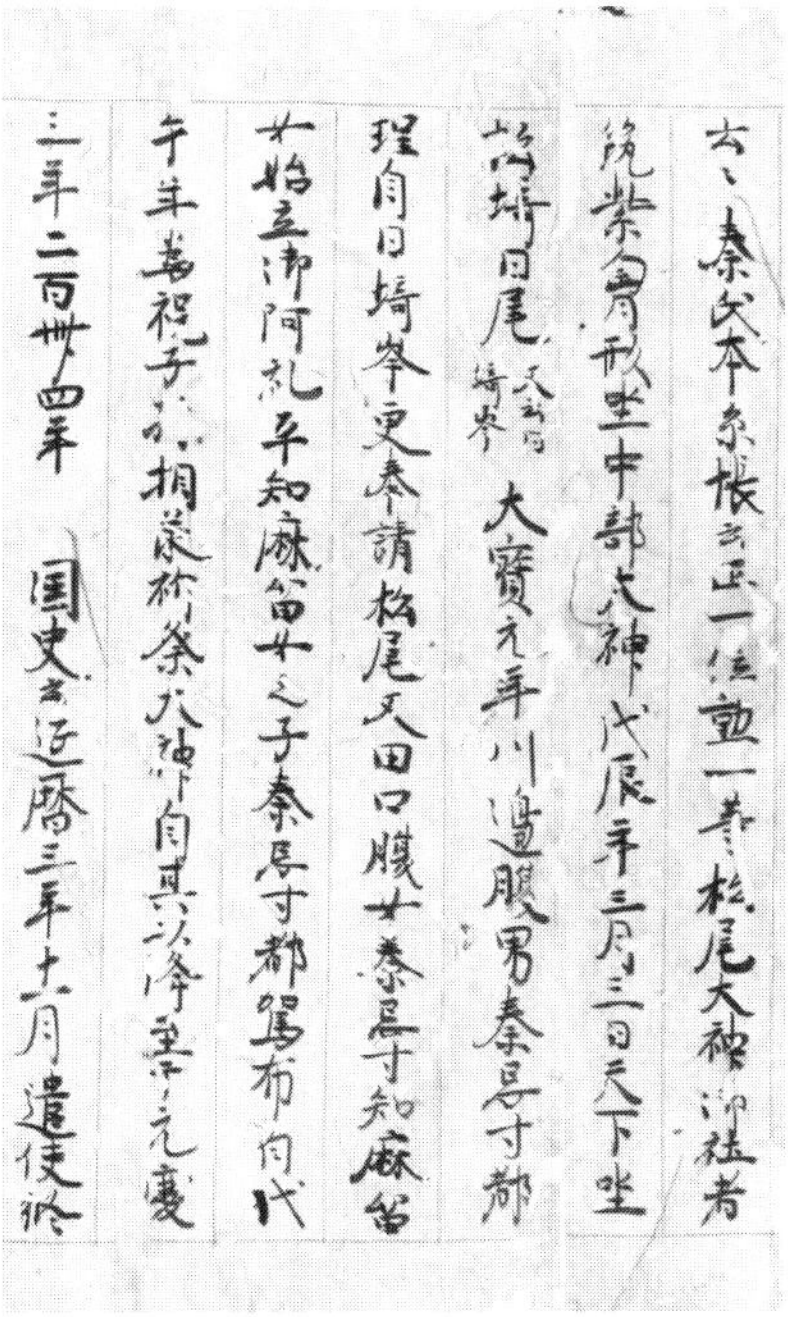
古、秦氏本系帳云正一位勲一等松尾大神御社者
筑紫胸形坐中部大神戊辰年三月三日天下坐
松埼日尾〈又云日埼岑〉大宝元年川辺腹男秦忌寸都
理自日埼岑更奉請松尾又田口腹女秦忌寸知麻留
女始立御阿礼平知麻留女之子秦忌寸都駕布自戊
午年為祝子孫相承祈祭大神自其以降至于元慶
三年二百卅四年　国史云延暦三年十一月遣使於

写真1　九条家旧蔵本『本朝月令』に引かれた「秦氏本系帳」
（宮内庁書陵部所蔵）

御阿礼《みあれ》を立て、其《そ》の知麻留女の子、秦忌寸都駕布《はたのいみきつがふ》、戊午《つちのえうまのとし》年より祝《はふり》となり、子孫、相《あ》ひ承《つ》ぎて、大神を祈り祭る。其れより以降、元慶三年に至るまで二百四十四年なり。

ここには、山背（山城）国の松尾社で祀られている神が、もともと筑紫の宗像の「中部大神」であったと記されています。「中部大神」の「部」は「都」とあるべきで、これは「中都《なかつ》の大神」のことだろうと考えられています。つまりこの史料は、宗像の神が宗像地域以外でどのように受容されているのかということを、具体的に記した貴重な古代史料ということになります。ところが、この史料の中身の解釈については、説がさまざまに分かれていて定まっておりません。とくに問題となるのは、ここに記されていることがいつのことなのかという点です。「秦氏本系帳」には年号が数多く出てきますが、大宝元年（七〇一）や、元慶三年（八七九）などの元号年以外に、「戊辰年」や「戊午年」など干支年《かんしねん》でも書かれています。ところが干支年は六十年に一回巡るので、このままだと西暦で何年にあたるのかがよくわかりません。このため、その時期の解釈をめぐってさまざまな説が出されることになっているのです。

2　松尾大社と秦氏

ところで「秦氏本系帳」に記されている「松尾大神の御社」とは、現在の京都市左京区

写真2　松尾大社の神像（松尾大社神像館所蔵）

嵐山にある松尾大社のことです。大山咋神《おおやまくいのかみ》と宗像三女神の一神である市杵嶋姫命《いちきしまひめのみこと》がお祭りされていますが、大山咋神は、宗像の神が山背に分祀される以前から当地で祀られていた神とみられています。また宗像の神の降臨地とされていたのは、社殿祭祀以前に祭神を祀っていたと伝えられる「磐座《いわくら》」のある付近、すなわち松尾大社の背後の松尾山山頂付近であろうと考えられています（北條　一九九七など）。

なお現在の松尾大社の神像館には、重要文化財に指定されている平安初期の三体の神像も展示されています（図4）。このうち二体は男神像で大山咋神、一体は女神像で宗像から降臨した女神であると考えられています。この女神像は、宗像の女神を表現した現存最古級の木像になるのではないかと思います。

「秦氏本系帳」によれば、戊辰年に「松埼日尾」に降臨した宗像の神を、大宝元年に松尾に奉祭したのは「川辺腹」の秦都理でした。「〇〇腹」というのは、『新撰姓氏録《しんせんしょうじろく》』山城《やましろの》国諸蕃《くにしょばん》上の秦忌寸条によれば、居所や職掌によって複数に分けられる秦氏の系統のことです。川辺腹は山城国葛野《かどの》郡川辺郷《かわのべ》を本拠とした秦氏であったとみられます（佐伯　一九八三）。この文章の主語は「松尾大神の御社」なので、この部分は松尾社殿の創建にかかわる話だと考えられます。

「秦氏本系帳」はこれに続いて、川辺腹とは別の系統の「田口腹」に属する秦知麻留女《はたのちまるめ》が「始めて」御阿礼《みあれ》を立て、ついで戊午年には知麻留女の子の都駕布《つがう》が祝《はふり》（神職）をつとめて、以後その子孫がこれを継承して大神を祭っていると記しています。そして「其れより以降」、元慶《がんぎょう》三年（八七九）まで「二百四十四年」が経過した、と書いてあります。

2　「秦氏本系帳」の謎

しかし以上の内容には、よくわからないことがいくつかあります。まず宗像の神が松尾に降臨した「戊辰年」はいつかということです。松尾社の社殿は大宝元年に創建されましたから、戊辰年は当然、七〇一年より前となります。けれども干支年は六十年に一回巡ってきますので、それは六六八年なのか、六〇八年なのか、五四八年なのか、さらにもっと前なのかということがわからないのです。

それから「其れより以降、元慶三年に至るまで二百四十四年なり」と記されていることについてです。「其れより以降」の「其れ」は、八七九年（元慶三）の二四四年前ですから、六三五年となります。この年は舒明七年、干支年では乙未《きのとひつじ》年です。ところが『本朝月令』に記されている元慶三年以前の年紀は「戊辰年」「大宝元年」「戊午年」しかありません。ですから「其れ」が、「秦氏本系帳」のなかのどのような出来事のことを指しているのかがよくわからないのです。

なお『本朝月令』を収める『群書類従《ぐんしょるいじゅう》』は、「二百四十四年」を「二百三十四年」と記しています。これまでの研究はこの群書類従本に従って、元慶三年の二三三年前をどこにあてるかについて、いろいろと議論がなされてきました。しかし現存古写本はいずれも「二百四十四年」とあるので、ここは元慶三年の二四四年前のこととして考えるべきです（清水二〇〇二）。ちなみにこれを「二百三十四年」としても、『本朝月令』に該当する年紀は見当たりません。

そこでまず留意しておきたいのは、「秦氏本系帳」は、最後に年紀として記されている元慶三年の時期頃に作成された史料だと思われる点です。この元慶年間は中央政府が全国の神社に祝《ほうり》（神職）の族柄《ぞくがら》の来歴《らいれき》（本系帳）を提出させて、管理を徹底しようとした時代です（『日本三代実録』元慶五年三月二十六日甲戌条、『類聚三代格』巻一・元慶五年三月二十六日太政官符）。祝は非課税対象者だったので、課役を逃れの抜け道を防止するために、祝の選任を厳しくしようとしていたのです（川原　一九九七）。「秦氏本系帳」も松尾社の祝のルーツ・来歴が記されていますので、こうした政策とかかわり作成されたものだと思います。

三　干支年と元号年

1　時系列の整理

「秦氏本系帳」においてもう一つ留意したいのは、元号の年と干支年が混じっていることです。この点をふまえつつ、その内容を区切って示すと以下のようになります。

①松尾大神の御社は、筑紫の胸形に鎮座していた中部大神が、戊辰年三月三日に松埼日尾に降臨し、②大宝元年に川辺腹男の秦都理が、この神を日埼岑からさらに松尾へ招請し奉安したものである。③又、田口腹女の秦知麻留女が始めて御阿礼を立て、④其の知麻留女の子の秦都駕布が戊午年より祝となって、これを子孫が継承して大神を祈り祭っている。⑤其れより以降、元慶三年に至るまで、二四四年である。

以上のうち、①と②は川辺腹の秦氏による「松尾大神の御社」（社殿）の成立に関する話です。これに続く③と④は田口腹の秦氏が祝となった経緯の説明です。つまり①②と③④は、話の筋が変わっています。それぞれの出来事に関わった秦氏の系統（腹）も異なっています。ですから①②と③④の間に「又」という文字が入っているのだと考えられます。もちろん、松尾大神に関する話は宗像の神の降臨から始まりますので、①が歴史的な出来事の最初となります。けれども①②とは話の筋が違う③④が、②の後の出来事だとは限りません。そして⑤は、③④の話につながっています。ですから、⑤の「其れより以降、元慶三年に至るまで」の起点は、③の田口腹の秦氏が「始めて」御阿礼を立てた時点と読むのが自然だと思います。

以上のように理解すると、元慶三年の二四四年前、すなわち六三五年（乙未）は、秦知麻留女が御阿礼を立てた年ということになります。これに続く「戊午年」は六五八年（斉明四）です。これは知麻留女の子が活躍した時期として不自然ではありませんし、六三五年から大宝元年（七〇一）までの間の「戊午年」はこの年しかありません。日本で元号が継続的に用いられるようになるのは「大宝」からですが、「秦氏本系帳」の干支年は、元号成立以前の年紀の表記として用いられていたと考えられます。

要するに「秦氏本系帳」は、田口腹の秦氏の松尾社における祝としての立場が、二四四年も続く歴史的正統性を持っていることを主張しようとしているのです。これは、さきほど述べた、全国の神社に祝の族柄に関する本系帳を提出させ、その管理を徹底しようとした当時の政府の方針とも完全に対応しています。

2　宗像の「中部（都）大神」の降臨

問題は、宗像の神がいつ山背（山城）に招請・奉安されたのかということです。以上の検討によって、①の「戊辰年」は、②の六三五年以前ということがはっきりしました。けれどもそれは六〇八年なのか、五四八年なのか、それよりもっと前のことなのか。

結論を先に述べるならば、それは六〇八年がよろしいかと思います。倭国では、六〇二年に百済の暦法が本格的に導入され、以後、国内で実際に運用されていたことも確認できます（田中　二〇一九）。一方、その前の五四八年は、『日本書紀』では欽明天皇の時代にあたります。しかしこの年は『日本書紀』欽明十五年（五五四）二月条が記す百済から暦《れき》博士《はかせ》が渡来した時よりもさらに古くなってしまいます。しかも『本朝月令』が引く「秦氏本系帳」は、別の箇所で欽明天皇の時代のことを伝えていますが、それは「志貴島《しきしま》の宮《みや》に御宇《あめのしたしろ》しめしし天皇《すめらみこと》の御世《みよ》」（欽明天皇の時代）とあるだけで、具体的な年を伝えていませ

写真3　大島の中津宮（筆者撮影）

ん。ですから「戊辰年」は六〇八年とするのが妥当だと思います。

そうなると、いよいよ次に問題となるのが、宗像の神はなぜ六〇八年、すなわち推古十六年に山背に招請・奉安されることになったか、ということです。

ここで注目したいのは、宗像の神が「中部《ナカツノ》（都）大神《オオカミ》」とされていることです。山背の秦氏が奉祭したのは、宗像三女神すべてではなく、「中部（都）大神」だけなのです。「中部（都）大神」というのは、中津宮の大神、つまり大島の姫神のことを指していると考えるのが自然です（図5）。秦氏はなぜ、大島の姫神のみを祭っているのでしょうか。ここで、先ほどみた、ミヤケの問題がかかわってくることになります。

四　ミヤケの交通と対外戦争と秦氏

1　豊前のミヤケと秦氏と大島

宗像からさらに視野を広げて、その周辺地域をみてみると、宗像の東南の豊前において、秦氏系の人々が「宗形部《むなかたべ》」と重なるように分布しています（大宝二年「豊前国仲津郡丁里戸籍」）。さらにこれと似たような「秦部」と「宗形部」の重なりが、宗像西方の筑前国嶋郡《ちくぜんのくにしまぐん》、すなわち糸島半島でもみられるのです（大宝二年「筑前国嶋郡川辺里戸籍」）。

このうち、豊前の秦氏についていては、ミヤケの経営にかかわっていたことが指摘されています（加藤　一九九八など）。先ほど説明したように豊前などの九州のミヤケは、基本的に那津官家に稲を運ぶ義務を負っていますので、おそらく秦氏は日常的に博多湾の那津官家までミヤケの物資運搬を担っていたとみられます。これを海上から輸送する場合、響灘から玄界灘方面へ向かうことになりますが、その途中に大島はあります。そして古代において、響灘と玄界灘の境目となる宗像の鐘崎《かねさき》、地島《じのしま》、大島《おおしま》に囲まれた海域は、船の難所でもありました。『万葉集』巻第七・一二三〇にも、荒々しい波の鐘崎沖を船が無事通過できたことを、志賀《しか》の神に感謝する歌が詠まれています。志賀とは博多湾北部の志賀島のことで、志賀海《しかうみ》神社の神のことを指しているとみられています。ですからこの歌は、響灘と玄界灘の東西を結ぶ船の往来に関するものです。ここに豊前の秦氏が大島を信仰の対象として崇拝する条件が見いだせます。

つまり、豊前の秦氏は六世紀の後半以降、ミヤケの物資運搬で宗像氏や大島の信仰との関係を深めたと考えられるのです。

2　倭国の新羅への軍事的圧力

では、豊前から博多湾を飛び越えた糸島にも秦氏系・宗像氏系の人々が分布するのはなぜでしょうか。ここで私が注目するのは、倭国が新羅に軍事的圧力をかけていた六世紀末から七世紀初頭の状況です。

『日本書紀』によると、倭国は崇峻《すしゅん》四年（五九一）以降、新羅が併合《へいごう》した任那《みまな》（金官国）の復興をはかり、筑紫に大軍を駐留させ、新羅に軍事的圧力をかけようとしていました。加耶から供給されるべき物資を「任那の調《みつき》」として新羅から出させようとしていたのです。それは王権にとって、加耶地域からもたらされる物資が政治的にも非常に象徴的な意味を持っていて、新羅の加耶併合でこれを失うことは、王権の正当性を揺るがす重大事だと考えていたからでしょう。

このため五九一年、紀男麻呂宿禰《きのおまろのすくね》らを大将軍とし、二万余の軍を率いさせて、筑紫に向かわせます。この軍は推古三年（五九五）まで筑紫に駐留し続けました。ついで推古十年（六〇二）には来目皇子《くめのみこ》を撃新羅将軍とし、諸々の神部や国造・伴造《とものみやつこ》らの群衆二万五〇〇〇人を率いさせて筑紫に向かわせています。『日本書紀』はその年の四月朔条に、来目皇子が筑紫に到着すると、嶋郡に駐屯し、船舶を集めて、軍粮を運ばせたと記しています。

糸島半島から壱岐―対馬を経由して朝鮮半島に至るルートを意識した布陣でしょう。

嶋郡に秦部と宗形部が分布していることは、おそらくこのことと関連していると思います。豊前の秦氏は、本拠地のミヤケの物資を、宗像勢力と大島の神の力も借りながら、那津官家へ運んでいましたが、新羅に対する軍事行動が活発化すると、その運搬先に嶋郡も加わることになったということです。秦氏にとって、大島の神の重要性は、ますます大きくなったはずです。

その後、推古十一年（六〇三）二月、来目皇子は筑紫で亡くなってしまいます。しかしヤマトの王権はあきらめません。同年四月、今度は来目皇子の兄の当麻皇子《たぎまのみこ》を征新羅将軍に任命しました。ところが七月、当麻皇子が播磨にいたった時に、彼の妻が亡くなり、当麻皇子が引き返したことで、軍事計画はうやむやとなっていきました。

ところで来目皇子や当麻皇子は、聖徳太子の名でよく知られている厩戸皇子《うまやどのみこ》の兄弟です。そしてこの厩戸皇子こそ、山背の秦氏と非常に関係が深い人物でした。とくに秦河勝《はたのかわかつ》は厩戸皇子の側近中の側近です。

厩戸皇子の二人の兄弟が筑紫駐留軍を率いていることをふまえても、山背の秦氏は豊前の秦氏を介して、このことに深く関わっていたと思います。

3　山背の秦氏と宗像神との関係の諸段階

以上のことから、山背の秦氏と宗像の神との関係の諸段階について、私は次のように考えます。

豊前の秦系集団はミヤケの物資を那津官家に運ぶ際、難所の大島南方海域を頻繁《ひんぱん》に通過する必要上、宗像氏や大島の姫神信仰との関係を深めていました。この那津官家を軸とした九州のミヤケ制の展開を土台として、先ほどの説明したように六世紀末から七世紀初頭に対新羅関係を睨《にら》んだ倭軍の駐留《ちゆうりゆう》が展開していきます。

とくに中央有力氏族らの大軍を率いた来目皇子は嶋郡に駐留して、海上輸送で大量の物資をここに集積していきます。その際、豊前のミヤケの経営を担う秦氏は、那津官家だけでなく糸島半島への物資輸送も担うことになりました。そのため秦氏にとって、大島海域の重要性はさらに増していくことになります。そしてこれに、山背の秦氏も豊前の秦氏を介して深く関与したのだろうと思います。このために推古十六年（六〇八）、つまり戊辰年、大島の女神を山背の松尾に招請・奉安することになったのだと考えます。

ところで、後の大宰府の前身とみられる「筑紫大宰《つくしのおおみこともち》」の語が『日本書紀』で初めて登場するのは、その翌年の推古十七年です。この「筑紫大宰」は那津官家に所在したと考えられますが、ここにも、六世紀末以降に始まる筑紫への大規模な軍隊の駐留の影響があったのだろうと思います。

4　対外戦争がもたらした信仰の共有と複合

写真4　佐賀県三養基郡物部神社（筆者撮影）

ヤマトから派遣された大規模な軍隊の、九州の信仰への影響は、宗像の問題だけにとどまりません。たとえば『肥前国風土記《ひぜんのくにふどき》』三根郡物部郷《みねぐんもののべのさと》条は、この郷で物部の経津主神《ふつぬしのかみ》を祭る神社が、推古天皇の時代、来目皇子が将軍となって新羅を討つために筑紫に至った際、物部氏に属する若宮部《わかみやべ》を遣わして、この村に神社を創建したことに始まると伝えています。先ほどみたように、来目皇子の軍は神への祭祀を担う神部も率いていたので、若宮部の話はそのこととも関連すると思われます。この神社は現在も佐賀県三養基郡《みやきぐん》に物部神社としてあります（図6）。ヤマトからの軍隊の駐留は九州の信仰に大きな影響を与えていたのです。

このように、六世紀末から七世紀初頭の倭軍の大規模駐留をきっかけにして、九州の信仰は中央勢力との共有・複合が起こっていました。今回は詳細を説明できませんが、宗像の織幡《おりはた》神社や宇佐の八幡信仰などにも、この時代の倭軍駐留の影響が認められます。

むすび

以上、「秦氏本系帳」に登場する宗像の「中部（都）大神」は大島の姫神で、六〇八年に山背に招請・奉安されたこと、その背景にはミヤケ制を基盤に筑紫で展開した七世紀初頭前後の王権の対外的な軍事活動の影響があったことをみました。倭王権の対外交流の拠点となった九州北部では、ミヤケ制とそれを基礎とした軍事的な展開が、地域の社会関係と信仰の在り方に大きな変化を与えていたのです。

このようにみると、宗像の大島に対する信仰の、沖ノ島ルートに限定されない古代海上交通上の重要性が浮き彫りとなります。このことは、宗像の位置づけを考える上でも重要な示唆を与えると思います。宗像地域は、これまで注目されてきた南北でつながる沖ノ島との関係だけでなく、響灘から玄界灘へとつながる東西ルートにおいても、対外交流史上、重要な位置にあったということができるからです。宗像の神への信仰の歴史的な広がりは、こうした点からも再評価していくべきではないでしょうか。

参考文献

加藤謙吉　一九九八『秦氏とその民』白水社。
川原秀夫　一九九七「神階社考」『古代文化』四九―一二。
佐伯有清　一九八三『新撰姓氏録の研究』考証編第五、吉川弘文館。
重藤輝行　二〇一一「宗像地域における古墳時代首長の対外交渉と沖ノ島祭祀」『「宗像・沖ノ島と関連遺産群」研究報告』Ⅰ、「宗像・沖ノ島と関連遺産群」世界遺産推進会議編。
田中史生　二〇一八「磐井の乱前後の北部九州と倭王権」新川登亀男編『日本古代史の方法と意義』勉誠出版。
田中史生　二〇一九「屯倉と韓国木簡―倭国史における韓国木簡の可能性―」『木簡と文字』二二（韓国語）。
清水　潔編　二〇〇二『新校　本朝月令』〈神道資料叢刊　八〉皇學館大學神道研究所。
北條勝貴　一九九七「松尾大社における市杵嶋姫命の鎮座について―主に秦氏の渡来と葛野坐月読神社・木嶋坐天照御魂神社の創祀に関連して―」『国立歴史民俗博物館研究報告』七二。

コラム4 沖ノ島における発掘調査について

岡寺未幾

禁忌《きんき》により固く守られている沖ノ島。その島で古代から残されてきた貴重な祭祀遺跡の発掘調査が行われたのは、どういう経緯だったのでしょうか。

昭和十七年(一九四二)、荒廃した宗像神社《むなかたじんじゃ》の復興を目指し、宗像神社復興期成会が創設されます。その中心人物は、宗像の旧赤間村《あかまむら》出身で出光興産《いでみつこうさん》の創業者である出光佐三《いでみつさぞう》氏でした。復興期成会は社殿の修復など神社境内の整備と合わせて、『宗像神社史』編纂事業に着手します。この宗像神社の歴史を解明する取り組みの一環として、祭祀の中心であり本質である沖ノ島の学術調査が行われたのです。昭和二十九年から四十六年にかけて福岡大学名誉教授小田富士雄《おだふじお》氏らにより行われたこの学術調査により、長らくベールに覆われてきた古代祭祀の全貌が明らかにされました。

三次にわたる発掘調査では、沖ノ島の祭祀が四世紀から九世紀にわたり日本の対外交流を背景に行われた国家的な祭祀であり、岩上祭祀《がんじょうさいし》、岩陰祭祀《いわかげ》、半岩陰・半露天祭祀《はんろてん》、露天祭祀の四段階に変遷することが明らかになるなど、目覚ましい成果を上げました。なかでも注目を集めたのはその豊富な奉献品で、中国からもたらされた銅鏡、金銅製龍《こんどうせいりゅう》

写真1　第1次調査での8号遺跡調査の様子（1954年）

頭《とう》、唐三彩《とうさんさい》、朝鮮半島からもたらされた豪華な金銅製馬具類・金製指輪、サーサーン朝ペルシア（現在のイラン）からもたらされたカットグラス碗など、国際色豊かな内容から「海の正倉院」と呼ばれるようになります。

この調査成果は三冊の報告書『沖ノ島』『続・沖ノ島』『宗像・沖ノ島』にまとめられ、その学術的価値が広く知られるようになるとともに、当時の学会に大きな衝撃を与え、日本における古代祭祀研究の進展に大きく寄与することになりました。当時、建設途中であった国立歴史民俗博物館に初代館長である井上《いのうえ》光貞《みつさだ》氏の提言により、沖ノ島

写真２　第３次調査での５号遺跡調査の様子（1969年）

の展示が急遽追加されることになりました。

平成二十一年（二〇〇九）に世界遺産登録推進活動が開始されると、海の道むなかた館長西谷正《にしたにただし》氏を委員長とする専門家会議の下、世界遺産としての顕著な普遍的価値を明らかにするための調査研究が行われ、沖ノ島は再び注目を集めるようになります。

そして、平成二十九年、その学術的重要性から、人類全体の貴重な遺産と認められ、世界遺産として登録されます。一方で、世界遺産委員会からは調査研究の継続・拡大について勧告を受けます。これを受けて行われた特別研究事業「東アジアの航海・交流・祭祀」では、さらに広範な視点から調査研究がすすみ、新たな価値が明らかになってきています。

発掘調査から五十余年が過ぎた現在も、沖ノ島は古代の祭祀の記録の宝庫として、その貴重な情報を世界に発信し続けているのです。

参考文献

宗像神社復興期成会　一九五八『沖ノ島　宗像神社沖津宮祭祀遺跡』。

宗像神社復興期成会　一九六一『続　沖ノ島　宗像神社沖津宮祭祀遺跡』。

宗像大社復興期成会　一九七九『宗像・沖ノ島』吉川弘文館。

「宗像・沖ノ島と関連遺産群」世界遺産推進会議　二〇一一〜二〇一三『「宗像・沖ノ島と関連遺産群」研究報告』Ⅰ、Ⅱ-1、Ⅱ-2、Ⅲ。

「神宿る島」宗像・沖ノ島と関連遺産群保存活用協議会　二〇二三『「神宿る島」宗像・沖ノ島と関連遺産群特別研究事業成果報告書』。

宗像・沖ノ島における古代祭祀の意味と中世の変容

笹生　衛

はじめに

ただいま、ご紹介いただきました國學院大学《こくがくいんだいがく》の笹生《さそう》です。よろしくお願いいたします。私は大きく分けると三つのテーマについて話をしたいと思います。

一つ目は、そもそも人間は、なぜ神を考え信じるのか、また祭り（祭祀《さいし》）の意味とは何か、この問題を人間の脳の認知《にんち》機能《きのう》に基づいた認知宗教学という視点から再検討してみたいと考えています。これは、宗像《むなかた》の祭祀《さいし》と神のとらえ方「神観《かみかん》」を人類史全体の中に位置付ける作業となります。

写真1　沖ノ島　遠景

次に二番目。宗像・沖ノ島《おきのしま》の祭祀は七世紀後半頃を画期として、土器《どき》・滑石製形代《かっせきせいかたしろ》を大量に使う祭祀に変わります。古代祭祀の変質は何を意味するのかについて検討したいと思います。

最後の三番目。宗像・沖ノ島の古代祭祀は九世紀後半から十世紀頃を境に祭祀の遺跡が残されなくなり、終焉《しゅうえん》を迎えたと考えられます。ではなぜ、その時代に宗像・沖ノ島の古代祭祀は終焉を迎えるのか、そして、どのように中世の宗像社の信仰・祭祀につながったのか、歴史的な背景も含めて話をしたいと考えています。

一　人間の認知機能と宗像・沖ノ島祭祀の神観

1　なぜ人間は神様を考えてお祭りを行うのか

まず、「なぜ人間は神を考え信じて、お祭りを行うのか」について検討しましょう。

二十世紀末から二十一世紀にかけて、宗教学のなかで新しい動きとして認知宗教学という分野が拓かれてきました。人間の脳の認知機能に基づいて宗教を考えようというものです。その研究成果によると、人間は特定の動きや現象の背後にそれを起こし、そうさせている「agents（日本語訳で「行為者」）」を直観して、同時に行為者には意志・心があるとも直観する。これは、人間が生存するため進化のなかで身に付けた脳の基本的な認知機能である。このような指摘が、パスカル・ボイヤー氏など認知宗教学の複数の研究者によりなされています。この意志・心を持つ「行為者」は、特定の現象（たとえば日照、降雨、湧水・給水、交通上の利便性や危険性など）を起し司る「神」などの存在となるわけです。

それと、もう一つ重要な点は、スチュワート・E・ガスリー氏が指摘する、「現象の行為者を人間と同様に人格化」するということです。人間が直観するので、その神は、人間と同様にイメージして、古い段階から人格化されていた。これを前提として、神のとらえ方「神観」を考える必要がある。そして、脳科学者のE・フラー・トリー氏は、約四万年前には、原生人類（ホモ・サピエンス）の脳の機能は備わったとも指摘しています。したがって、その時代には、神・霊魂などのような目に見えない存在を、われわれの祖先たちは直観し意識していたということになります。

このように神を考えると、次に祭祀を、いかに考えるかが問題となります。特定の現象の行為者＝神は、直観的に人格化される（人間同様に心・意志を持つと直観する）ので、神と人間の関係には、人間同士の関係が当てはめられます。人間が貴重な品々・美味しい食事を提供すれば、現象の行為者＝神は返礼として望ましい現象を表し、維持・拡大してくれるはず、と直感します。つまり、この関係、神と人間との交換《こうかん》が「祭祀」といってよいでしょう。

また同時に、相手に対して失礼なことをすれば、相手は怒るとの直観も祭祀にも適用されます。人間と神様（行為者）との交換《こうかん》（祭祀）において非礼《ひれい》・不浄《ふじょう》があれば、神は怒って祟《たた》り、災害《さいがい》につながってくると人間は直観します。ここに、非礼にならぬような祭祀の構成・作法「祭式《さいしき》」と、清浄性を確保・維持する「祓《はらえ》」を、神祭りで重視する理由があります。

この視点は、自然環境の働きに由来する日本列島の神観を考えるうえで、非常に有益で、このような古代の神観を具体的に示すのが、『古事記』『日本書紀』『延喜式』に書かれている「〜に坐《ま》(居《ま》・在《ま》)す神」という表現です。自然環境の働き(現象)が現れる場所・環境に、現象の行為者＝神が「居《お》られる(坐す)」と、とらえているのです。ですから、神の働きが現れる場所・環境が、神が居られる(坐す)場所となり、そこで祭祀は行われるのです。

2 沖ノ島・大島の祭祀

本日の話の中心、宗像三女神《むなかたさんじょしん》は、『古事記』『日本書紀』では、奥沖津宮《おきつみや》・遠瀛《おきつみや》(以下、沖津宮)＝沖ノ島、中津宮《なかつみや》・中瀛＝大島、・辺津宮《へつみや》・海浜《へつみや》＝釣川河口の海浜に、それぞれ坐(居)す神々として表現されています。宗像三女神は、島と海の浜の環境の働きに、神の性格「神格」と祭祀の基礎があると言ってよいでしょう。

ならば、宗像三女神の働きとは何か。『日本書紀』神代上、第六段一書第一には、宗像三女神について「道《みち》の中に降《くだ》り居《ま》して、天孫《あめみま》を助け奉《まつ》りて、天孫のために祭られよ」との日神(天照大神)のお言葉を記し、同一書第二には「三《みはしら》の女神《ひめかみ》……今、海の北の道の中に在《ま》す」ともあります。宗像の三女神は、「海の北の道」つまり九州と朝鮮半島を結ぶ航路に居られ、そこで天孫（天皇）を助けて、天皇に祀られる神々である、と『日本書紀』の内容は理解できます。

朝鮮半島への航路・海上交通のなかで、宗像の神々の存在と働きは語られています。玄《げん》界灘《かいなだ》の海上交通における沖ノ島・大島、海浜（釣川河口《つりかわかこう》）の環境の働きが宗像三女神の神格と直結しているのです。

写真2　沖ノ島一ノ岳

沖ノ島の海上交通における働きを、もう少し丁寧にみてみましょう。玄界灘のただなかの孤島である沖ノ島は、対馬《つしま》からでも海のなかに遠望できます。この島を構成する岩石は、最近の研究によると、石英斑岩《せきえいはんがん》ではなく、白色凝灰岩《はくしょくぎょうかいがん》であることが判明しております。写真2の沖ノ島の一番高い山、一ノ岳は白色凝灰岩の巨岩でできています。青い玄界灘の海上に白い岩山が浮かぶ景観となり、しかも標高は二四三・一《メートル》と高い。このため、海の遠くからも望見でき、九州と朝鮮半島の航路上の航海目標としての役割（働き）を持つわけです（写真2　沖ノ島一ノ岳）。海上で船を導く航海目

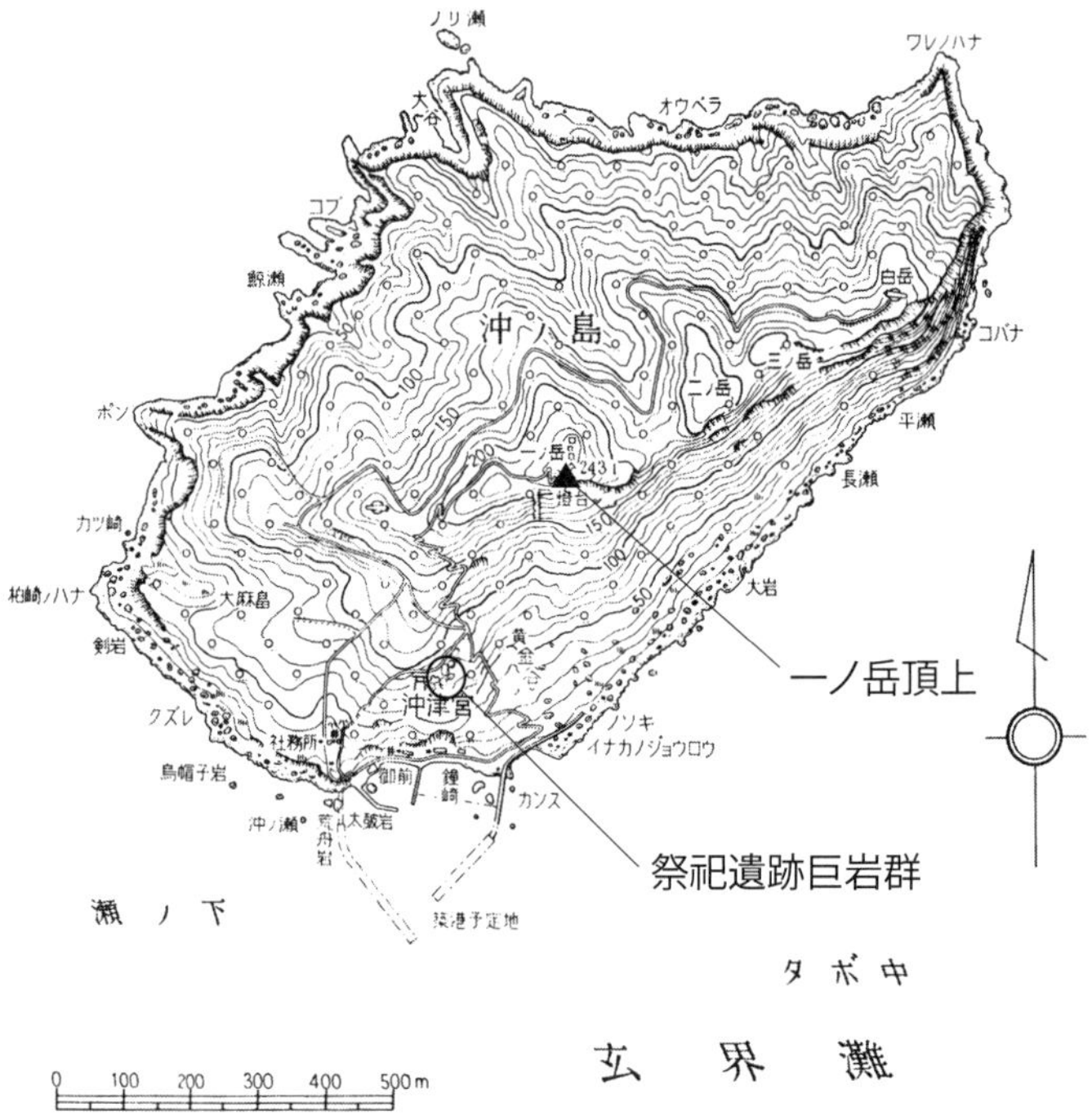

図1　宗像・沖ノ島祭祀遺跡位置図（『沖ノ島』〈1958〉の図面に加筆）

標としての働きに、沖ノ島に坐す神の基礎があると考えます。対馬から南へ、沖ノ島を目指して船を進め、沖ノ島を過ぎれば、今度は南に、中津宮の神が坐す大島を目標に海上を進む。そうすれば、九州の宗像の釣川河口へと至ることができます。沖ノ島で、海上目標として最も目立つのが、島の最高峰、一ノ岳です。

この一ノ岳と祭祀遺跡の位置関係をみると、沖ノ島の南西中腹の平坦面で一ノ岳の直下に最古の祭祀遺跡があります（図1 宗像・沖ノ島祭祀遺跡位置図）。最古の祭祀遺跡、19号・17号遺跡は、遺跡内では最も標高が高いI号巨岩の周辺にあり、ここは直上に一ノ岳を望む場所です。その位置関係からは、最古の祭祀遺跡群は、一ノ岳に対して多量の銅鏡や鉄製武器などを納めた形で残されたと推定できます。ここから、沖ノ島の祭祀は、一ノ岳を対象として始まった可能性が考えられます。沖ノ島に居します神は、『日本書紀』第六段一書第二では「市杵嶋姫命《いちきしまひめのみこと》」と神名があり、それは「斎き嶋姫命《いつしまひめのみこと》」つまり「潔斎《けつさい》する島の女神」という意味になります。島そのものを神として認識していたといえます。

九州と朝鮮半島を結ぶ、ヤマト王権にとって重要な海上交通路。そのただなかにあり、航海目標となる沖ノ島・一ノ岳の働きに、波荒い玄界灘に航路を導いてくれる女神を直観したのでしょう。海上での目標という働きでは、中津宮の神が坐す大島の最高峰の御嶽山《みたけさん》も同じです。そして、御嶽山頂にも七世紀後半以降の年代にはなりますが、祭祀遺跡が残されているのです。

3　辺津宮の神観と立地環境

沖ノ島・一ノ岳と大島・御嶽山を結んだラインの延長線上に、九州宗像の釣川河口の辺津宮が鎮座します。そこに坐す神は、沖津宮・中津宮と同様、鎮座・立地する環境の働きと直結すると推定できるので、そこに祀る神の性格を考えるには、辺津宮周辺の古代の環境、特に地形を復元する必要があります。そこで、辺津宮周辺の細かな地形を把握するため、カシミール3Dで作成した地形図が次頁の図2です（図2　宗像・釣川河口周辺汀線復元図）。この図を見ると、辺津宮の北側には広い低地があり、その北、海との境界部分には東西にのびる三列の浜堤《ひんてい》（浜辺に堆積した砂の高まり）があります。なお、現在の釣川河口は、江戸時代の寛政三年（一七九一）に三列の浜堤のうち海側（北側）の二列を切断し河口とした「釣川浚え《つりかわさら》」でできたもので、それまでの釣川の河口は、海側の二列の浜堤に阻まれ東に蛇行して海に注いでいました。

古代の海岸地形を復元する手がかりとなるのが、三列の浜堤のうち、最も内側（南側）の浜堤にある浜宮貝塚です。ここでの発掘調査では古墳時代の五世紀後半から七世紀代の遺構・遺物を確認しており、漁撈具（鉄製ヤス）、玄界灘式の製塩土器に加え、サメ・マ

図2　宗像・釣川河口周辺の古代汀線推定図（カシミール3Dで作成）

ダイなどの魚骨、サザエ・アワビなどの貝殻が出土し、ここが漁撈活動と製塩を行なった漁撈集落だったことがわかります。そうであれば、この集落は、その性格から海浜に立地していたと考えるのが自然であり、古代の海岸線（汀線）は、浜宮貝塚《はまみやかいづか》がある浜堤の北端付近であったと推定できます。次に、古代の推定汀線の標高を、釣川の河口周辺で辿ると、図2のように、古代（五世紀～七世紀頃）の汀線を復元できます。

この地形図を見ると、辺津宮の正面北側には、大きな潟湖《せきこ》（ラグーン）が広がる地形を復元できます。潟湖は波荒い外海から浜堤で区画された地形であり、静かに船を停泊できる港湾としての働きを果たします。外海から船を守り安全に停泊できる港湾の働きに神を直観し祀った神が、辺津宮に坐す神なのです。

宗像三女神の神観の基本には、ヤマト王権が重視した海上交通路で、航海目標としての沖ノ島・大島の働きと、釣川河口の港湾に適した潟湖の働きがある。だから、その働きが現れる環境に神々は坐し、そこで祭祀は行われたのです。

二　古代の宗像・沖ノ島祭祀の変容

1　祭祀を行う体制の整備と神郡の設置

宗像・沖ノ島の古代祭祀は、四世紀後半には始まりますが、祭祀は七世紀後半に大きく変化しました。須恵器《すえき》（窯で硬く焼いた焼き物）の食器を大量に使う形式へと変わったのです。その須恵器のなかには、写真にある有孔土器《ゆうこうどき》（須恵器）のように、焼く前から孔を開けたものがあります（写真3　1号遺跡の有孔土器）。これに酒などを注いでも、孔から漏れてしまい、実用的ではありません。なので、最初から祭祀用として意図的に、このような須恵器を作ったと考えられます。これは、七世紀後半に祭祀専用の須恵器を含め、祭祀用の食器類を作る体制が整えられたことを示しています。

宗像地域には五世紀末期まで遡《さかのぼ》る宗像窯跡《むなかたかまあと》（須恵窯跡群を含む）があり、祭祀用の須恵器の生産は、古墳時代以来の須恵器生産を背景に展開していました。同じ状況は、『皇太《こうたい》神宮儀式帳《じんぐうぎしきちょう》』（延暦二十三年〈八〇四〉成立）が記す、神宮（伊勢神宮）の古代祭祀でも確認できます。そこでは、やはり、祭祀専用に須恵器・土師器《はじき》（素焼きの土器）を生産しており、その生産体制は六世紀代からの伝統があり、七世紀代に整えられ祭祀に組み込まれ

写真3　1号遺跡出土の有孔土器
（宗像大社蔵）

写真4　1号遺跡出土の玄海灘式製塩土器（宗像大社蔵）

たと考えられます。
もう一つ重要なのは、1号・5号遺跡から玄界灘式《げんかいなだしき》の製塩土器《せいえんどき》が出土している点です。この事実は、製塩の場から、祭祀の場へと塩が持ち込まれていたことを示唆します（写真4　1号遺跡出土の玄界灘式製塩土器）。『皇太神宮儀式帳』では、「御塩焼物忌《みさきものいみ》」という祭祀用の塩を焼く役職があり、その特別に焼いた塩が、祭祀で供えられました。製塩土器の存在から、沖ノ島1号・5号遺跡の年代、七世紀後半から八・九世紀には、沖ノ島祭祀でも神宮と同様に塩が供えられたと推測できます。

神宮の祭祀を支える体制と同じような体制が、宗像・沖ノ島の古代祭祀では七世紀後半頃に整えられていたのでしょう。神宮で、その体制が整えられたのは、『皇大神宮儀式帳』によると七世紀中頃の孝徳天皇の時代で、この時、神宮とその祭祀を支えるため度《わた》会評《らいのこおり》と竹評《たけのこおり》に屯倉《みやけ》（役所）を設置したとあります。これが神宮を支える「神郡《しんぐん》」、度会郡と多気郡の起源です。宗像神社も、八世紀前半には宗像郡が神郡となっていたことが、『令集解《りょうのしゅうげ》』が引用する養老七年（七二三）十一月十六日の「太政官処分《だじょうかんしょぶん》」（神郡の郡司の任用に三等以上の親の連任《れんにん》を例外的に認める）で確認できます。神宮に続き、七世紀後半には宗像神社にも神郡の宗像郡が設置されていたと考えられます。それは、宗像・沖ノ島の5号・1号遺跡の須恵器や製塩土器から推定できる、祭祀の整備と並行していたとみてよいでしょう。

2　滑石製形代の性格と祭祀の変質

祭祀の実施体制の整備、神郡の設置と並行する、七世紀後半の祭祀の変化に、新たな滑《かっ》石《せき》製《せい》形《かた》代《しろ》の登場があります。宗像・沖ノ島1号遺跡からは、滑石製形代が大量に出土しています。発掘調査報告書『宗像沖ノ島』によると、その種類と数量は、人《ひと》形《がた》六八点、馬形《うまがた》四〇点、舟形《ふながた》一〇八点があり、さらに滑石製の玉類《たまるい》（勾玉・臼玉など）・有孔円板《ゆうこうえんばん》（鏡の模造品）など一一四〇点となります（写真5　1号遺跡出土滑石製形代類）。宗像地域における石製模造品の製作は、釣川中流域の冨地原《ふじわら》神屋崎《かみやざき》遺跡《いせき》の事例から五世紀代まで遡ります。この伝統を背景に多量の滑石製の形代は作られており、

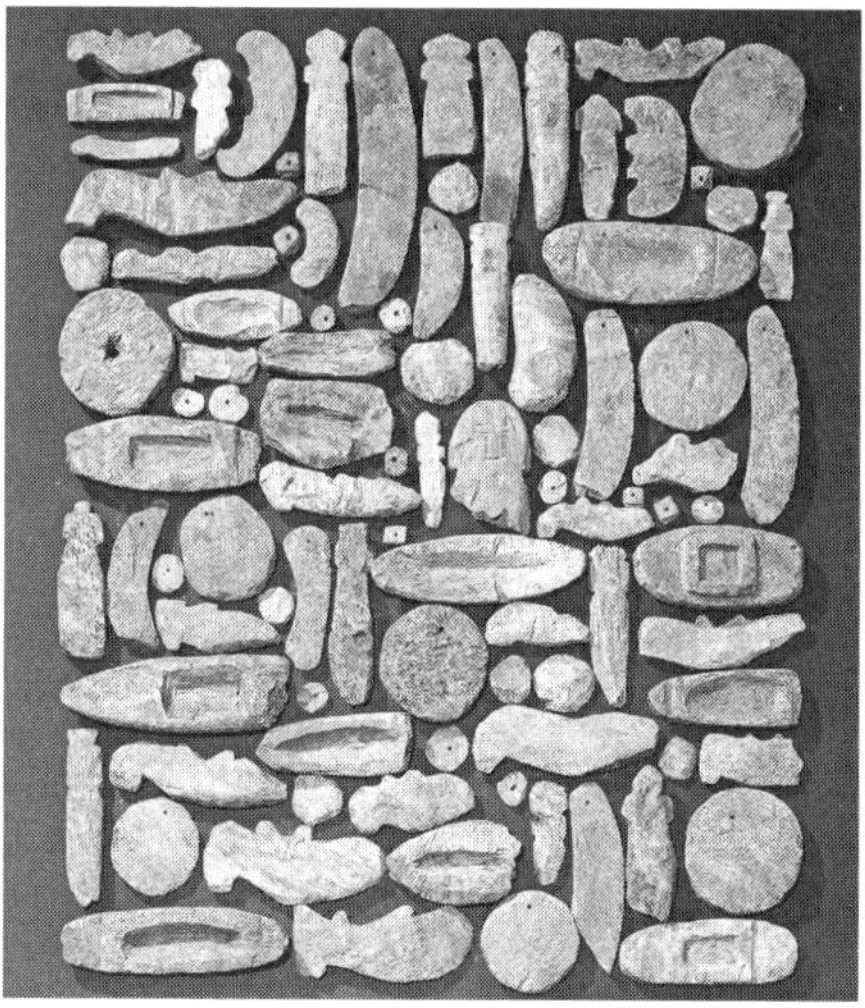

写真5　1号遺跡出土滑石製形代
（宗像大社蔵）

七世紀後半を境に、人形・馬形・舟形という新たな形代の組み合わせが加わりました。人形・馬形・舟形の組み合わせは、鳥取県青谷横木遺跡《とっとりけんあおやよこぎいせき》でも出土しています。

この遺跡の発掘調査では山陰道《さんいんどう》の道路遺構が発見されており、それに沿った溝と川跡から木製形代《もくせいかたしろ》が出土しました。年代は、やはり七世紀後半に出現し十世紀代まで続き、出土点数は約二万二五〇〇点にのぼります。形代の種類・数量は人形七四八点、馬形一七四七点、舟形七二点となります。

八・九世紀の人形・馬形の性格について金子裕之氏は、奈良時代の大祓《おおはらえ》や平安時代の陰《おん》陽道祓《みょうどうはらえ》と結びつけ、祓具としての性格を想定しており、従来、この解釈が主流となっていました。しかし、貴重な品を供出して罪を贖うという八世紀の大祓と、個人の除災・延命などを目的に行う十世紀以降の陰陽道祓とは性格を異にします。とくに、陰陽道祓の人形は、大祓の当日、内裏で天皇に行なった東《やまと》・西文部《かわちのふみべ》の解除《はらえ》の系譜をひくもので、中国の道教の経典『赤松子章暦《せきしょうししょうれき》』に由来し、天皇の除災・延命を願い人形を使用しました。このため、七世紀後半に出現する金属製・木製の人形は、道教信仰にもとづき個人の罪穢れを除く、祓具《はらえぐ》として理解されているわけです。

ところが、人形は、単純に祓具とだけ考えることはできません。静岡県の明《みょう》ヶ島《じま》五号墳の下層から出土した土製人形のように、五世紀前半に遡る例があり、六世紀には土製の人形と馬形が出土する大阪府の奈良井遺跡《ならいいせき》の例が確認できます。木製の舟形も、静岡県の山の花遺跡の出土品から五世紀まで遡ります。人形・馬形・舟形は、古墳時代以来の系譜が確認できる祭具であることは間違いありません。

　人形・馬形の性格を検討するうえで参考になる説話が、八世紀前半の古風土記『肥前国《ひぜんのくに》風土記《ふどき》』にあります。その説話は同風土記の佐嘉郡《さがぐん》条のもので、佐嘉川上《さがかわかみ》の荒ぶる神が、来る人々の半数を生かし、半数を殺していたので、土製の人形と馬形を作り祀ったところ、それを受けて鎮まったという内容です。ここでの土製の人形・馬形は、祓具ではなく、荒ぶる神への捧げ物です。この説話の内容を当てはめると、五・六世紀以来の系譜をもつ土製の人形・馬形は神への捧げ物であり、さらに同じく五世紀代以来の系譜が確認できる木製舟形も同様に考えてよさそうです。

　そこで青谷横木遺跡の立地を改めて確認すると、日本海に注ぐ日置川《ひおきがわ》の東側（右岸）、山陰道の渡河地点《とかちてん》に隣接します。川の対岸（左岸）の善田榜示ヶ崎遺跡《ぜんだぼうじさきいせき》でも木製形代の人形・馬形がまとまって出土しています。このような出土地点の環境と『肥前国風土記』の佐嘉川上の荒ぶる神の説話をあわせると、人形・馬形・舟形は、交通上の難所、河川の渡河地点の危険な現象に「荒ぶる神」を直観し、その神へと捧げ供えた「幣《ぬさ》」という性格を推定できます。七世紀後半、律令国家の官道として山陰道が敷設されるのと同時に、その

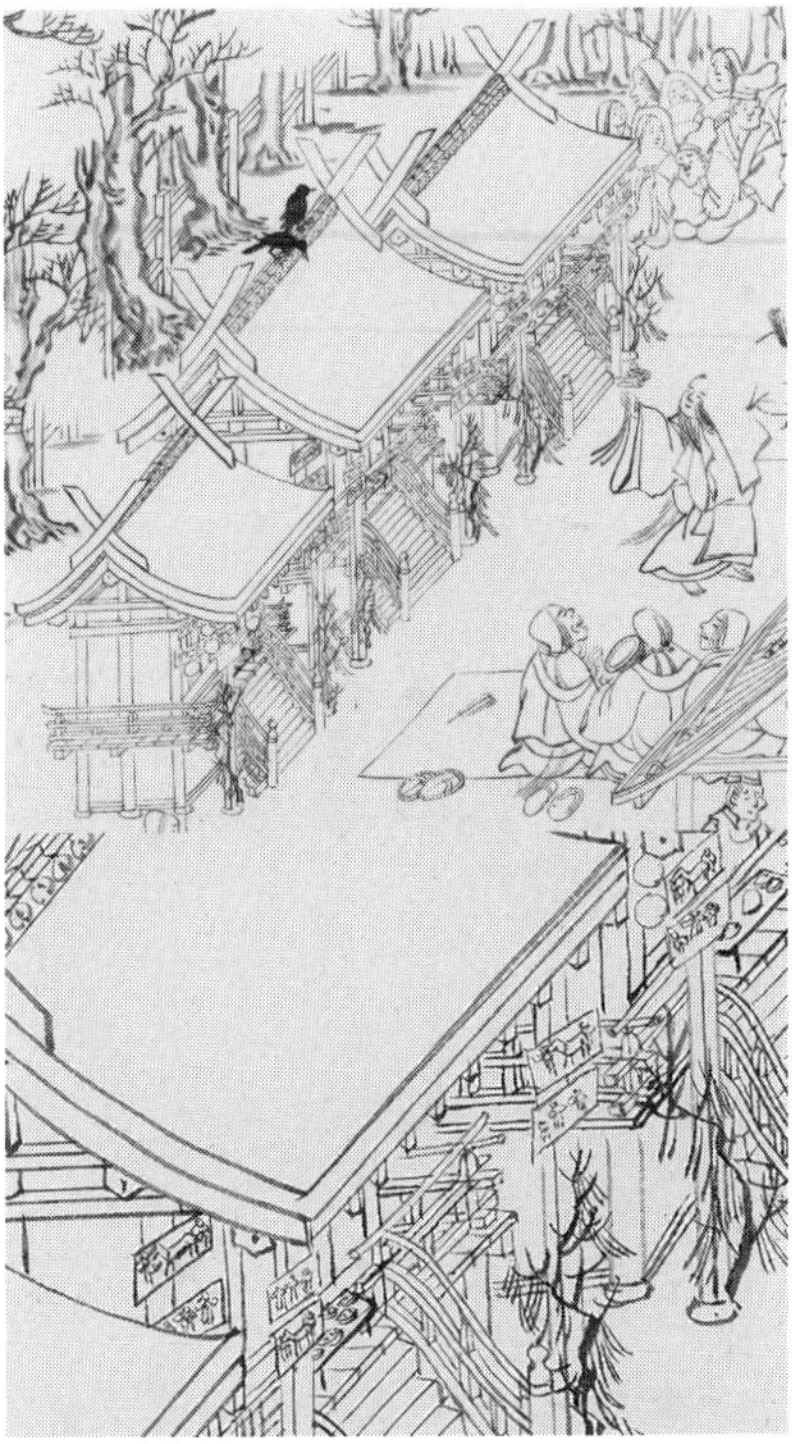

写真6　『年中行事絵巻』今宮神社と本殿の人形・馬形（京都市立芸術大学資料館蔵）

難所で形代を捧げ供える祭祀は始まったと考えられます。

人形・馬形を神へと捧げ供える例は、平安時代の絵画資料でも確認できます。写真6は、原本が十二世紀後半に成立した『年中行事絵巻《ねんじゅうぎょうじえまき》』（京都市立芸術大学模本）の今宮神社《いまみやじんじゃ》の場面で、祭礼で賑わう境内の情景を描写しています。並び建つ三棟の本殿を拡大すると、正面に複数の絵馬を吊り下げています。さらに絵馬を拡大すると二種類の絵馬があり、一種類は馬を描き、もう一種類は人形を描いています（写真6『年中行事絵巻』今宮神社本殿と人形・馬形)。これらは、その図像から、古代の人形・馬形を板状にしたものと判断でき、神饌とともに本殿の前面にありますので、まず罪・穢れを除く祓具とは考えられない。やはり、捧げ物として神前に吊り下げたと考えるのが妥当です。こう見ると、宗像・沖ノ島の1号祭祀を中心に出土する滑石製の人形・馬形・舟形は祓具ではなく、すでに大場磐雄氏が指摘しているとおり、海上交通路上の祭祀の場で神へと捧げた「幣」であったと考えるのがよいでしょう。宗像・沖ノ島1号遺跡で舟形の点数が多いのは、海上交通路での祭祀であったためなのかもしれません。

宗像・沖ノ島の祭祀遺跡の全体的な変遷をたどると、四世紀後半から末期(17号・18号・19号遺跡)、五世紀中頃(21号遺跡)、六世紀代(7号・8号遺跡)に明確な遺跡が残されています。これらの祭祀遺跡では、銅鏡、鉄製の武器・武具・工具などや、装飾性の高い馬具や武具といった、ヤマト王権から捧げられたと推定できる貴重で豪華な品々が出土しており、それぞれの祭祀遺跡は、ヤマト王権の国家的な対外イベント、たとえば朝鮮半島諸国との交流に加え、緊張状態や軍事行動、さらに中国王朝への遣使などに伴う、特別な祭祀に対応したものであったと考えられます。

ところが、七世紀後半になると、宗像地域で焼かれた須恵器や地元で製作した滑石製形代を大量に使った祭祀へと変化しました。七世紀後半に神郡が設置され、地元から祭具・

祭料を供給する体制が整えられたのです。この段階で、沖ノ島の祭祀は恒例の海上交通路の祭祀という性格が明確となり、宗像の神々には地元の人々の信仰対象という性格も加わった可能性が考えられます。その祭祀の変質を象徴するのが、多量の神饌用の須恵器と、幣として捧げられた多数の滑石製形代類だったのです。

三　古代祭祀の終焉から中世へ

1　宗像神社辺津宮周辺の環境・景観の変化

古代の宗像三女神への信仰と祭祀は、いかに中世へと受け継がれたのか、この点を最後に考えたいと思います。この問題と密接にかかわるのが、辺津宮周辺の環境と景観の変化です。先に触れたとおり、江戸時代後期の「釣川浚《つりかわさら》え」以前は、釣川の河口は大きく東へ蛇行しており、その痕跡の旧河道《きゅうかどう》は現地に残されています。これは、古代以降に海浜の二列の浜堤が新たに形成されたためで、これにより辺津宮に面していた広い潟湖（ラグーン）は堆積が進み、現在の辺津宮周辺の地形が形成され始めたと考えられます（一九一頁、図5）。この結果、古代の港湾としての潟湖の働きは失われることになります。そうすると海浜の二列の浜堤の形成時期が問題となります。その時期は、以下の理由から十世紀頃の可能性が高い、と私は考えています。

日本列島内の各地では、十世紀頃に類似した地形の変化が確認できます。日本海側の福井県敦賀の海浜では、九世紀の製塩遺跡の位置から古代の汀線を推定でき、気比神社《けひじんじゃ》は海浜に近い場所に鎮座していたと推定できます。それが、十四世紀初頭、気比神社の西参道が湿地化し、ぬかるんだので、時宗の僧、他阿《たあ》上人真教《しょうにんしんぎょう》は海辺から砂を運ぶ「お砂持ち」で西参道を改修しています。これは、十三世紀までに九世紀の汀線の海岸寄り（北側）に新たな浜堤が形成され、西参道が後背低地《こうはいていち》となったためと推定できます（図3　敦賀の地形と遺跡・神社位置図）。また、石川県羽咋《はくい》の寺家遺跡《じけいせき》では、海浜の砂丘上で、気多神社の神戸集落と祭祀関連の遺構が発見されています。この遺跡は、九世紀末期から十世紀初頭までに、海浜の大規模な砂丘の移動で一気に埋没しています。

滋賀県の琵琶湖の北端、塩津《しおづ》港《こう》遺跡《いせき》では九世紀後半から十世紀に古代の港湾の遺構上に細砂・粘質土が堆積しており、同時期に琵琶湖の水位は変化し、古代の港湾は水没していたようです。さらに、平安京に隣接する京都府の鴨川では、十世紀に河床面《かしょうめん》（川底）が低下し、鴨川の周囲に高さ二メートルの段丘崖《だんきゅうがい》を形成していたことが確認されています。これは、洪水などによる浸食が原因と考えられます。

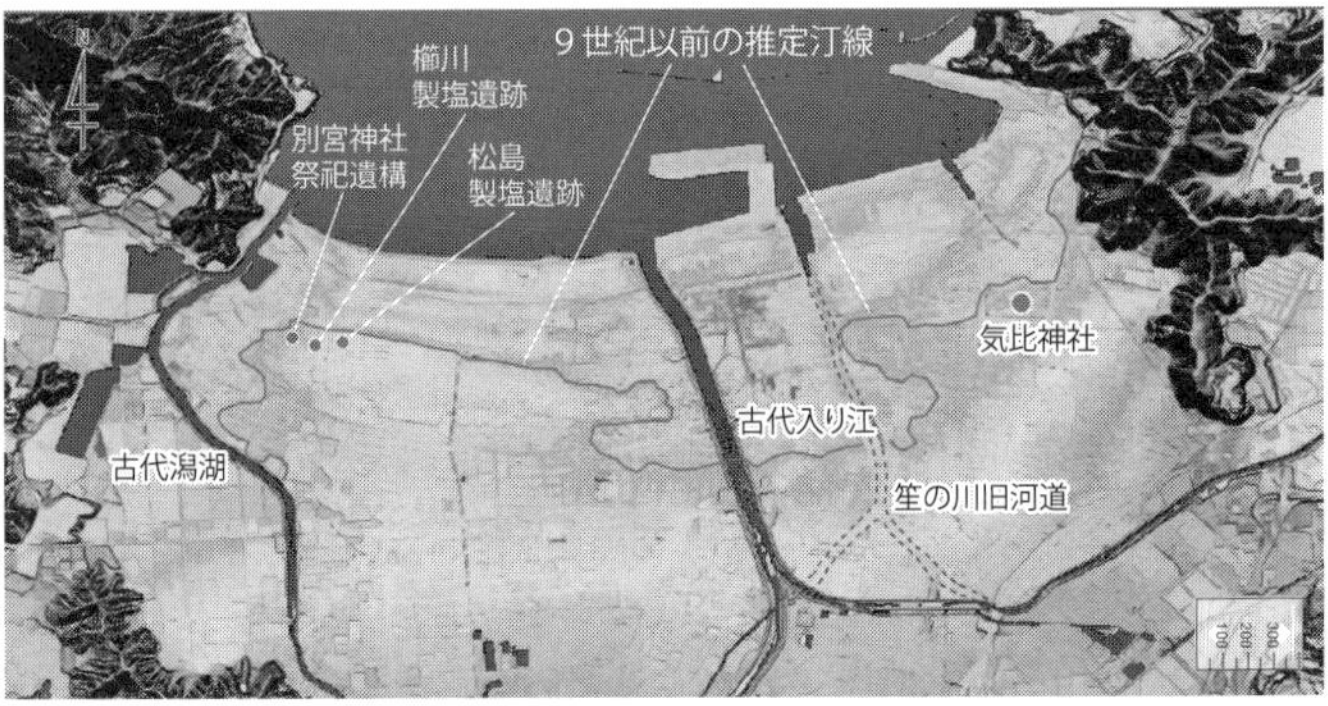

図3　9世紀以前の推定汀線（カシミール3Dで作成）

同じ現象は、南関東の東京湾の沿岸でも認められます。海浜に立地する千葉県の狐塚《きつねづか》遺跡・居寒台《いさむだい》遺跡では、九世紀までの集落の上に砂層が堆積しています。また、東京湾に流れ込む小糸川・小櫃《おびつ》川の中流域では、支流の河道《かどう》（川筋《かわすじ》）の移動、周辺の水路の埋没や浸食などから、十世紀以降に河床面が低下していたと推定でき、やはり、洪水などの浸食によるものと考えられます。洪水で浸食された多量の土砂は河口から海へ流出し、海浜で急速に砂層の堆積が進んだと推測できます。日本列島の広範囲の河川で、洪水のような突発的な出水があり、これにより河川や海浜で地形は変化した。十世紀頃は、そのような時代だったのでしょう。

　これに対応するのが、中塚武氏が明らかにした年輪セルロースによる気候変動の分析です。年輪のセルロースに含まれる酸素同位体の比率から、夏期の降雨量傾向を年別に復元した研究です。これによると、十世紀は天暦二年（九四八）をピークとして前後千年間で最も乾燥傾向が強い時期となっています。その反面、九世紀後半から十世紀には、貞観九年（八六七）、寛平八年（八九六）、延喜十三年（九一三）、正暦三年（九九二）のように、とくに湿潤傾向が強い年もありました（グラフ　八〜十三世紀の年別降雨量傾向）。つまり、九世紀後半から十世紀にかけては、乾燥傾向が強く旱魃に見舞われる危険性が高くなる一方で、極端に湿潤傾向となり長雨・洪水が発生する年があったということになります。その年は『日本三代実録』『日本紀略』が記す旱魃、長雨・洪水の記事とほぼ重なります。このような状況のなかで、列島内各地の河川周辺や海浜の地形が変化し、宗像の釣川河口周辺では新たな浜堤の形成と潟湖（ラグーン）の埋没が進んだと考えられます。

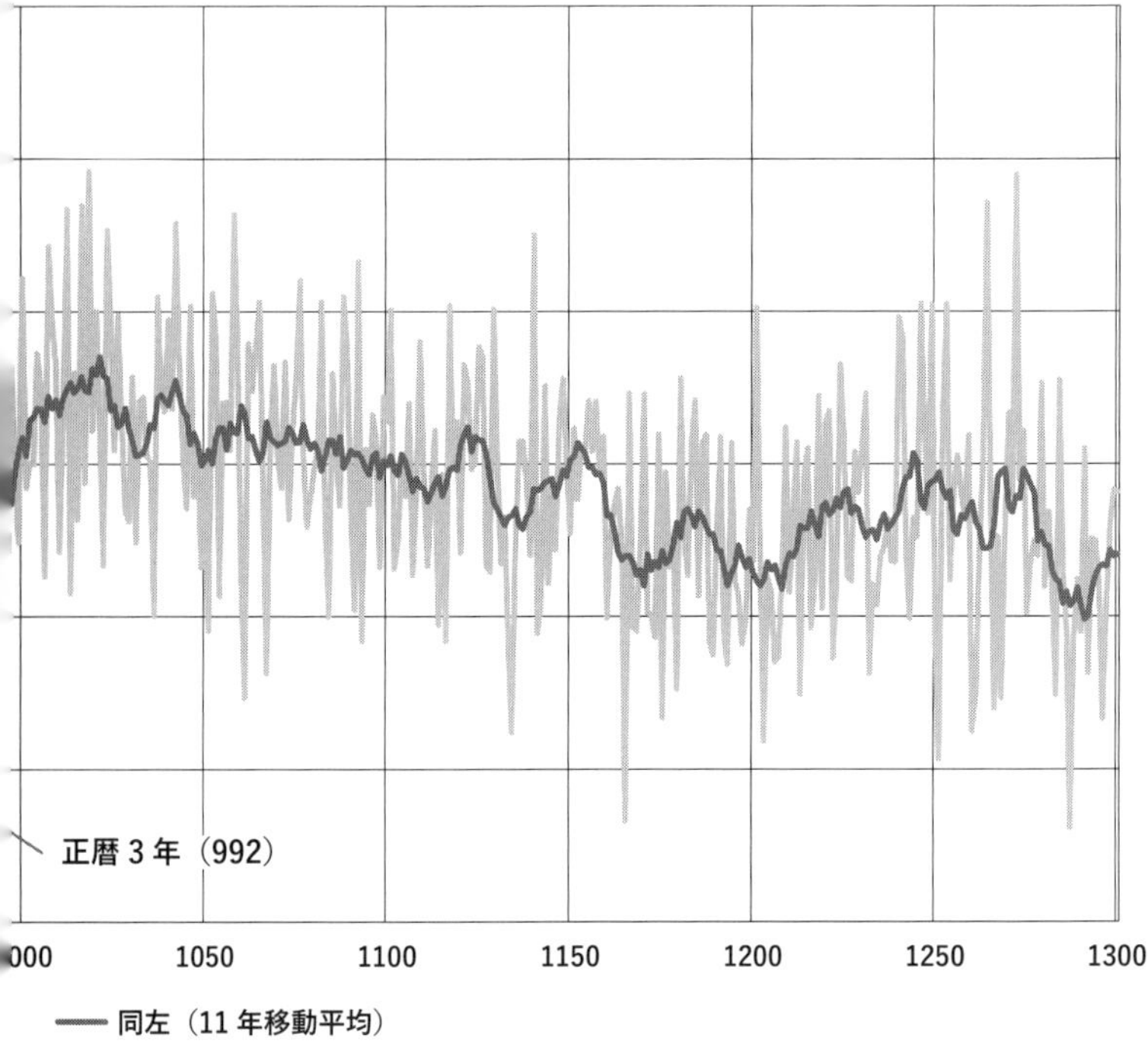
正暦 3 年（992）
000
1050
1100
1150
1200
1250
1300
同左（11 年移動平均）

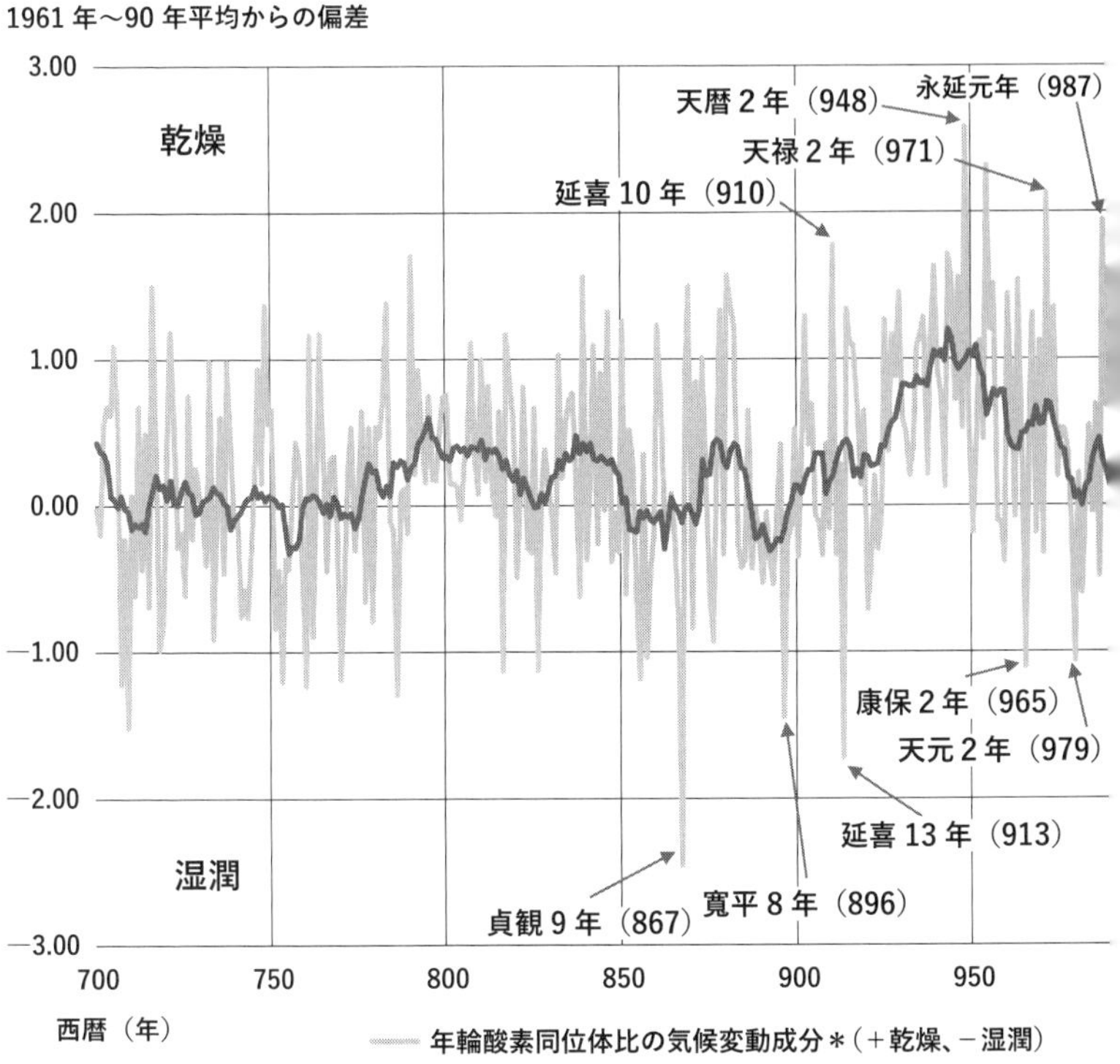

グラフ　8世紀から13世紀における年別夏季降水量傾向の変遷

夏季の降水量の指標となる年輪セルロース酸素同位体比の気候成分の変動。中塚武「第一章　中世における気候変動の概要」『気候変動から読みなおす日本史　4気候変動と中世社会』（臨川書店，2020）による。

2　十世紀の災害対応と神観・祭祀の仏教化

十世紀には、旱魃・長雨・洪水という自然災害が頻繁に発生、これに連動して疫病が蔓延しました。これらの災害に対処する宗教面での対応として、朝廷《ちょうてい》は「神への奉幣《ほうべい》」「山《さん》陵《りょう》（陵墓《りょうぼ》）への遣使《けんし》」とともに「仁王会《にんのうえ》」を実施します。

このなかの「仁王会」は災害や賊から国土を守るため『仁王経』の内容を講じ読み讃える仏教法会です。その『仁王経』は、空海《くうかい》が大同元年（八〇六）に唐《とう》から持ち帰ったもので、唐を大混乱に陥れた安史《あんし》の乱の後、不空《ふくう》が訳し直した最新の『仁王護国般若波羅蜜多《にんのうごこくはんにゃはらみた》経《きょう》』でした。そして、九世紀前半の淳和天皇の代には、天皇の即位後に国内の平安を祈る「一代一度《いちだいいちど》の大仁王会《だいにんのうえ》」が行われるようになりました。

『仁王護国般若波羅蜜多経』護国品《ごこくぼん》第五を読むと、次のような興味深い一節があります。

大王諸国土中《だいおうしょこくどちゅう》に無量鬼神《むりょうきしん》あり。一一《いちいち》また無量眷属《むりょうけんぞく》あり。もし是《こ》の経を聞けば汝《なんじ》の国土《こくど》を護《まも》らん（大王のそれぞれの国のなかには、多くの鬼神がいて、その鬼神にはおのおのに多くの眷属が従っている。もし鬼神・眷属が『仁王経』を聞けば大王の国土を守るだろう）。

この「大王」を天皇、「国土」を日本とすると、「国土中の無量鬼神」は国内の神々に該当します。神々が『仁王経』を聞けば国土を守護してくれる、という日本の神々に新たな仏教の解釈が加えられることになります。また、十世紀の自然災害の激甚化《げきじんか》と疫病の蔓延《まんえん》、さらに承平《しょうへい》・天慶《てんぎょう》の乱という大規模な内乱の発生は、『仁王経』が説く賊や大火（旱魃）、大水（大雨・洪水）、大風などと整合します。そこで平安時代の歴史書『日本紀略』を見ると十世紀には、疫病の蔓延や旱魃に際して、実際に神社で『仁王経』の転読《てんどく》（経典の要所を読む）を行なっています。その結果、神社の日本の神々は『仁王経』を聞くことで国土守護の神となり、「王城鎮守」の神々のイメージが形成され定着していくことになります。古代の日本の神々には中世へと移行する段階で、以上のような仏教的な解釈が加わったのです。

宗像三女神も『日本三代実録』によると、貞観十二年（八七〇）、新羅《しらぎ》賊船《ぞくせん》の掠奪行為などへ対処するため奉幣《ほうべい》（幣帛を奉る）が行われ、九世紀後半には国土を守護する神々としての側面が明確となり、十世紀には宗像の神々の神観と祭祀は仏教化しました。その経緯は、天元《てんげん》二年（九七九）二月十四日付の宗像宮大宮司《むなかたぐうだいぐうじ》を補任《ぶにん》（任命）する官符《かんぷ》（『類聚符《るいじゅうふ》宣抄《せんしょう》』第一、諸神宮司補任《しょじんぐうじぶにん》）に、詳細に記されています。それによると、天慶の乱が鎮定された時、宗像神には正一位《しょういちい》・勲一等《くんいっとう》の位が贈られましたが、宗像神は「大菩薩位」を望む託宣をし、その位が授けられています。そして、これを機に、伝統的に行われてきた「猟山《りょうざん》・漁海《りょうかい》の祠祀《しし》」（狩猟した獣類・漁撈で捕った魚介類を供える祭祀）から仏教の法会へと改めた、と官符は明記しています。宗像の神々の神観と祭祀は十世紀には仏教化し、古代の自然環境の働きに由来する特定の環境に「坐す神」から、大菩薩位にあり仏教法会を行う「国土守護の神々」へと宗像三女神は性格を変えていたのです。

そして、日本の神々（神祇）も名前を唱え神霊を招く、仏教の「勧請《かんじょう》」の対象となりました。仏教法会の場へと日本の神々を勧請した最古の例は、上島享氏が指摘するとおり、長保《ちょうほ》四年（一〇〇二）の最勝講《さいしょうこう》となります。この後、十二世紀になると、地方の神々までが勧請の対象となりました。それを示すのが、滋賀県の塩津港遺跡の神社遺構から出土した保延三年（一一三七）の起請文木札（図4 塩津港遺跡出土の起請文木札）です。ここには、梵天・帝釈天・四天王といった仏教の天部《てんぶ》に加え、王城鎮守の神として八幡・賀茂、山王七社の神々、さらには当所（塩津）鎮守五所大明神など地元の神々が勧請の対象として名を連ねています。これと同時期、国々で各国内の主要な神々を国府の近くになどに勧請して祀った総社が成立し、神々を勧請するため神名を列挙した「国内神名帳《こくないじんみょうちょう》」も十二世紀には作られました。

先に述べたとおり、宗像三女神を含め、古代の神々は自然環境の特別な働きにもとづくという性格を持っていました。だから、その働きが現れる場・環境と祭祀の場は密接に関係していたのです。ところが、勧請された神々は、古代以来の鎮座の場所・環境からは離

維年次保延三年七月廿九日以請申天判事
上界ニハ大梵天王躰〔帝〕尺天衆四大天王
下界ニハ王城鎮守八万〔幡〕大菩薩賀符〔茂〕下上
「再拝
惣十八大明神別シ天ハ當國鎮守山王七社

コトニハ當所鎮守
五所大明神
稲懸祝山
津明神并
若宮三所

惣天ハ日本朝中一万三千七百餘所大小神等御前始
驚奉元者草部行元若此負荷内魚ヲ
一巻にて毛取なかして候ハ近ハ三日遠ハ七日内　と申」
行元身上上件神御神罰ヲ八万四千毛口穴毎〔加〕かふるへく

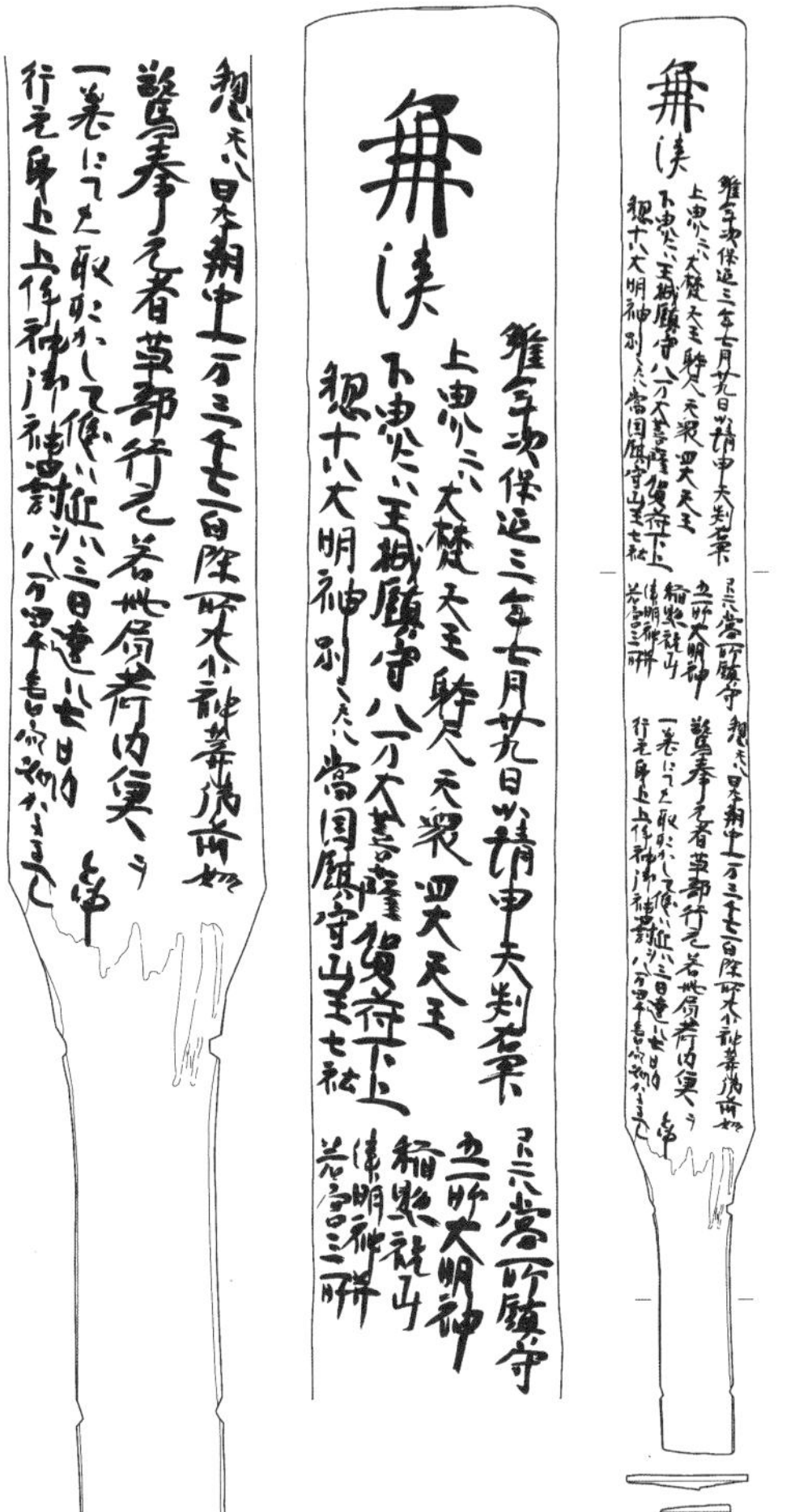

図４　保延３年銘起請文木札（横田・濱　2019より引用）

れ独立して、国や地域の守護神として信仰されるようになりました。その代表的な例が、中世の所領、荘園・公領に守護神として勧請された鎮守の神と神社であり、この神の勧請と中世の宗像社の境内景観とは深く関係していくことになります。

3　中世の宗像社の景観へ

古代の宗像神社は、どのように中世の宗像社へと変化したのか。そこには、自然災害や環境変化だけでなく、海外との交易が密接に関係していました。

十世紀以降、海浜で新たに浜堤が形成され、辺津宮に面する潟湖は堆積が進み、港湾機能は大きく減退したと考えられます。ところが、辺津宮の西側に目を移すと、そこには津《つ》屋《や》崎《ざき》の汐入干潟《しおいりひがた》があります。ここは浜堤が発達したことで、外海から隔離され広い潟湖となり、安定した港湾の機能が高まったはずです（図5　辺津宮・高田牧・根本神領関係遺跡位置図）。

その津屋崎の汐入干潟の入口にあるのが、在自《あらじ》西《にし》ノ後《の》遺《あとい》跡《せき》で、多量の貿易陶磁器《ぼうえきとうじ》が出土しています。服部英雄氏は、出土した白磁《はくじ》皿《さら》に「高田」の墨書があること、また、遺跡内には「唐坊《とうぼう》」（小字「唐防地」）という地名が残ることから、この遺跡は日宋貿易の拠点であり、高田《たかだ》牧《まき》の中枢であったと指摘しています。

図5　辺津宮・高田牧・根本神領関連遺跡位置図（鍵カッコ内は根本神領の地名，カシミール3Dで作成）

この高田牧の牧司《ぼくし》（牧の現地責任者）には、宗像宮大宮司の経験者である宗像妙忠などが就任しています。藤原実資《ふじわらのさねすけ》の日記『小右記《しょうゆうき》』によると、万寿《まんじゅ》二年（一〇二五）に、宗像妙忠は藤原実資へ「青《あお》瑠《る》璃《り》瓶《へい》二口、茶垸《ちゃわん》・壺《こう》三口」などの唐物を献上しており、十一世紀前半には、すでに高田牧は日宋貿易の拠点となっていたと考えられます。その海上交易ルートについて、服部英雄氏は、壱岐《いき》から小呂《おろ》島《じま》を経由して宗像・津屋崎に入る経路を想定しており、宗像・津屋崎は、博多を経由せず、直接、中国の宋と結ばれた海外交易の拠点となっていたようです。その海外交易に宗像宮（宗像社）の大宮司は深く関与していたのです。宗像大社に

写真7　宗像大社第三宮石造狛犬
（宗像大社蔵）

伝わる、宋から渡来した宗像社の第三宮《ていさんぐう》（後述参照）の石造狛犬《せきぞうこまいぬ》は、当時の日宋貿易と宗像社との深い関係を象徴するものです（写真7）。

中国の宋と宗像を結ぶ海上交易ルートが、壱岐から小呂島を経て宗像・津屋崎に入るコースになると、沖ノ島は、そこからは外れてしまいます。このため、沖ノ島は、古代以来の神の存在を象徴する場、一般の人々は足を踏み入れない聖域・禁足地としての性格が明確となり、そこでの祭祀は古代のようには行われなくなったと考えられます。それが、十世紀における祭祀の仏教化とともに、宗像・沖ノ島の古代祭祀の終焉という、考古学的な現象につながっていったのでしょう。

それとは対照的に、新たな日宋貿易の拠点に隣接する辺津宮は、中世宗像社の中核的な祭祀の場となっていきました。古代、辺津宮は港湾に適した潟湖に面し、そこに坐す神を祀る場でした。しかし、十世紀以降、潟湖の堆積がすすみ、主要な貿易港としての機能が津屋崎の汐入干潟に移ると、辺津宮は、日宋貿易に深く関与した宗像大宮司の中心的な祭祀の場となり、宗像三女神を祀る三棟の社殿、第一宮《ていいちぐう》・第二《ていに》宮《ぐう》・第三宮《ていさんぐう》が並び建つ境内の景観が成立したのです（写真8　田島宮〈辺津宮〉社頭古絵図）。その年代は、第三宮の石造狛犬の銘文に「奉施入宗像宮第三御前寶前建仁元年（辛酉）藤原支房」〔施入《せにゅう》し奉《たてまつ》る、宗像宮第三御前《むなかたぐうていさんごぜん》の宝前《ほうぜん》、建仁元年（一二〇一）、藤原支房《ふじわらのえだふさ》〕とあるので、少なくとも建仁元年以前の十二世紀代であることは間違いないでしょう。

　辺津宮の社殿に関する鎌倉時代の記録『建治《けんじ》三年（一二七七）御鎮座次第《ごちんざしだい》』によると、第一宮は惣社三所《そうじゃさんしょ》とされ、中ノ間《なかのま》中央には第一大菩薩《ていいちだいぼさつ》（沖津宮）を祀り、第二宮の中殿《ちゅうでん》、

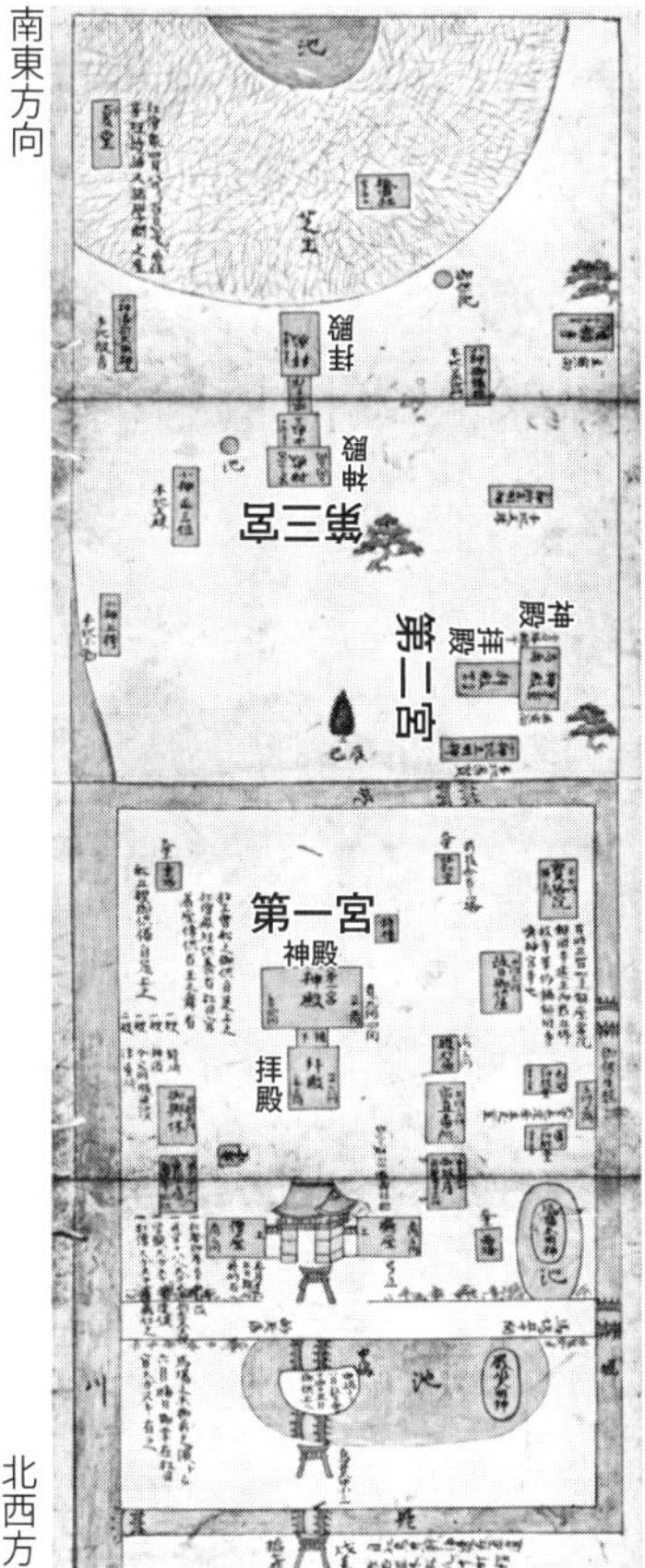

写真8　田島宮（辺津宮）社頭古図
（宗像大社蔵）

中ノ間には第二大菩薩（中津宮）を、そして第三宮は地主《じぬし》の神として本殿内陣《ほんでんないじん》には第三大菩薩（辺津宮）を祀っています。とくに第一宮は「惣社《そうじゃ》」と呼ばれています。惣社は、国府などに国内の神祇を勧請した「総社」と同じ呼称で、島・海浜の環境とは関係なく、宗像三女神すべてを辺津宮の境内に勧請し祀る、新たな祭祀空間が、十二世紀には成立していたのです。

近年、認知宗教学の立場から、アラ・ノレンザヤン氏は、環境や文化を異にする人々が広域で交易を行う場合、交易相手の信用度を確認するのにビッグ・ゴッド（超越的監視者）への信仰を持つか否かが、重要な指標となると指摘しています。東アジアを舞台に民間レベルの交易が活発化した十一・十二世紀、ビッグ・ゴッドの役割を果たしたのが、東アジア共通の信仰として広がっていた仏教の仏・菩薩・天部だったと考えられます。このような背景のなかで、誠実な物資の運送などを天部・神々に約束した塩津港遺跡の起請文木札は作られ、また、同時に宗像三女神の菩薩としての性格が強調されたのでしょう。

まとめ

ここでは、宗像の神々の考え方、祭祀の性格に焦点をあて、古代から中世への変遷を辿り、時代ごとの変化と性格をみてきました。そのなかで、古代の宗像三女神への信仰・祭祀は、十世紀の内乱や自然災害と環境変化の影響を受け、さらに十一・十二世紀には宋を中心とした東アジア交易圏に組み込まれ仏教化し、中世の宗像社の境内景観は作られたのです。

しかし一方で、古代以来の古い伝統も引き継がれました。その一面を示すのが、中世の宗像社を支えた根本神領《こんぽんしんりょう》の存在です。これは宗像大社の中世文書《ちゅうせいもんじょ》にある「須恵《すえ》・稲本《いなもと》（元）・土穴《つちあな》」といった釣川中流域の地域（村々）で、五世紀以来、なかでも六世紀以降、活発に須恵器生産を行なった須恵窯跡群に隣接します。古墳時代以来の伝統をもち、祭祀に関わる器材を供給した地域が、十二世紀以降、根本神領として位置続けられていたのです。その伝統を明確に意識していたからこそ「根本」の神領と呼んだのでしょう。

中世を経へて現在まで続く宗像大社の信仰。その基礎には古代以来の神への信仰と祭祀の場、それを支えた宗像の人々の繋がりがあったことは間違いありません。最後に、この点を強調して、私の発表は終わりたいと思います。ご清聴ありがとうございました。

参考文献

アラ・ノレンザヤン（藤井修平・松島公望・荒川歩監訳）二〇二二『ビッグ・ゴッド　変容する宗教

と協力・対立の心理学』誠信書房。
上島　享　二〇一〇『日本中世社会の形成と王権』名古屋大学出版会。
E・フラー・トリー（寺町朋子訳）二〇一八『神は、脳がつくった』ダイヤモンド社。
金子裕之　一九八五「平城京と祭場」『国立歴史民俗博物館研究報告第七集　共同研究「古代の祭祀と信仰」』国立歴史民俗博物館。
佐々木虔一・笹生　衛・菊地輝夫編　二〇二三『古代交通と神々の景観—港・坂・道—』八木書店。
笹生　衛　二〇二三a『まつりと神々の古代』吉川弘文館。
笹生　衛　二〇二三b「宗像・沖ノ島における古代祭祀の意味と中世への変容—人間の認知機能と環境変化の視点から—」『「神宿る島」宗像・沖ノ島と関連遺産群　特別研究事業成果報告書』「神宿る島」宗像・沖ノ島と関連遺産群保存活用協議会。
スチュアート・E・ガスリー（藤井修平訳）二〇一六「神仏はなぜ人のかたちをしているのか—擬人観の認知科学」國學院大學日本文化研究所編・井上順孝責任編集『〈日本文化〉はどこにあるのか』國學院大學日本文化研究所編、春秋社。
中塚武監修、伊藤啓介・田村憲美・水野章二編　二〇二〇『気候変動から読みなおす日本史4　気候変動と中世社会』臨川書店。
パスカル・ボイヤー（鈴木光太郎＋中村潔訳）二〇〇八『神はなぜいるのか？』NTT出版。
服部英雄　二〇〇八「宗像大宮司と日宋貿易—筑紫国宗像唐坊・小呂島・高田牧—」九州史学研究会編『境界からみた内と外』岩田書院。

濱隆造・下江健太・福島雅儀・八峠　興・原田克美・坂本嘉和・梅村大輔編　二〇一八『鳥取県鳥取市青谷町　青谷横木遺跡Ⅰ・Ⅱ・Ⅲ』鳥取県埋蔵文化財センター。
宗像神社復興期成会編　一九六一『宗像神社史　下巻』宗像神社復興期成会。
宗像大社復興期成会編　一九七六『宗像沖ノ島』宗像大社復興期成会。

コラム5　受け継がれる信仰――みあれ祭

岡寺未幾

沖《おき》ノ島《しま》の祭祀《さいし》遺跡《いせき》が古代から奇跡的に守られてきたのは、宗像《むなかた》地域《ちいき》の人々によって、現在に至るまで信仰が受け継がれてきたからです。

「みあれ祭」は、古代から海とともに暮らす宗像地域の人々の信仰を象徴するお祭りとなっています。宗像大社最大のお祭りである秋季大祭の初日、毎年十月一日に行われる神迎《かみむか》えの神事で沖津《おきつ》宮《みや》・中津《なかつ》宮・辺《へ》津《つ》宮の宗像三女神の御《み》霊《たま》が年に一度、辺津宮にそろいます。「みあれ祭」のルーツである中世の「御《み》長手《ながて》神事《しんじ》」では、春夏秋冬の年四回、沖ノ島の竹で作った長い旗竿《はたさお》を島の神（田心姫神《たごりひめのかみ》）の象徴として、沖津宮を本社とする辺津宮第一宮に迎え入れました。江戸時代にも沖津宮の祭祀を司っていた大島の一《いち》ノ甲《か》斐《い》河野《かわの》家《け》が、年に二回沖ノ島に渡島して例祭を行なっていました。「みあれ祭」は、こうした三宮一体で沖ノ島への信仰を伝えてきた宗像大社の伝統に基づくものです。

三女神の長姉である沖津宮の田心姫神の御霊は、大島の氏子たちによって、祭りに先立って沖ノ島からいったん大島の中津宮に迎えられます。そして祭りの当日、中津宮の湍津《たぎつ》姫神《ひめのかみ》とともに、本土の末妹、市杵島姫神《いちきしまひめのかみ》が待つ神湊へ向けて海上神幸を行うのです。

写真　みあれ祭海上神幸

田心姫神と湍津姫神は宗像七浦の漁船数百隻とともに大島から本土へ向かい，神湊で待つ市杵島姫神に迎えられる。

沖津宮と中津宮の女神を載せた二隻の御座《ござ》船《ぶね》と先導船を先頭に、宗像地域の各漁港、「宗像七浦」から集まった漁船数百隻による大船団が、玄界灘にひしめきます。

海は豊かな恵みをもたらす母なる存在ですが、時に荒れ狂う場合もあります。宗像の漁師たちにとって、自分たちの海の守り神である沖ノ島や宗像三女神は特別な存在です。大《たい》漁旗《りょうばた》をなびかせ玄界灘《げんかいなだ》を進む漁船団の姿は壮観で、古代に玄界灘を舞台に活躍した宗像氏の船団の姿を彷彿とさせます。

秋季大祭は初日に主基地方風俗舞《すきちほうふうぞくまい》、二日目は流鏑馬《やぶさめ》と翁舞《おきなまい》が奉納されます。翁舞でシテがつける翁面は室町時代の宗像大宮司《むなかただいぐうじ》興氏《おきうじ》のときに、鐘崎《かねざき》の海中から浮かび上がり、本殿に納めて御神宝《ごしんぽう》としたとの伝承があります。最終日には地元中学生による浦安舞《うらやすまい》が奉納され、午後六時には秋季大祭を締めくくる神事である高宮神奈備祭《たかみやかんなびさい》が高宮祭場にて行われます。宗像三女神に大祭の無事斎行を感謝して行われ、松明と提灯の灯りが揺らめくなか、悠久舞が奉納され、見るものを幽玄の世界に誘います。

古代から沖ノ島に見守られ続いてきた信仰は、現在も宗像地域の人々によって確かに継承されているのです。

参考文献

土井国男編　二〇一〇『宗像遺産　暮らし遺産編 MUNAKATA HERITAGE　42』宗像市。

森　弘子　二〇一一「宗像大社の無形民俗文化財」『「宗像・沖ノ島と関連遺産群」研究報告Ⅰ』「宗像・沖ノ島と関連遺産群」世界遺産推進会議。

Ⅲ 討論

パネルディスカッション

沖ノ島研究の新地平
――五年間の研究を振り返って――

（コーディネーター）　佐藤　信

（パネリスト）　溝口孝司
岡田保良
鈴木地平

はじめに

事務局：ここからは後半のパネルディスカッション「沖ノ島研究の新地平―五年間の研究を振り返って」を開催いたします。それでは、ご登壇いただく方々を紹介します。皆さんから向かって左側から一人目は、東京大学名誉教授 佐藤信《さとうまこと》先生です。佐藤先生は本遺産群の専門家会議委員長でもあり、本特別研究事業の議長をしていただいておりました。先生よろしくお願いいたします。

続きまして、お二人目、九州大学教授 溝口孝司《みぞぐちこうじ》先生です。先生も同じく専門家会議の委員であり、本特別研究事業の議長をしていただいております。溝口先生、よろしくお願いいたします。

続きまして、三人目は、日本イコモス国内委員会委員長（注1）の岡田保良《おかだやすよし》先生です。岡田先生、よろしくお願いいたします。

最後に、文化庁文化財調査官の鈴木地平《すずきちへい》様です。鈴木様、よろしくお願いいたします。

では、パネルディスカッションの進行は佐藤先生にお願いしております。先生、よろしくお願いいたします。

佐　藤：それでは、ただ今、五人の先生方の内容的に大変ボリュームある報告、しかも興味深いお話で、私も頭のなかがいっぱいになっております。それを踏まえ、今回の特別研究成果について、パネルディスカッションを行います。

一　特別研究事業のあゆみ

まず、今回の特別研究事業がどのような経緯で行われたかを説明します。「神宿る島」宗像・沖ノ島と関連遺産群が世界遺産になった時にユネスコから「こういう調査研究をしなさい」という課題がついてきました。

佐藤　信（さとう　まこと）
東京大学名誉教授。「神宿る島」宗像・沖ノ島と関連遺産群専門会議委員長。
専門は、日本古代史。

お手元の資料に詳しく書いてありますが、簡単に申し上げますと、「日本及び周辺諸国における海上交流、それから航海及びそれに関連する文化的・祭祀《さいし》的な実践《じっせん》についての研究計画を継続、拡大させること」（注2）です。そうした条件や課題を与えられて、世界遺産に登録された経緯がありました。

それを受けて福岡県《ふくおかけん》や宗像市《むなかたし》・福津《ふくつ》市《し》、そして宗像大社さんから成る保存活用協議会で、特別研究事業を組織していただきました。

しかし、その間にコロナ禍になってしまい、三年計画だったものが五年計画になり、今日、総括の場を迎えているという経緯がありました。

その三年から五年の間にかけて、今日のご報告に繋《つな》がるような緻密《ちみつ》な調査研究だけではなくて、それを踏まえて、依頼した研究者以外にも海外の先生方もお呼びして、国際検討会を三回行なっております。これらの成果もホームページで公開されており、ご覧いただけます（注3）。

専門家委員会あるいは委託研究をお願いした先生方とともに中国、それからお隣の韓国、それから日本国内でも海洋交流あるいは祭祀との関係で能登や対馬の現地調査研究も行いました。

非常に豊かな研究成果があり、しかももともと世界遺産になる時にも宗像・沖ノ島関係の委託研究をしていただいた経緯もありました（注4）が、世界遺産に登録された後もボリュームのある調査研究を続けていただき、この文化遺産の歴史的あるいは学術的な価値を明らかにして、それを高めていただいてきました。

宗像・沖ノ島の研究について、本日はバラエティある視点から、新鮮な資料を扱った研究報告をしていただきました。

昭和五十年代に発掘調査《はっくつちょうさ》を行なった後の宗像・沖ノ島研究というのは、若い研究者が研究に取り組もうという雰囲気ではなかったかと思います。それが世界文化遺産への登録や、今回の特別研究事業において、新しくさまざまな成果がありました。

もともとの発掘調査では非常に立派な報告がありますが、数十年経《た》った段階で、新しく学問的に再生し、光を当てていただいているかと思います。

これにより、多くの新知見、あるいは新しい見方ができたと思いますが、本日のご報告にはそうしたものが示されているかと思います。

それを受けまして、特別研究事業の成果について、壇上の各先生方の視点からご意見を賜りたいと思っています。まず、私とともに特別研究事業の議長を勤められた溝口先生に「祭祀」「信仰」の分野で特筆すべき成果についてお話しいただきます。

二 特別研究事業でわかったこと

1 祭祀・信仰

溝　口：佐藤先生、ありがとうございます。

宗像・沖ノ島祭祀について考える時、まず「なぜ沖ノ島なのか」という問題を考えなければなりません。そして、そのような作業の前提として祭祀という行為一般の役割・機能を考える時に、本日の笹生《さそう》先生のご報告にもありましたが、人間の生活・集団単位の安寧や安定的維持に関わるリスクや困難が出来《しゅったい》した時、また、それが予測される時、神々の意志にその原因を仮託して、神々に祈ることによって、そのリスクを軽減するということが祭祀行為の社会機能としてあげられます。

そうすると、沖ノ島において、それらの軽減が祈願されたところのリスクには、おそらく次の二つがあっただろうと思います。

一つは「渡海」のリスク、玄界灘を渡るリスクです。それからもう一つは、ある集団単位がそのサバイバルを脅かされる、その存続をかけざるを得ない種類のリスクです。

今申し上げた「ある集団単位」について述べるならば、沖ノ島祭祀は、これまで「国家祭祀」という言い方をしてきましたが、実はその初期段階においては「国家形成段階の祭祀」でありまして、当初から固定された強大な権力が、ある強い目的性をもって、沖ノ島で祭祀を主催・執行したといった単純な話ではないことは、本日の田中先生のご報告からも十分にうかがえたのではないでしょうか。

すなわち、四世紀後半段階に祭祀が始まった頃から五世紀に至るまでの段階は、おそらく人類学でいうところの「首長制段階」、詳しくいえば「複雑首長制段階」であり、まだ官僚制は出現せず、国家の境界・行政区分も明確に定まっていない段階です。当時の中国王朝により「倭」と呼ばれた圏域のそこここにさまざまな勢力と規模のいわば「首長国」が林立し、それらが形成するネットワークにのって、中国・朝鮮半島域から流入したさまざまな物財・情報や人が流通していました。

溝口孝司（みぞぐち　こうじ）
九州大学大学院比較社会文化研究院・教授。「神宿る島」宗像・沖ノ島と関連遺産群専門会議委員。
専門は、理論考古学、社会考古学。

たとえば、鉄素材について、日本列島では五世紀段階まで製鉄ができませんでしたので、鉄素材については朝鮮半島からの供給に完全に依存していました。そのような物財の半独占的な入手と配布に依拠して、関西地方にある首長政体群が他地域の首長政体／政体群に対して優位を確立し、それを保ちつつ、国家としての体裁をととのえていく段階に行われたのが、初期の沖ノ島祭祀です。そこでその低減が祈願されたリスクは、そのような理由から、当然、渡海リスクだけではなく、成熟しつつある政体、すなわち首長連合政体のサバイバルそのものが懸かるリスクも含んでいました。そのため、中央政体は宗像氏と結んで、この孤島でお祭りを行なった。そのことが第一のポイントだと思います。

そのようなことを考えた時、笹生先生のご報告にもありましたが、四世紀の後半から末、五世紀段階、それから六世紀後半段階と、エポック的に祭祀が盛り上がっている三つの段階があるのは、成熟しつつある首長政体としての中央政権がみずからのサバイバルを賭けて祭祀を行う必要の高まりが、四世紀後半から六世紀後半のあいだに三度あったことを示唆しています。そして、そのような三度のリスクの高まりの背景として、そこからの人・物財・情報のコンスタントな入手と配布に倭の首長連合の命運がかかっていた、朝鮮半島の諸政体、百済《くだらペクチエ》、新羅《しらぎシルラ》それから加耶《かや》、栄山江《ヨンサンガン》流域の政体の動向があげられます。四世紀後半から六世紀後半という時期を通じて、これらの政体それぞれが、南下を目指す高句麗のプレッシャーの下にあったわけです。そのようなプレッシャーと、それに対するこれら政体個々の対応を考慮しながら、倭の首長連合中枢はこれら政体とパワーポリティクスを行い、人・物財・情報の入手を確保しつつみずからのサバイバルを図る。このような複雑な状況とその変化の歴史の諸段階、フェイズが、実は沖ノ島祭祀とその時期的変化に凝縮されている可能性があります。

これまでの研究で十分な検討が行われてこなかった事項として、時期ごとの祭祀に、そのようなサバイバルを賭けた、「倭」首長連合政体中枢と朝鮮半島諸政体とのやり取り・関係性・戦略性とそれらの変化の痕跡が、変化する神祭りの形で遺されているのではないか？　このことが今回の研究で突きつけられた一つの重要な問題ではないかと思います。

そのことを考える時、高田先生による、竹幕洞《チユンマクドン》遺跡に関する非常に細かな分析が参考になります。

竹幕洞での祭祀は百済主催の祭祀だけではなくて、栄山江流域政体の人々が関わった祭祀もあり、また倭の人々が関わりつつ行なった祭祀もあるという複雑な状況を、考古学的に読み解ける可能性があるということを、竹幕洞遺跡の祭祀の詳細な検討、その結果の朝鮮半島西南部の諸祭祀遺跡との比較を通じて示していただいたことは、実は沖ノ島の今後の祭祀研究の道しるべとなるのではないでしょうか。なかなか難しいことですが、もう一度、発掘調査の対象になった諸祭祀遺跡の記録と原資料に立ち返って、それぞれの出土遺物の組み合わせ、それらの出土状況、そこから復元される祭祀行為の実態のパターン整理を試み、それを通じて、国家形成期の首長連合政体中枢のサバイバルを賭けた戦略を読み取ることができないか、もう一度研究を深める必要があります。

このような研究を推進する条件も整っていると思います。今、日本史の研究は、田中先生のご報告でも存分にお示しいただいたように、時間的に非常に細かな尺度《しゃくど》で行うことができるようになっています。そして、考古学も、さまざまな技術的な発展により、それに応えるだけの力をつけてきています。それらを沖ノ島研究において合体させてみる。考古資料から読み取れる細やかな流れを歴史的な細やかな流れと突き合わせることによって、沖ノ島祭祀の実態を今一度歴史化する。そのことによって、東アジア史のなかに沖ノ島祭祀をこれまでとは異なる位相で位置付けることが可能となったのではないか。このことが今回の研究のもう一つの大きな成果だと思います。

それからもう一つ。秋道《あきみち》先生のご報告にもありましたように、沖ノ島はまさに「島」であり、海流のなかにあります。私は今回の研究を通じて、宗像地域から沖ノ島に渡海《とかい》することが実は非常に困難であることを知り、とても驚きました。また、実は対馬から沖ノ島に行く方が簡単で、沖ノ島から対馬に行くのは容易ではない、ということも衝撃でした。考えるに、いわゆる『魏志』倭人伝のルートは唐津《からつ》、壱岐《いき》、対馬《つしま》、そして「海北」すなわち朝鮮半島です。これらのことから、「海北」渡海のメインルートが博多湾《はかたわん》を経て、唐津、壱岐、対馬、そして「海北」すなわち朝鮮半島だったとするならば、なぜあれだけのエネルギーを投入してお祭りを続けたのかは、問題としてあらためて問われなければなりません。

私が提示したい仮説は、沖ノ島の祭祀の場としての選定には、四世紀後半以前の、弥生《やよい》時代に遡る渡海の記憶が重要な役割を果たしているのでは、というものです。

北部九州（宗像地域）からの渡海（が始まる）以前、沖ノ島祭祀が開始される以前に瀬《せ》戸内海《とないかい》地域や山陰《さんいん》地域の人々によるおそらく朝鮮半島への渡海があり、沖ノ島への寄港があったことが、瀬戸内地域の特色をもつ弥生土器や山陰地域の特色を持つ弥生土器の出土により示唆されます。これらの地域は、弥生時代後期の後半から古墳時代開始期に至る過程において、先に触れた流通ネットワーク圏域に参入し、「倭」の首長政体連合のなかで重要な地位をしめるようになった地域です。そうすると沖ノ島前史の段階で、メインルートを用いず困難を克服して朝鮮半島へと渡海した記憶が、「倭」首長政体連合、のちの倭政権のなかに保存され、折に触れて意図的な想起の対象、「政権の起源」に関わるイベントの記憶となったことにより、沖ノ島が、渡海メインルートからは外れているけれども、「倭の空間認識」において倭の地と海北を隔てる「海北道中」の「真ん中」にある島として、航路の途中ではなくても「神がいる島」として、聖別されたのではないか？ このような仮説を提示させていただくとともに、今後はそのような可能性も考慮して、研究を展開すべきではないかと考えています。そのような意味で、沖ノ島をめぐる海流や自然環境の問題も非常に重要です。

最後にもう一つ申し上げるならば、沖ノ島祭祀の前半段階が前国家段階の祭祀であるとすれば、その後半段階は「中世」との接点までが含まれてきます。世界史の流れにおいては非常に長いスパン・時間単位で起きたさまざまな出来事が日本列島世界・東アジアの世界の沖ノ島に凝縮されている感があり、しかもそれが宗像という地域ですべて観察研究可能である、という可能性があります。

私どもは、今後、世界的なレベルで首長制、初期国家段階から、古代国家形成期、古代国家成熟期を経て中世に至る段階にどのような祭祀が世界各地で行われたのかを研究し、その成果を沖ノ島研究にフィードバックすることが必要なのではないでしょうか。そのような意味で、やはり、この研究プロジェクトは継続していただきたいことを強く申し上げて、私からの発言を終わります。ありがとうございました。

2　航海・交流

佐　藤：ありがとうございました。

それでは続きまして、私の方から今回の特別研究事業の「航海」「交流」の面での成果についてお話をします。今回、ユネスコから課題の中に先程申し上げたように「祭祀」「信仰」以外に「航海」「交流」がありました。「航海」については今日のご報告された皆さんのお話が、密接に連携していました。

秋道先生の海流のお話では、海流は単純ではなく、反流というものがあり、あるいは風や潮の問題もあります。

それから当時の航法です。沿岸航法で行くのかどうかというお話は高田先生のご報告にもありました。航海する時に目当てとなる島や陸地の山をどう捉えるのかを含めて、今回の特別研究ではかなり具体的に検討がなされたと思います。

さらに船の問題、アジアにおける沈没船の研究も水中遺跡の研究も踏まえて、乗員数がどれくらいなのか、そして構造船についても含めて検討しました。韓国で現地調査もいたしました。ユネスコの課題でもあった「航海」の像はかなり具体的に、私は解明できたのではないかと思いますが、「完全に終わった」ということではないとも思っています。

それから「交流」という面でいうと、やはり「交流」を支えたものです。今日の高田先生のご報告には、朝鮮半島の南部、南西部あるいは南部における倭人と地元の人々、あるいは百済と新羅などの国家との関係を含めたお話がありました。これも豊かな像が実際にはあって、一辺倒に言葉でくくられないことが明らかになりました。

また、その過程での港の問題もあります。これは、笹生先生の釣川河口部のラグーンの話がありました。

そして、田中先生のお話では、南北のルートだけではなくて、宗像は九州北岸で日本列島東西の交通の面でも意味があると目を開いていただいたかと思います。

それを支えた在地の勢力あるいは倭王権との関係もさらに検討しなくてはいけません。この航路から「交流」という面でいうと、祭祀遺跡についても課題があります。竹幕洞遺跡をどのように評価するかということです。

宗像・沖ノ島と同じような祭祀遺物が出ることについて、禹先生や高田先生がどう理解するかをお話しくださいました。それをどう理解するかの方法が深まり、広がったと私は思います。

3 祭祀の遺物をどう捉えるか

佐 藤：また、祭祀遺物をどう捉えるかについても今回の特別研究を始める時には、さまざまな課題がありました。

祭祀遺物自身がどういう性格のものか、あるいは神様を招くのか、そこに神様がいるのか、どういう形で祭祀が行われるかで遺物の出土状況がお祭りそのものを示しているのか、お祭りが終わった後、撤下した状況なのか、それを再び納めたものなのか、といった課題があったかと思います。これについては、笹生先生のご研究が示唆に富んでいたかと思います。とくに古代の律令制祭祀はどちらかというと祓《はらえ》で見ていたが、そうではない方向で見ることができるだろう、というお話は有益なご示唆だったと私は思います。

交流を支えた宗像氏と倭王権、あるいは律令国家と宗像氏、あるいは宗像氏だけではなくて、倭王権時代だとミヤケとの関係などを含めて、田中先生のお話にも広がりがあったのはないかと思います。全体的・総合的にさまざまな先生方のご研究によって研究が広がり、深まったと実感しています。

4　宗像・沖ノ島の現状について

佐　藤：もう一つ私が付け加えたいことがあります。今回の特別研究事業で依頼した研究者以外にも保存活用協議会に集っている福岡県や宗像市・福津市などさまざまな方々、あるいは宗像大社の研究職員の方を中心に研究を進めていただいています。

たとえば、沖ノ島でも年に数回モニタリングということで、現地の状況把握のために調査しています。これは発掘ではなく、現状の確認です。

また、オオミズナギドリによって、どのように遺構や遺物が変動しているのかという調査があります。あるいは、環境の評価として、樹木の変化などです。そういった調査によって、オオミズナギドリによる遺跡の変動などがわかってきています。

ほかにも、本土においても宗像大社が、沖ノ島から、宝物や出土した遺物の保存修復を目指した現状確認調査なども科学的な方法も含めて進めていただいていると聞いています。これは地味ですが、基礎的で重要な調査だと思います。

それから、新原《しんばる》・奴山《ぬやま》古墳群《こふんぐん》も福津市が崩落した古墳の修復、および、整備を目指した発掘調査をしていて、新しい研究成果が随分と上がっています。これも地味かもしれませんが、必要な調査研究を進めており、それぞれの研究成果を協議会が『沖ノ島研究』という雑誌で紹介しています。たしか、『沖ノ島研究』は、今まで九号まで出ていたかと思います（注5）が、これはすごいことだと思います。その成果は、ホームページ（https://www.munakata-archives.asia/frmSearchBunkenList.aspx）で皆さまも確認できますが、特別研究と並行してそちらも注目すべきだと私は思います。

そろそろ、私の話は終えまして、ここで日本イコモス国内委員会委員長の岡田先生から本日の特別研究の成果を聞いた上での評価やご感想をお伺いします。

三　特別研究事業の評価

1　宗像・沖ノ島の価値

岡　田：岡田でございます。今日は、五人の先生方から中身が濃く、しかも時間をきっちり守られた上で成果をまとめられていて、本当に感服しております。また、このような報告会の構成を考えられた事務局にも感謝申し上げます。

私が日本イコモス国内委員会委員長だとご紹介いただきましたが、皆さんはイコモスに

岡田保良（おかだ　やすよし）
日本イコモス国内委員会委員長。国士舘大学名誉教授。
専門は、西アジア建築史、文化遺産学。

あまりよい印象を持ってないのではないでしょうか。記憶されているかと思いますが、宗像・沖ノ島が登録された年の世界遺産委員会の前に国際イコモスの方から日本の登録申請に対して評価が下されました（イコモス勧告、注6）。

沖ノ島本体とその側にある岩礁《がんしょう》を除いて、つまり新原・奴山古墳群、あるいは大島の中《なか》津宮《つのみや》、それから本土側の辺津宮《へつみや》は世界遺産としての価値の外にあるという評価が、その時には下されたのです。

その結果、関係された先生方、あるいは事務局の方々、そして文化庁の皆様が、世界遺産委員会の関係者に対して説得と言いますか、本来の全体の価値を説明するという大変な努力を重ねられて、幸いにも候補としていた構成遺産がすべて登録されたのでした。このことには、われわれも本当に胸を撫で下ろしたものでございます。結果的にイコモスが恨まれないで済みました。

私は本日の報告を伺っていても思いましたし、それから先ほど溝口先生から研究の余地がたくさんあり、継続して欲しいということに同感します。

私自身、イコモスという立場を離れますと、もともとは古代メソポタミアの都市や建築の研究者です。海域の交流、交易、ネットワークというのは、西アジアあるいは地中海方面にとってもとても大きな研究テーマです。

メソポタミア、およそ現在のイラクにあたりますが、資源としては水と土しかないところです。ここに人類最初の都市文明が起こったというのは、何よりもネットワークや交流などを通じて、さまざまな知恵と資源が集まった結果といえます。

交流やネットワークは、人類の歴史で重要な観点で、世界遺産としての「OUV（Outstanding Universal Value）、つまり「顕著な普遍的価値」の一つの大きな柱になっており、宗像・沖ノ島にもそういった価値が該当するということで、世界遺産登録がなされたわけです。

最近ではメソポタミアの文明だけではなく、地中海のいわゆるローマ文明やギリシアやエジプトなどを結びつけたフェニキア人の歴史的な意味が改めて見直されようとしています。これはメソポタミアや地中海の話ですが、海を通じた交流ネットワークは世界中の文明や文化を支えた歴史的な要素なわけです。そういう面から、私の持ち時間があまりないようですが、今日のお話を振り返ってみます。

秋道先生のお話は海の交流ネットワークという観点で、私は自分自身のフィールドを思い出しながら興味深く伺いました。

それから世界遺産の条約、あるいは評価の背景にあるのは世界にある文化の多様性、そしてそれらの平和共存ということです。やはり、日韓の交流や歴史を振り返った時、いかに緊密に交流していたのかということは、本日の禹先生や高田先生の物に即した議論からひしひしと理解させてもらいました。

田中先生のお話はおぼろげだった宗像地域と畿内の結びつきがとても具体的な資料によって明らかにされたと思いました。

そして、最後の笹生先生は、宗像・沖ノ島についての認知宗教学からの研究成果などをお話いただきました。

メソポタミアの話に戻りますが、メソポタミアにおける神と人間との関係というのはまったく同じような考えで捉えていて、実際にメソポタミアの都市には都市神という「在ます神」がいて、なおかつ都市によって八百万の神がいて、それぞれの神は勧請される形で都市のなかにいくつも小さな祠を構えるというあり方があります。このお話と笹生先生のお話が重なって、感慨深く伺いました。

お話が長くなりそうになってきました。いろいろと考えさせられたというところで、もう一度くらい話す時間があるかもしれませんので、これくらいにしておきます。ありがとうございました。

佐　藤：一とおりのお話が終わった後、今後の残された課題について、また一人ずつお話を伺おうと思っています。

続きまして、文化庁の世界文化遺産ご担当の文化財調査官である、鈴木地平先生にお話を伺います。この事業は文化庁の助成を得て行われ（注7）、今回、いったん総括することになっています。鈴木調査官、よろしくお願いします。

2　調査研究の継続

鈴　木：はい、ありがとうございます。途中、何度か言及ありましたが、この宗像・沖ノ島が世界遺産登録された平成二十九年（二〇一七）を思い出しながら話を伺っていました。当時の資料なども、すべて公開されている（注8）ので遡ることはできます。

二〇一七年のゴールデンウィーク真っ只中にイコモス勧告がありました。結論の部分だけが世の中に大々的に出ました。そのなかにこれから日本が、あるいは福岡が、宗像・福

鈴木地平（すずき　ちへい）
文化庁文化財調査官（世界遺産）。
専門は、歴史地理学、地域政策学。

津が取り組むべき課題が勧告として示されているわけです。

ただ、ご覧いただいたらわかると思いますが、そのなかには先ほど冒頭で佐藤先生がおっしゃった調査研究を継続することは実は入っていませんでした。世界遺産委員会で宗像・沖ノ島が審議される前に、当時委員国であったフィンランドの水中考古学の専門家から、「日本が主張したいことはわかったが、イコモスが指摘しているとおり、まだわからない多くのことについてはやはり明らかにすべきだから、世界遺産委員会の本会議の場で自分から研究の継続を条件に付け加えさせてもらう」と言われました。

これも当時の映像資料（注9）がありますが、彼はその言葉どおりに委員会で発言をして、確か六〜七つの勧告があったと思いますが、その最後に調査研究の継続が付け加わったと記憶しています。

僭越《せんえつ》ながら、この五年間の調査研究事業の意義と言いますか、私なりにこんなところがよかったという点について、三つほど紹介いたします。

一つ目は、世界遺産登録された時のユネスコからの勧告を「真面目に」というと違う捉え方もあるかもしれませんが、実直に履行されているところだと思います。

世界遺産は、世界遺産としての価値が認められたからすごいわけなのですが、宗像・沖ノ島の場合、それからさらに五年もかけてその価値をどんどん深める活動をされているわけです。世界遺産になった時点ですごいことなのに、その大変な価値をさらに深めている。ある意味「スーパー世界遺産」を目指しているかのような活動をされています。

世界遺産は登録されたら万々歳となりがちですが、やはり登録後も学術的研究を続けて、価値を深めていることは世界に誇るべきことではないでしょうか。ユネスコとしてもそのような成功事例、サクセスストーリーとよく言われますが、世界遺産にすることで、保全が高まり、価値も高まることを求めています。そのうちの一つになるだろうというのが一点目です。

二点目はすでにお話があったところで、やはり沖ノ島研究となるとどうしても考古学が中心になりがちですが、今回の五年間の調査研究では、ご報告にありましたとおり、文化人類学の観点からの研究、あるいは認知宗教学を援用して論を組み立てるなど、考古学に限らずに守備範囲の広いご検討だったというのがすごくよかったところです。

最後の三点目です。これも言及がありましたが、宗像・沖ノ島の場合、世界遺産に推薦する前にも委託研究事業というのが行われていて、相当分厚い報告書が発行されています。報告の内容については、ホームページ上で公開をされていて、しかも英訳されて世界中に発信されています（注10）。

それを元に世界遺産の推薦書を書いて、さらにその後、この調査研究事業でもまた報告書をまとめます（注11）。しかも、それもまた英語で世界に発信すると伺っております（注12）。時期的には世界遺産登録を挟んで、宗像・沖ノ島学が構築されていく重要な五年間だったのではないかと、私としては伺っておりました。以上です。

佐藤：ありがとうございます。これまで行なってきた、学際的かつ国際的な調査研究、それからその成果を国内外に、世界遺産なので日本国内だけではなく、韓国や中国、アジアだけでもなく、世界に向けてその成果を発信してきました。

スーパー世界遺産を目指しているお話がありましたが、ユネスコからの調査研究の継続と拡大という課題にどれだけ応えてきたのかということが、総括されているかと思いました。時間がなくなってきたので手短に、三人の先生方に、最後に私が一言申し上げますけれども、今後の課題について、一言二言ずつお願いします。溝口先生、お願いします。

四　今後への展望

1　宗像・沖ノ島のグローバル化

溝　口：申し上げたいことがたくさんありますが、一点に絞ります。

突飛に聞こえるかもしれませんが、古代世界におけるいくつもの「グローバル化現象」の一つの焦点が沖ノ島だったということを、私はこの研究プロジェクトを通じて強く感じました。

中国諸王朝を中心として創発・展開した中華世界システム、それは他の世界システムとリンクしつつ並存して、古代世界のグローバル化の一翼をになっていましたが、そのなかで、新興勢力の倭が、苦闘しながら国家として確立し、成熟していった歴史がここに凝縮されています。そこに、グローバル化のさまざまなベクトルが結節点として集約的に表現されているのです。

そのような観点からすると、世界史上において同様なグローバル化は幾度も起こっております。先ほどの岡田先生のお話でも出ましたメソポタミア文明の形成期、都市国家群誕生直前のウバイド期に超広域のネットワークが形成されて、ある種のグローバル化が起こっています。同様なことはエジプトの先王朝期にも見られます。それらがそれぞれ独自の「祭祀」の形態を生み出し、それらはそれぞれのグローバル化とそれに埋め込まれた社会の様相とつながっています。そのような意味で、沖ノ島の研究は、実は古代におけるグローバル化、世界システムの問題に比較研究を通じて直接切り込む学術的な意義を持っているのです。

ただ単に、豊かな遺物を遺した大規模かつユニークな祭祀が行われた島、としてではなく、過去のグローバル化の所産・結節点として世界遺産沖ノ島を捉え、さまざまなチャンスとともに解決困難な数々の問題をも生み出し続ける今日のグローバル化のなかに、沖ノ島の保存と研究そのものを位置付ける。そして、それらが今日のグローバル化に対して持ち得る意味を宗像周辺の方々、福岡県の方々、日本の市民社会とともに模索する。そのことによって、シビック・プライドも含めたさまざまな今日的価値が生み出される。そのようなポテンシャルを、この研究プロジェクトは持っていると強く感じています。

このような観点からさらに研究視点を広げていく方策として、たとえば禹先生のご報告で、沖ノ島をめぐるグローバル化のキー・プレイヤーは「商人」だったのではないか、というかなり衝撃的なご意見の提示がありました。古代国家形成期における「商人」のあり方はどのようなものであったのか？　それは今日におけるそれとどのように共通し、どのように異なっていたのか？　たとえばそのような、今日的アクチュアリティー、リアリティーを持つテーマを設けて、今後の研究を深めてゆく方向性・可能性もあるでしょう。以上のような期待を込めて、是非このプロジェクトを継続していただきたいと願っています。ありがとうございました。

佐　藤：ありがとうございました。では、続けて岡田先生、お願いします。

2　地元の協力と世界遺産

岡　田：はい、簡単に申し上げます。私としては、調査研究事業については、これからどんどん深化させていただきたいことは変わりありません。これは世界遺産を題材としています。世界遺産は、モノが価値をいかに語るかに真骨頂《しんこっちょう》があります。つまり、登録時点の景観や遺跡の状況を決して損なってはいけません。

新原・奴山古墳群のカントリーエレベーターが撤去されて、景観が回復したことはビッグニュースだと思います。だからと言って、その他のところで何をやってもいいわけではなくて、調査研究を進めると同時により多くの人の理解を深められるような現場ごとの保存や整備事業が今後は大いに期待されます。

なぜなら、イコモスもずっとウォッチをしていますので、われわれはモニタリングすると同時にイコモスや世界遺産委員会に対してレポートを出して、状況報告する立場にあります。

その点をこれからずっと意識しながら、遺跡の保全管理に地元の方々と協力して行なっていただきたいです。

佐　藤：ありがとうございました。それでは鈴木調査官、お願いいたします。

3　「新しい地平」を切り拓く

鈴　木：はい、ありがとうございます。登録の時を振り返ると、先ほど岡田先生からご紹介があったように、勧告としては沖ノ島と三つの岩礁だけＯＫで他はだめだという話でした。ただ、これは別にイコモスも意地悪でそう言ったわけではなくて、評価書をじっくり読んでみると、この推薦書《すいせんしょ》は二つのストリングス、つまり二つの撚《よ》り糸《いと》（パート）でできていることがわかりました。

一つは沖ノ島に象徴される古代東アジアにおける位置付け、もう一つは中世から現代まで続く沖ノ島・宗像信仰、この二つの部分でできていて、世界的な価値が認められるのは一本目の糸の方だけであるというようなロジックだったのです。

ですので、私が今後期待したいのは一本目の古代については、本日のタイトルにもあるように古代東アジアの姿はかなりつまびらかになって「新しい地平」が開かれたと思います。

二本目と指摘された中世以降から現代まで信仰がどのように繋がってきたのか、どのように今の人たちのなかに生きているのかについては、本日、笹生先生からその触《さわ》りのお話をいただいたかと思います。

今度は、時代幅を古代からその後に広げて、五年後、十年後に「新境地」くらいのタイトルでシンポジウムができたらと期待しています。以上です。

おわりに

佐藤：鈴木調査官のお名前が地平ということで、新地平に変えて、新しい方向にというお話でした。今回は文化庁のご支援を得て特別研究事業ができたわけです。是非、今後もこのような事業が継続できたらと思います。

日本の世界文化遺産の中で私が承知しているのでは、富士山が登録された後に、山梨県が秋道先生が所長を務められる研究所（山梨県立富士山世界遺産研究センター）を作りました。それから、静岡県でも研究所（静岡県富士山世界遺産センター）が作られました。登録したらおしまいということではなくて、調査研究を地道に進めてその価値を高めているところもあると聞いています。

本日のお話ではさまざまな成果をあげていただきました。世界文化遺産登録時にできたネットワーク自身もすごいと思いましたが、今回の特別研究事業のネットワークもすごいなと思っています。そのネットワークがこれからさらに進化すれば、もっともっと化学反応して、素晴らしい成果が上がって日本の研究が世界の交流や海上、あるいは交流、信仰、環境や自然に対する敬虔《けいけん》な気持ちをどう大事にしてきたかを明らかにして、グローバル化に対応するような、これからの私たちの生き方に示唆を与えるような、素晴らしい研究になるのではないかと思っています。

そういう意味からするとユネスコが課題として与えてくださった調査研究の継続と拡大は今後も文化庁からも支援いただいた上で進めていただければありがたいと思っていますが、皆様いかがでしょうか。

（拍　手）

ありがとうございます。それでは時間も過ぎました。議論の進行が下手で申し訳ありませんでしたが、本日のパネルディスカッションはこれで終わりにしたいと思います。どうもありがとうございました。

（拍　手）

事務局：皆さまありがとうございました。長時間の討論となりました。

議論や関心は尽きませんが、今後の先生がたの研究を一層期待するとともに先生がたから温かい言葉いただいた私ども事務局、行政サイドも可能な研究調査を継続して、この沖ノ島の価値をより深く進化させていきたいと考えています。

本日の会としては、いったんここで閉会します。講師の皆様、前半ご登壇いただいた五名の先生方、そしてパネルディスカッションにご登壇の四名の先生方に改めて拍手でお礼を申し上げたいと思います。ありがとうございました。

（拍　手）

注

（注1）イコモス（ICOMOS）国際記念物遺跡会議。

（注2）「神宿る島」宗像・沖ノ島と関連遺産群 世界遺産登録時のイコモスからの課題（当日配布資料

より抜粋）。

1　航海について

古代沖ノ島の祭祀は、航海の安全を祈願して行われたと考えられているが、古代の航海はどのようなものだったのか。

①航海はどのようなルートで行われたのか？

②停泊地や港はどこにあるのか？

③航海に使われた船の形態は？

④沖ノ島での祭祀を行ったのは誰か？

⑤祭祀はいつ行われたのか？

2　交流について

祭祀は四世紀から九世紀の古代東アジアの交流を背景に行われたが、この異文化との交流は、沖ノ島の信仰と祭祀にどのような影響を与えたのか。

①東アジアとの交流が沖ノ島に関わる信仰と祭祀および祭祀の変遷に与えた具体的な影響は？

②交流によってもたらされた沖ノ島に捧げられた奉献品は、実際どこからどのようにもたらされたのか？

③古代東アジアにおける政治・経済・文化的な交流の痕跡が、日本列島、朝鮮半島、アジア大陸の沿岸部にどのように残されているのか？

3　祭祀について

古代祭祀は巨岩の上から下へそして巨岩から離れた露天へと祭祀の場所、および捧げる品が時代とともに変化した。そして祭祀は沖ノ島だけでなく、大島、九州本島でも行われるようになり今日に続く社殿での祭祀が行われるようになった。

①一連の祭祀の変化は、なぜ起こり、何を物語るのか?

②各段階の奉献品は何を意味するのか?

③宗像三女神への信仰はいつ、どのように生まれたのか?

④古代の東アジアで、航海安全に関わる祭祀や、聖なる島など、類似した事例はどのくらいあるのか?

4 信仰の継続性

沖ノ島の古代祭祀と宗像三女神信仰の継続性をより明確に説明できるか?

①五世紀後半~六世紀の「空白期」をどう理解するか。

②七世紀から九世紀の大島御嶽山遺跡、下高宮祭祀遺跡と沖ノ島祭祀遺跡のつながりは?

③古代祭祀の痕跡が九~十世紀に途絶える理由は?

④自然の中での祭祀が社殿での祭祀に変化したことが示すものは何か?

⑤沖ノ島における禁忌と制限の成立はいつか?

(注3) 「神宿る島」宗像・沖ノ島と関連遺産群保存活用協議会　二〇一九『特別研究事業第一回国際検討会「古代東アジアの航海と宗像・沖ノ島」報告書』

「神宿る島」宗像・沖ノ島と関連遺産群保存活用協議会　二〇二〇『特別研究事業第二回国際検討

会「古代東アジアにおける地域間交流と信仰・祭祀」報告書』
「神宿る島」宗像・沖ノ島と関連遺産群保存活用協議会　二〇二二『特別研究事業第三回国際検討会「古代東アジアにおける地域間交流と信仰・祭祀」報告書』

（注4）「宗像・沖ノ島と関連遺産群」世界遺産推進会議　二〇一一『「宗像・沖ノ島と関連遺産群」研究報告』Ⅰ https://www.munakata-archives.asia/frmSearchBunkenDetail.aspx?id=382「宗像・沖ノ島と関連遺産群」世界遺産推進会議　二〇一一『「宗像・沖ノ島と関連遺産群」研究報告』Ⅱ-1 https://www.munakata-archives.asia/frmSearchBunkenDetail.aspx?id=383
「宗像・沖ノ島と関連遺産群」世界遺産推進会議　二〇一二『「宗像・沖ノ島と関連遺産群」研究報告』Ⅱ-2 https://www.munakata-archives.asia/frmSearchBunkenDetail.aspx?id=384
「宗像・沖ノ島と関連遺産群」世界遺産推進会議　二〇一三『「宗像・沖ノ島と関連遺産群」研究報告』Ⅲ https://www.munakata-archives.asia/frmSearchBunkenDetail.aspx?id=385

（注5）「宗像・沖ノ島と関連遺産群」二〇一五-二〇一八世界遺産推進会議『沖ノ島研究』第一号〜第四号、「神宿る島」宗像・沖ノ島と関連遺産群保存活用協議会二〇一九-二〇二三『沖ノ島研究』第五号〜第九号（以下、続刊）

（注6）イコモス勧告を含む世界遺産登録に関連する文書は下記のユネスコＨＰで公開されている。
https://whc.unesco.org/en/list/1535/documents/

（注7）本特別研究事業は文化庁補助金「地域文化財総合活用推進事業（世界文化遺産）」を受けて平成30年度から令和４年度まで行われたものである。

(注8) 注6参照

(注9) https://whc.unesco.org/en/sessions/41com/records/?day=2017-07-09#t-qz3hmdMiMg2209

(注10) (注4) 参照、英語版についても同HPを参照
「宗像・沖ノ島と関連遺産群」世界遺産推進会議 二〇一一-二〇一三 『「宗像・沖ノ島と関連遺産群」研究報告』Ⅰ、Ⅱ-1、Ⅱ-2、Ⅲ (英語版)

(注11) 「神宿る島」宗像・沖ノ島と関連遺産群保存活用協議会 二〇二三 『「神宿る島」宗像・沖ノ島と関連遺産群特別研究事業成果報告書』(令和五年三月刊行)
https://www.okinoshima-heritage.jp/lectures/img/okinoshima_r5_04.pdf からダウンロード可

(注12) 二〇二四年刊行予定。

あとがき

本シンポジウムは、沖ノ島と関連世界遺産に関するシンポジウムとして開催され、多岐にわたる専門的かつ深い議論を通じて、沖ノ島祭祀の歴史、機能、およびその歴史的文脈、すなわち列島史的・東アジア史的コンテクストにおける役割についての理解を深めることを目的として開催されました。また、そのことを通じて、世界遺産としての沖ノ島と関連遺産の研究を継続し理解を深めることのグローバルな意味・意義についても言及されたのです。ここに、本書の結論として得られた主な知見を、研究のさらなる深化のための「補助線」としての私見も織り込みつつ（以下の私見の具体的内容と根拠については溝口孝司二〇二三「沖ノ島祭祀の機能と変容：古代東アジアの航海・交流における祭祀・信仰へのアプローチの観点から」『「神宿る島」宗像・沖ノ島と関連遺産群特別研究事業成果報告書』（「神宿る島」宗像・沖ノ島と関連遺産保存活用協議会編）、pp. 165–178をご参照ください）、以下の三点に整理させていただくとともに、今後の研究への展望について述べたいと思います。

第一に、「沖ノ島において四世紀後半から九世紀末にかけて行われた大規模な祭祀行為はなぜ開始されたのか」について一定の見通しが見えてきました。シンポジウムでの諸報告・議論は、社会の複雑化・広域化の歴史的過程における日本列島社会の「初期国家段階」において、中華世界システムのなかで〈倭〉と呼称されたネットワーク・ホライズンの形成と発展が、沖ノ島祭祀の開始と密接に関連することを明らかにしました。このネットワーク・ホライズンは、近畿中枢政体と地域の首長制政体群が相互依存しつつ再生産されるシステムですが、このシステムは近畿中枢政体が朝鮮半島諸政体・中華帝国圏との交渉において主導権を確立しつつ、それを通じてもたらされるさまざまな権威的・象徴的財・分配的・生存必需的財を地域の首長制政体群に分配することにより維持されるという性格を持っていたのです。秋道報告が明らかにしたように、このような交渉がさまざまな航海と関連技術に支えられ、また、禹報告が明らかにしたように、その直接的担い手として専門的航海・交易従事者層が存在したであろうことは重要です。このような技術の共有や一定の自由度を持つ交易従事者の行動をコントロールし、なおかつ財の広域分配と流通ネットワークを安定的に持続させるためには、ネットワークの構成要素としての、連結された個別政体間関係を超越した、ネットワーク全体秩序とそれを支える〈超越規範的参照点〉が必要だったのです。一定のルールに基づく、死した首長の古墳への葬送を通じて達成された〈首長の身体〉の〈超越存在〉化はそのような〈参照点〉の形成であり、ネットワーク・ホライズンの境界や要所（沖ノ島もそのうちに含まれます）において祭祀の対象となる〈人格神（personal gods）〉の生成も、その背景・メカニズムについては同様であると私は考えています。そのような視点から、笹生報告における人格神の生成の歴史的背景とそのメカニズムを肉付けすることは、同報告の人格神生成のメカニズムの認知考古学的・普遍的意味説明に、歴史的解釈の方向性を付加するでしょう。

第二に、「沖ノ島祭祀の意味・機能の具体的内容」として、上述した〈倭〉政体の存続の必要条件としてのネットワーク・ホライズンの維持に関わるさまざまなリスク、すなわち対馬海峡渡海そのものに関わるリスク、朝鮮半島の政治的情勢とその変化がもたらすリスク、その背後に存在する中華帝国域の動静がもたらすリスクへの〈倭〉、後には〈日本〉としての対応・対処がそれらを具体的に規定していることが具体的に明らかになってきました。高句麗の南下による朝鮮半島政体間関係の不安定化と戦争の頻発が、〈倭〉としてのネットワーク・ホライズンの存続を脅かす主要なリスクとなり、〈倭〉首長政体連合中枢＝ヤマト王権と、それに連なり半島との相互交渉に多様なあり方で関わる地方首長政体たちにとって、それにいかに対処するかは、そのサバイバルをかけた大問題となりました。その過程において、禹報告、高田報告、そして田中報告が詳しく検討したような多様な政治的・戦略的選択と行動が行われました。そのような行動の観念的・象徴的表出・媒介として沖ノ島祭祀が実行されたであろうこと、その実修は定期的ものでは必ずしもなく、上記のようなリスクの高まりに対する観念的・象徴的対応が殊に必要となった際に、「初期国家形成期政体総体のサバイバルのためのイベント」として行われた可能性が見えてきたと私は考えています。そのような意味で、八世紀段階以降の〈古代国家〉祭祀⫲「律令祭祀」の定期的実修と、その定式化された内容とは異なり、七世紀以前の祭祀遺跡と、そこから出土した祭祀具・奉献品アセンブリッジの内容には、そのような祭祀機会のそれぞれに企図され祈願された、それぞれの機会に固有のリスクの具体的内容と、それを取り巻く個別具体的歴史状況が反映されている可能性があるのではないでしょうか。そのような方向でさらなる検討を推進する時、高田報告において示された韓国竹幕洞祭祀遺跡における個々の祭祀エピソードの、出土品内容の詳細な整理に基づく復元は大いに参考にされるべきでしょう。

第三に、以上の検討から、「沖ノ島祭祀が〈倭⫲日本〉の内的かつ均質な〈もしくは均質化が理念型として目指された〉統治領域の縁辺／境界（'boundary'）に位置し、〈倭〉としてのネットワーク・ホライズン、のちには〈日本〉の存立・安寧維持リスクの臨機的かつ集約的処理の場として機能していたこと」が明らかになってきました。このような政体の

〈境界祭祀〉的機能の一環として、沖ノ島祭祀が対応・処理する主要なリスクとしては、上述のように朝鮮半島諸政体（と中華諸王朝）との交渉が産み出す政治的諸リスク（政治的対立解決の最高手段としての戦争リスクを含む）がその意味・重要性において突出していたものの、当初より、〈倭〉としてのネットワーク・ホライズン、のちには〈日本〉の「領域全体の一体的安寧」を祈願する祭式と機能もそのなかに組み込まれていたと私は推測します。そのような意味で、新羅による半島統一とともに、沖ノ島祭祀は歴史的な機能の一つ、すなわち「対外交渉リスク対応・処理」を終焉させることとなり、〈日本〉としての国家領域内部の制度的・交通的整備に伴い、その機能は「国家領域全体の一体的安寧リスク対応・処理」へと変質し、さらに祭祀実修そのものの終焉に向かっていったことはロジカルな流れといえるでしょう。すなわち、祭祀が対応・対処すべきリスクが、中華帝国域・朝鮮半島の政治状況・動向から、〈日本〉としての国家領域の安寧保持へと移行したのです。その際、多様な人格神への祈願が構成する体系としての〈律令的祭祀〉に対し、世界宗教として統一的世界観とそれを基盤とする生活世界に普遍的・一般的に遍在するリスクの克服を機能要件とする仏教が、内的均質性を理念的前提とされた境域の安寧祈願にとって、機能的により適合的になっていったことを私は推測します。十世紀段階に、「律令祭祀的」沖ノ島祭祀が最終的な終焉を迎え、笹生報告が指摘するように、国土守護を目的とする祭祀が仏教的祭祀へと移行することの背景には、そのような要因があったと私は考えています。このような〈古代国家〉の内的均質性が崩れ、古代末から〈中世的国家〉へと移行する十一世紀以降、宗像社にその焦点を移す祭祀的行為が、「〈沖ノ島祭祀〉から何を受け継ぎ、何を変化させたのか」について、今後の具体的・多面的検討の必要が高まってきたのです。

以上のように、本研究が提示した知見は、〈沖ノ島祭祀〉だけでなく、神道の起源や仏教との関係、東アジアの歴史過程との具体的な関係性など、多岐にわたる研究課題につき、その理解を格段に深めることとなりました。また、そのような分析・検討の過程において、上に整理したような更なる課題も析出されました。それらの多くは、列島史、東アジア史の枠組みを越えて、グローバルな国家形成と宗教との共変動・共進化の比較研究にも直接関わるものであることが明らかになったことも本シンポジウムの大きな成果といえます。本シンポジウムがその成果を総括・報告した「世界遺産「神宿る島」宗像・沖ノ島と関連遺産群特別研究事業」が、今後も発展的に継続され、古代的世界から現代に至る日本列島スケール、東アジアスケール、そしてグローバルスケールの歴史の理解が深化し、本研究が提示した新たな問いに対する答えが導かれ、よりよい現代社会と世界の創出に貢献する成果がさらに生み出されることを期待してやみません。

二〇二三年十二月

溝口孝司

宗像・沖ノ島関連地図

遺産群の位置

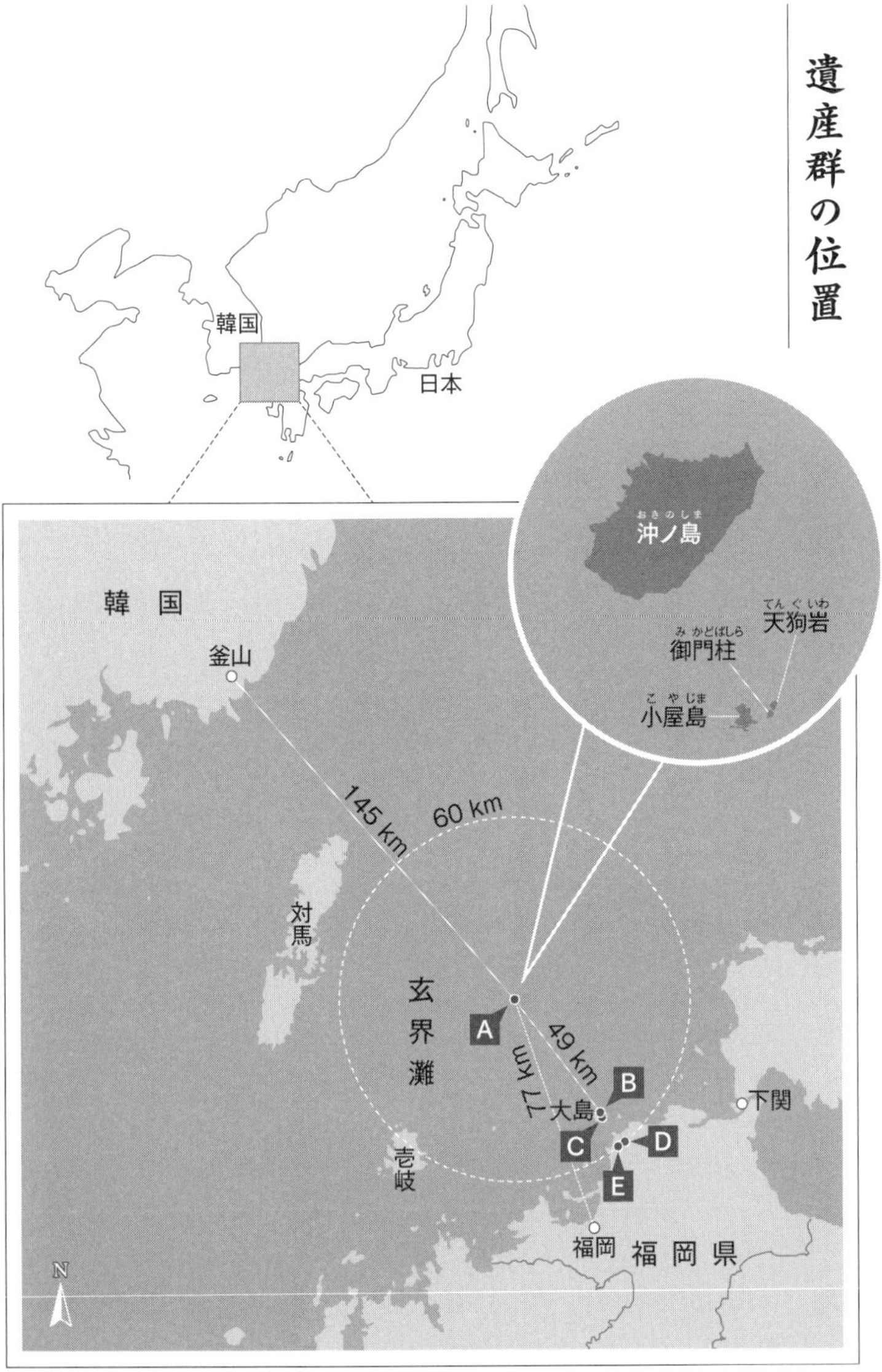

A 宗像大社沖津宮（沖ノ島、小屋島、御門柱、天狗岩）　B 宗像大社沖津宮遙拝所

C 宗像大社中津宮　D 宗像大社辺津宮　E 新原・奴山古墳群

「神宿る島」宗像・沖ノ島と関連遺産群
― 構成資産関係図 ―

祭祀

遙拝

宗像大社沖津宮《むなかたたいしゃおきつみや》
（沖ノ島《おきのしま》、小屋島《こやじま》、御門柱《みかどばしら》、天狗岩《てんぐいわ》）

4世紀から9世紀までの古代祭祀《さいし》遺跡が守り伝えられてきた「神宿る島」を中核とし、田心姫神《たごりひめのかみ》をまつる宗像大社三宮の一つ。

新原《しんばる》・奴山《ぬやま》古墳群《こふんぐん》

沖ノ島で祭祀を行い、「神宿る島」への信仰の伝統を育んだ古代豪族宗像氏の存在を物語る墳墓。

宗像大社沖津宮遙拝所《むなかたたいしゃおきつみやようはいしょ》

大島の北岸に位置し、沖ノ島を遥拝する生きた伝統を伝える信仰の場。

宗像三女神

宗像大社辺津宮《むなかたたいしゃへつみや》

沖ノ島と共通する古代祭祀遺跡を起源とし、九州本土で市杵島姫神《いちきしまひめのかみ》をまつる宗像大社三宮の一つ。

宗像大社中津宮《むなかたたいしゃなかつみや》

沖ノ島と共通する古代祭祀遺跡を起源とし、大島で湍津姫神《たぎつひめのかみ》をまつる宗像大社三宮の一つ。

スマホガイド「みちびき沖ノ島」
遺産群の見どころや行き方をわかりやすく解説するサイトです（アプリダウンロード不要）。モデルルートに沿った解説の提供や，オススメの周遊プラン検索などができます。

執筆者紹介（掲載は50音順）

秋道智彌（あきみち　ともや）	山梨県立富士山世界遺産センター所長，総合地球環境学研究所名誉教授。 専門は，生態人類学，海洋民族学，民族生物学。
禹　在　柄（ウジェビョン）	韓国・忠南大学校人文大学考古学科教授。 専門は，考古学，古墳時代政治史，日韓交流史。
大高広和（おおたか　ひろかず）	九州国立博物館学芸部展示課主任研究員。
岡田保良（おかだ　やすよし）	日本イコモス国内委員会委員長，国士舘大学名誉教授。 専門は，西アジア建築史，文化遺産学
岡寺未幾（おかでら　みき）	福岡県九州国立博物館・世界遺産室参事補佐。
笹生　衛（さそう　まもる）	國學院大學神道文化学部教授，國學院大學博物館館長。 専門は，日本考古学，日本宗教史。
佐藤　信（さとう　まこと）	別　掲
鈴木地平（すずき　ちへい）	文化庁文化財調査官（世界遺産）。 専門は，歴史地理学，地域政策学。
高田貫太（たかた　かんた）	国立歴史民俗博物館研究部教授，総合研究大学院大学教授。

	専門は，考古学，先史・古代日朝交流史。
田 中 史 生（たなか　ふみお）	早稲田大学文学学術院教授。専門は，日本古代史。
溝 口 孝 司（みぞぐち　こうじ）	別　掲
安 森 一 二（やすもり　いちじ）	福岡県九州国立博物館・世界遺産室室長。

図・表一覧

宗像・沖ノ島関連年表　信仰の継承

時　代	世紀・年	で　き　ご　と
古　代	4世紀後半～5世紀前半	沖ノ島に岩上祭祀遺跡。
	5世紀後半～7世紀	沖ノ島に岩陰祭祀遺跡。
	5～6世紀	新原・奴山古墳群が築造される。
	7世紀後半～8世紀前	沖ノ島に半岩陰・半露天祭祀遺跡。
	7世紀後半	大島，九州本土でも沖ノ島と共通した祭祀が始まる。
	8世紀～9世紀	沖ノ島に露天祭祀遺跡。
	712年（和銅5）・720年（養老4）	『古事記』『日本書紀』に宗像氏が崇拝する宗像三女神をまつる沖津宮・中津宮・辺津宮の三宮について言及される（沖ノ島についての最古の記述）。
	723年（養老7）	これ以前に宗像郡が全国で8つの神郡のうちの1つになる。
	850年（嘉祥3）～889年（寛平元）	三女神へ朝廷から位が授けられる。
	937年（承平7）	『延喜式』に三女神をまつる官社として記載される。
	979年（天元2）	宗像社に大宮司職が設置される。
	1119年（元永2）	宗像大社辺津宮，社殿について確実な記録。
中　世	1201年（建仁元）～1277年（建治3）	辺津宮の第一宮，第二宮，第三宮についての記述。
	1334年（建武元）	沖ノ島および大島が宗像大社の領地であるとの記述。
	1368年（応安元）	『正平二十三年宗像宮年中行事』成立。宗像社では1年間に5,921回もの神事が行われ，沖ノ島を訪れる御長手神事が年に4度行われていた。

時　代	世紀・年	で　き　ご　と
	1412年(応永19) ～1504年(永正元)	この間，大宮司家が計46回朝鮮へ貿易船を派遣する。
	1556年(弘治2)	御嶽山頂の上宮と麓の本社についての記録。
	1578年(天正6)	大宮司宗像氏貞が現在の辺津宮本殿を第一宮本殿として再建する。
	1585年(天正13)	宗像大社中津宮，社殿についての記録。
	1586年(天正14)	大宮司宗像氏貞死去。
	1590年(天正17)	宗像大社辺津宮，第一宮拝殿(現在の辺津宮拝殿)の造営。
近　世	1624年(寛永元) ～1644年(正保元)	「田島宮社頭古絵図」成立。中世の辺津宮境内の様子を伝える最古の境内図。
	1639年(寛永16)	福岡藩が沖ノ島警備のため「島守」を置き，50日交替とする。
	1675年(延宝2)	第3代福岡藩主黒田光之によって，辺津宮の第二宮，第三宮のほか，末社75社が本殿の周囲に移される。
	1682年(天和2)	「御国絵図」成立。沖ノ島を描いた最古の絵図。岩礁も描かれ，「小屋島」「御門柱」と表記される。
	1749年(寛延2)	宗像大社沖津宮遙拝所，「澳嶋拝所」の石碑。
	1794年(寛政6)	『瀛津島防人日記』の著者，青柳種信が藩命により福岡を出発し，大島を経て沖ノ島に渡る。
	1797年(寛政8)	地誌『筑前国続風土記附録』成立。同書所収の「宗像宮絵図」は，1675年(延宝2)以後の辺津宮境内を描いた最古の絵図。また，同書所収「大嶋図」には中津宮，沖津宮遙拝所と背後に沖ノ島も描かれる。
近現代	1901年(明治34)	宗像神社が官幣大社となる。
	1905年(明治38)	日本海海戦。沖津宮奉仕中の宗像繁丸がこれを望見して，日誌に記述する。

時　代	世紀・年	で　き　ご　と
近現代	1932年（昭和７）	宗像大社沖津宮，現在の本殿および拝殿の造営。
	1933年（昭和８）	宗像大社沖津宮遙拝所，現在の社殿の造営。
	1942年（昭和17）	宗像神社復興期成会創設。
	1954年（昭和29）～1971年（昭和46）	３次にわたる沖ノ島祭祀遺跡学術調査が行われる。
	1962年（昭和37）	みあれ祭が開始される。
	1977年（昭和52）	社名を「宗像神社」から「宗像大社」に改称する。

佐藤 信

一九五二年、東京に生まれる
一九七八年、東京大学大学院人文科学研究科（国史）博士課程中退
現在、東京大学名誉教授、博士（文学）

〔主要著書〕
『日本古代の宮都と木簡』（吉川弘文館、一九九七年）、『出土史料の古代史』（東京大学出版会、二〇〇二年）、『古代地方官衙と社会』（山川出版社、二〇〇七年）

溝口孝司

一九六三年、北九州市に生まれる
一九九四年、ケンブリッジ大学考古人類学部考古学科博士課程修了
現在、九州大学大学院比較社会文化研究院教授（Ph.D. 1995）

〔主要著書〕
An Archaeological History of Japan, 40,000 BC to AD 700 (University of Pennsylvania Press, 2002), *Archaeology, Society and Identity in Modern Japan* (Cambridge University Press, 2006), *The Archaeology of Japan: From the Earliest Rice Farming Villages to the Rise of the State* (Cambridge University Press, 2013)

世界遺産 宗像・沖ノ島
みえてきた「神宿る島」の実像

二〇二四年（令和六）二月二十日 第一刷発行

編者 佐《さ》藤《とう》信《まこと》
　　 溝《みぞ》口《ぐち》孝《こう》司《じ》

発行者 吉川道郎

発行所 株式会社 吉川弘文館
郵便番号一一三―〇〇三三
東京都文京区本郷七丁目二番八号
電話〇三―三八一三―九一五一〈代表〉
振替口座〇〇一〇〇―五―二四四番
https://www.yoshikawa-k.co.jp/

印刷＝株式会社 三秀舎
製本＝株式会社 ブックアート
装幀＝清水良洋

ISBN978-4-642-08444-4